Thomas Breier

„… zur Sonne, zur Freiheit!"

Meiner lieben Frau Anna herzlichen Dank
für ihre viele Geduld
und Jeannette Schmidt für ihre Mühen,
die sie sich gegeben hat.

Thomas Breier

„... zur Sonne, zur Freiheit!"

1945–1961

Das nicht ganz einfache Leben
der Familie N.
in einem kleinen Städtchen am
Rande des Harzes

Projekte-
Verlag

Impressum

1. Auflage
© Projekte-Verlag Cornelius GmbH, Halle 2007 • www.projekte-verlag.de

Satz und Druck: Buchfabrik JUCO • www.jucogmbh.de

ISBN   978-3-86634-213-2
Preis: 19,80 EURO

– Hoffen und Bangen –

Muh hatte gerade den Apfelkuchen in den Gasherd geschoben als die Sirenen heulten. Alle rannten in die Waschküche, die Kinder voneweg. Sie legten sich auf den kalten Boden und wussten genau was sie machen mussten. Muh mit einem Korb voll Essen hinterher, dann die beiden Mütter mit allen wichtigen Papieren in einer Aktentasche. Nach dem ersten Kracher warfen sich die drei Frauen auf die Kinder. Muh auf Sigrid, Marie auf Karli und Ruth auf den kleinen Fiedel. Die Kinder brüllten nicht einmal. Nur Sigrids Lieblingshase zappelte. Die Frau Superintendent aus der zweiten Etage wankte durch die Tür. Sie wurde von der Druckwelle der nächsten Kracher, die schon viel näher waren, wie ein Baum gefällt. Wimmernd lag sie auf den kalten Steinen.
‚Wenn der nächste Einschlag noch näher kommt, sind wir dran', dachte Ruth und fing an zu beten: ‚Bitte lieber Gott, nicht bei uns! Vielleicht lieber in das Parteihaus nebenan. Das steht jetzt sowieso leer, sind doch schon alle abgehauen.' Viele Jahre hatte sie nicht gebetet, doch jetzt traute sie der Waschküche mit ihrer gemauerten Decke aus Klinkern einfach nicht. Gegen Bomben war auch diese nicht sicher.
Noch drei, vier Einschläge in größerer Entfernung, dann war alles vorbei. Die Sirenen heulten Entwarnung. Als erste rannte Marie nach oben. Im Wohnzimmer brannten die Gardinen, der schöne Teppich von Großmutter Hanne-Fieke und die Standuhr, die seitdem jeden Tag zwei Minuten nachging. Eine Phosphorbombe war vor dem Haus auf die Straße gefallen und hatte alle Fenster ringsherum zerstört, Bäume und Büsche in den Vorgärten brannten. Marie holte Wasser und löschte die Flammen.
Ruth und Muh gingen mit den Kindern auf den Hof. Im Westen stand Rauch am Himmel. Die Kinder waren ganz

aufgeregt und wollten wissen was dort brennt, nur Karli wollte Apfelkuchen. Er hatte immer Hunger und ging mit Muh in die Küche. Der Ofen war aus, der Kuchen erst halb fertig gebacken. Später hörten sie, dass eine Bombe ins Gaswerk gefallen war.
Die jungen Frauen stiegen auf den Dachboden und sahen nach der Rauchsäule.
„Es muss in der Nähe vom Garten sein", sagte Ruth.
Sie und Marie rannten los, die Kinder blieben bei Muh. Die Gasanstalt brannte lichterloh. Luftschutzwarte sperrten die Mogkstraße ab. Ruth wandte sich an einen von ihnen.
„Ich bin Schwester", sagte sie zu ihm, „vielleicht kann ich helfen."
Die Männer ließen sie durch und führten sie zur Ruine, wo noch Verletzte vermutetet wurden. Auf der Straße vor dem Garten hatte die Bombe einen tiefen Krater gerissen. Leitungen waren zerstört, der Krater selbst voll mit Wasser. Von Schefflers Haus standen nur noch Reste der Außenmauern. Sparren und Balken brannten. Die Feuerwehr war da, hatte aber wegen der kaputten Leitungen immer noch kein Wasser. Im Umkreis von dreißig Metern waren die Bäume wie abrasiert. Gut, dass sie noch kein Laub trugen, die meisten wären sonst wohl umgeknickt. Auf einem zerzausten Kirschbaum auf Schefflers Grundstück hingen die Saiten eines Klaviers, ein Stück Sessel und zerfetzte Gardinen. Ein einzelner nackter Arm lag neben einem Mauerstück. Der Arm eines jungen Menschen.
‚Elises Arm', dachte Ruth und bekam ein flaues Gefühl im Magen. Elise war achtzehn oder neunzehn Jahre alt. Ein bildhübsches Mädchen mit dunklem Haar – und jetzt tot.
Die Luftschutzhelfer, die Feuerwehrleute und ein paar ältere Polizisten sprangen um den brennenden Haufen Schutt herum, brüllten Kommandos und taten so als könnten sie etwas retten. Ruth sah einen Augenblick zu und verstand, dass hier bereits alles zu spät war. Es gab nichts mehr zu tun.

Vom Zaun am Garten standen nur noch die Reste der Pfosten. Die Latten lagen in der ganzen Gegend verstreut. Die Steine der Straße waren bis in die hinterste Ecke des Gartens geflogen. Ein Stein hatte das Dach der Laube durchschlagen, dann das Bett und die Dielenbretter. Durch den Krater war im Vorgarten ein stellenweise mannshoher Erdwall entstanden, der alle Büsche vergraben hatte. Von den Bäumen guckten nur noch die abrasierten Kronen heraus.
Die beiden Frauen gingen befangen von den schrecklichen Eindrücken durch die Anlagen zurück zum Haus. Muh hatte im Saal den Kaffeetisch gedeckt, Ruths Geburtstagskaffee. Es sollte ein bisschen gefeiert werden so lange noch Mehl, Eier, Schmalz und Kaffee im Hause waren. Doch die Stimmung wollte sich, vor dem Hintergrund der Verwüstung und der toten Schefflers, nicht heben und blieb schwermütig. Alle saßen im Saal, da es im Wohnzimmer wegen der zersprungenen Scheiben eiskalt war. Auch Hilde von gegenüber sollte mit ihren Kindern kommen, hatte jedoch selbst mit der Aufregung und Zerstörung genug zu tun.
Doch die alte Frau Superintendent kam zum Kaffee. Sie wimmerte leise, wie so oft seit ihr Sohn in Russland geblieben war. Dennoch versuchte sie Haltung zu wahren, gab sich stocksteif mit langem Rock und Samtband um den Hals.
Es war Februar, draußen wurde es früh dunkel. Man saß um den großen Tisch und erzählte. Plötzlich gab es keinen Strom mehr. Ruth zündete ein paar Kerzen an, als unten jemand an die Haustür klopfte. Sie ging nach unten und öffnete. Im fahlen Licht blickte sie in das ausgemergelte, unrasierte Gesicht eines jungen Mannes in zerrissener Uniform.
„Ruth", sagte der Mann leise. Sie verstand nicht. „Ruth", sagte er noch einmal. Da erkannte sie ihn – Willy, den kleinen Vetter aus Berlin.
Ruth zog Willy ins Haus. Ehe sie was sagen konnte sagte er leise: „Ruth, ein Stück Brot, bitte, nur ein kleines Stückchen Brot. Ein

bisschen zu essen, ein paar Stunden Schlaf, dann verschwinde ich wieder." Ruth verstand sofort: Willy war abgehauen, desertiert. Sie griff ihn am Arm und zog ihn gleich nach oben an den anderen vorbei in eins der Schlafzimmer. Niemand durfte wissen, dass er da war. Die Kinder könnten plappern. Willys Sachen waren erbärmlich, weshalb Ruth anfing, in den Kleiderschränken zu kramen. Von Großvater Nikolai waren noch Sachen da, Anzüge und Hosen. Willy sollte sie probieren.

„Ruth, ich hab Hunger", sagte Willy, „gib mir zuerst was zu essen." Sie schloss Willy ein und ging zurück zu den anderen. Muh und Marie sahen sie fragend an Doch Ruth reagierte nicht. Sie ging in die Küche, schmierte drei Stullen mit Butter und Wurst, füllte ein Glas mit Saft und wollte wieder ins Schlafzimmer zurück. „Wer war das?", fragte Muh leise.

„Niemand", sagte Ruth und guckte Muh so an, dass sie nicht weiter zu fragen wagte. „Niemand, solange die Kinder da sind", fügte Ruth leise hinzu.

Willy verschlang die drei Stullen wie ein Wolf, der acht Tage nichts gefressen hatte. Ruth wunderte sich nicht. Früher, wenn Willy zu Besuch aus Berlin da war, hatte er so mächtigen Hunger, dass Muh jeden Abend eine riesige Pfanne Bratkartoffeln nur für Willy machen musste. Anders war der Junge nicht satt zu kriegen. Er hörte erst auf, wenn ihm die Kinnladen wehtaten.

„Hast du noch was?", fragte Willy. Ruth ging auf den Flur wo die anderen saßen. Vom halbgaren Apfelkuchen war noch was übrig, also tat sie den Rest auf einen Teller und flüsterte Marie zu: „Willy ist da – abgehauen von der Front. Niemand darf was wissen, hörst du! Die Kinder nicht, die Frau Superintendent nicht. Niemand!" Marie wurde blass. Wenn man ihn im Haus fand, waren sie alle dran. Alle!

Ruth brachte Willy den Kuchen, der genau so schnell in dessen Mund verschwand wie die drei Stullen. Während des Essens erzählte er, dass er seit zehn Tagen unterwegs war. Es gab ein Gerücht, dass man sie an die Ostfront verlegen wollte, da dachte er an sein junges Leben und war aus den Ardennen nach der verlorenen Offensive irgendwann losgelaufen. Nur nachts, denn die Amis waren auf dem Vormarsch. Zu essen klaute er aus Scheunen oder von Äckern. Irgendwann war Willy im Südharz gelandet. In Ellrich hatte er nachts bei Onkel Johannes den Hühnerstall aufgebrochen und ein paar Eier mitgenommen, nachdem er lange hin und her überlegte, ob er klingeln sollte. Er entschied sich dagegen, da er sich nicht sicher war, wie die Familie reagieren würde.

Den Tag zuvor verbrachte er in einer zerfallenen Mühle ganz in der Nähe, um abends dann zu Muhs Haus zu schleichen. Jetzt wolle er nur schlafen und essen, schloss er seinen Bericht. „Morgen Abend will ich weiter."

„Du bleibst hier!", sagte Ruth bestimmt, so dass Willy nicht widersprach. „Wenn du gehst, fangen dich die Russen", fuhr sie fort, „oder Unsere. Die stellen dich gleich an die Wand. Dann hättest du auch in den Ardennen bleiben können."

Sie ließ ihn allein, damit er sich ausruhe. Erst als die Kinder im Bett waren, holte Ruth Willy aus dem Schlafzimmer. Er trug einen Anzug vom Großvater, in dem er aussah wie eine Vogelscheuche.

„Ach mein Junge!", sagte Muh als sie Willy im Schein der Kerze erkannte und nahm ihn in den Arm. „Ich mache dir Bratkartoffeln, mit Speck und Spiegelei." Willy bekam glänzende Augen.

Während Muh in die Küche ging, überlegten die anderen, wo Willy am besten versteckt werden konnte. Sie entschieden sich für die Kammer hinter der Küche. Die hatte einen indirekten Zugang zum Klo. Ein gefangener Raum, nicht sehr hell, aber da kam sonst niemand hin. Nur wenn das Klo besetzt war, durfte sich Willy nicht rühren.

Ruth und Marie machten ein Bett zurecht, brachten Schlappen, Handtücher, ein Nachthemd. Derweil wusch und ra-

sierte sich Willy mit Großvaters altem Rasierapparat. Nachdem er auch Muhs Bratkartoffeln verschlungen hatte – bis ihm die Kinnlade wehtat –, schlief er zwei Stunden. Dann wurde bis tief in die Nacht erzählt.
Willy sprach von der Ardennenoffensive, mit der sie bis nach Lüttich vorstießen. Die Übermacht der Alliierten war gewaltig gewesen, die eigene Luftwaffe hatte sie beschossen. Tausende starben, darunter alle seine Kameraden. Der Rückzug in die Eifel war ein totales Durcheinander, die Verbindung zu seinem Regiment hatte er verloren. Irgendwann war er auf einem einsamen Bauernhof gelandet. Er wollte gleich wieder los, aber der alte Bauer, ein braver Katholik, hatte ihn zur Rede gestellt. Lange hatte Willy mit dem alten Mann über den Sinn des Krieges diskutiert. Dabei musste er an zu Hause und seine junge Braut denken. Willys Elternhaus in Berlin war ausgebombt, zwei jüngere Brüder gefallen. Vom älteren Bruder wusste er nichts. Seine Eltern hausten in einer Gartenlaube am Rande von Berlin. Der Vater glaubte noch immer an den Endsieg. Gut dass er nicht wusste, dass Willy desertiert war, er hätte ihn vielleicht verpfiffen. Für den Vater war Willy immer der Schlappschwanz gewesen. Kein Mumm, keine Gesinnung! „Ausgerechnet dein Vater Hinrich!", lachte Muh. „Der Patriot und Maulheld. Mit seinen eins sechzig war der schon für den ersten Krieg zu klein. Auch im zweiten hätten die den Knirps nie genommen. Schon beim ersten Schuss hätte der sich in die Büsche verdrückt."
„Ich habe ihn nie verstanden.", ergänzte Ruth, „Warum musste er den Nazis hinterher laufen? Mit seiner Firma hätte ihn, zumindest in den ersten Jahren, niemand in die Partei gezwungen und dennoch war er gleich unter den Ersten."
„Manchmal denke ich", erklärte Willy, „er hat wirklich daran geglaubt."
„Glaubst du wirklich?", fragte Ruth. „Wie kann man an diese Bande glauben? Ausgerechnet dein Vater, der genug Juden unter seinen Klienten hatte."

„Ich weiß auch nicht", meinte Willy resigniert. „Anfangs habe ich ja auch an den Führer geglaubt. Nicht so fanatisch wie Vati, aber in der Hitlerjugend gefiel es mir irgendwie." Muh saß auf dem grünen Sofa am Kachelofen und schüttelte über ihren Schwager Hinrich den Kopf, wie sie es schon so oft getan hatte. Sie saß in der Nähe des Ofens und machte Handarbeiten wie jeden Abend im Winter.
Willys Versteck war gut, tagsüber döste er meistens oder las. Abends, wenn die Kinder im Bett waren, kam er raus, wusch sich, aß mit den drei Frauen, erzählte und machte Musik mit ihnen.
Man wartete auf das Ende. Im Parteihaus gegenüber war schon seit einer Woche Tag und Nacht Betrieb. Es wurde geräumt, Autos kamen und fuhren, der dicke Schornstein im Nebengebäude auf dem Hof qualmte Nacht für Nacht. Muh sorgte sich. Wenn der Krieg vorbei ist, wie geht's dann weiter? Was wird sein? Wird es genug zu essen geben? Wer wird kommen, die Amis oder die Russen?
Die Gerüchte, dass die Front schon an der Oder war, wurden immer häufiger. Auch fuhren die Züge nach Berlin nur noch sporadisch und wurden manchmal geplündert oder bombardiert.
Daher konzentrierten sich alle auf die nächsten Wochen und Monate. Die Zeiten würden schlimm werden, wer weiß, was die Sieger mit Deutschland machten. Man musste Essen besorgen. Ruth überlegte: ‚Ein Fahrrad wäre gut, das kann man in solchen Zeiten immer brauchen.'
Robert „Röschen" Schmidt auf dem alten Markt, eine Kugel in der Hüfte und deshalb nicht mehr im Krieg, reparierte Fahrräder und Kinderwagen. Zu ihm ging Ruth. Marie begleitete sie, denn Röschen fluchte so wunderbar und das hörte sie zu gern. Die Brille saß Röschen wie immer auf der Nasenspitze, der Kittel schwarz von Öl und Wagenschmiere, er schimpfte ohne Pause auf die Nazis. Ebenso auf seinen Bruder, den To-

tengräber, der nach jeder Leiche blau nach Hause kam. Der Bruder hatte nur vier Schuljahre geschafft, dann im Straßenbau geschippt. Als die Nazis kamen, wollte er in die SA, wurde aber wegen Blödheit nicht genommen. So kam er zu den Leichenträgern und grölte nach jedem Leichenschmaus betrunken das Horst-Wessel-Lied. Röschen hatte der Mutter auf dem Totenbett schwören müssen, für den Bruder zu sorgen.

„Dem Idiot hamse ins Jehirne jeschissen, ihm und allen anderen Strolchen und Faulenzern", schimpfte Röschen, in einem Mundwinkel die zerkaute Zigarettenkippe. Eine wahre Schimpftirade folgte, wobei er sämtliche Parteibonzen der Stadt durchging.

„Mach nur so weiter", sagte Ruth, „die holen dich noch."
Doch das interessierte ihn nicht. Er schimpfte ohne Unterbrechung. Als er mal Luft holte, sagte Ruth: „Ich brauche ein Fahrrad! Billig muss es sein. Und es muss fahren!" Das verschlug Röschen die Sprache. Wortlos ging er mit Ruth in einen Schuppen. An der Decke hingen Dutzende von Fahrrädern. Röschen suchte und prüfte, hob zwei, drei vom Haken, hängte sie wieder hin, holte neue herunter hängte sie wieder hin. Das ging eine Weile so bis er zwei hatte. „Nimm das da", sagte er und zeigte auf ein verstaubtes Damenrad.

„Von Firma Schütze", sagte er, „das hält noch hundert Jahre."
Ruth guckte ihn ungläubig an. „Ich mach dir neue Reifen und einen Sattel drauf", sagte er, „dann ist es wie neu."
„Wie viel?", fragte Ruth. Röschen dachte lange nach.
„Wenn ihr die Pacht verlängert", sagte er schließlich, „vielleicht auf drei Jahre, das wär' schon was." Ruth wunderte sich, dass er nicht mehr wollte.

„Fluch doch noch ein bisschen", bat Marie als alles geklärt war. Das ließ sich Röschen nur einmal sagen. Er schimpfte auf die übelste Art, so dass es einem die Schamesröte ins Gesicht trieb. Marie fand es herrlich. Jeden einzelnen seiner schwarzen Flüche gab sie an Muh weiter.

„Dass du dich nicht schämst", empörte sich Muh über ihre Tochter.
Die Sache mit dem Fahrrad dauerte noch einige Wochen, denn Röschen arbeitete prinzipiell nur, wenn man neben ihm stand. Sechs Wochen später, der Krieg war fast vorbei, gingen Ruth und Marie noch einmal mit einer Flasche Schnaps zu Röschen. Er freute sich.
„Habt ihr gehört, der Idiot in Berlin sitzt mit seiner Hure im Bunker und glaubt noch immer an den Endsieg, dieser Spinner."
Röschen holte die Gläser raus. Nachts um eins war das Fahrrad fertig und alle drei betrunken. Auf dem Heimweg fielen sie mit dem Rad fast in die Gonna. Marie hörte nicht auf zu lachen und hielt sich an allen Gaslaternen fest. „Wie wunderbar, so ein schöner Schwips in diesen schreckliche Zeiten. Schön wenn man noch lachen kann."
Es wurde wärmer. In diesen Wochen besorgte Ruth alles was man in Notzeiten brauchen konnte. Von einem Bauernhof holten sie sich zwanzig Küken, die sie im Haus mit Brennnesseln, gekochten Eiern und Wasser großziehen wollten. Die Kinder waren begeistert. In den Läden gab es noch fast alles zu kaufen, nicht immer mit Geld, aber das Blattgold aus der Bildhauerwerkstadt von Muh's Vater half weiter. Besonders die olle Schenk in ihrem Kramladen war scharf auf das Gold. Bei der gab's noch immer Mehl und Zucker, Milchpulver, Fett und Öl, Heringe und Gurken aus dem Fass, Seife, Schuhwichse, Bohnerwachs, Petroleum und Streichhölzer. Ein unbeschreiblicher Geruch war in diesem Laden. Ruth kaufte fast alles. Allein die Streichhölzer würden für das kommende Jahrtausend reichen. Dazu fünf Mausefallen, ein halbes Kilo Nägel, verschiedene Sorten Schrauben, Bleistifte, mehrere Kilo Salz, einen Liter Tinte, Briefpapier, 200 Gläser für Marmelade, zwanzig Pakete Kerzen, zwanzig Meter Vorhangstoff. Nur Klopapier gab es nicht mehr. Sie organisierte bei Knauer ei-

nen Stapel Völkischer Beobachter, der würde für ein paar Monate reichen.
Marie hielt sie für verrückt, wozu der ganze Kram? Doch Muh sah den Nutzen und kaufte noch Hosenknöpfe, Stricknadeln, Sicherheitsnadeln, Nähgarn, ein paar Schlüpfer, einen Hammer, eine Zange und eine Säge. Im Haus wurde alles gut versteckt, wer weiß, ob nicht gestohlen würde.
Muh dachte in diesen Tagen viel an ihre Schwestern. Jede hatte Verluste zu beklagen. Gertrud, aus Köln auf ein Dorf in der Nähe von Magdeburg evakuiert, wartete auf ihren Mann, den sie in den letzten Kriegsmonaten noch nach Belgien als Dolmetscher eingezogen hatten. Liese und Hinrich waren praktisch obdachlos und hatten zwei Söhne begraben, einen irgendwo an der Südfront und vom Verbleib des vierten – Willy – wussten sie noch nichts. Am meisten sorgte sie sich aber um Wally, deren Mann Walter verhaftet worden war, weil er sich wahrscheinlich bei den falschen Leuten zu laut und zu heftig über die Nazis echauffiert hatte, dieser Choleriker. Wenn sie nur helfen könnte!

– Besuch –

Die Abende verbrachten sie hauptsächlich damit, Geschichten zu erzählen. Was blieb auch anderes übrig, während der Stromsperren? Wenn die Kinder im Bett waren und Willy aus seinem Versteck kam, spekulierten sie, wer wohl zuerst kommen würde: Die Amis oder die Russen? Hoffentlich die Amis! Es hieß, sie stünden schon östlich des Rheins. Die olle Schenk redete manchmal davon, wenn man allein mit ihr im Laden war.
Marie erzählte von Halle. Sie wohnte dort mit ihrer Familie, aber seit ihr Mann Richard im Krieg war, verbrachte sie die meiste Zeit bei Muh und Ruth. Richard war in einer Ordonanz als Dolmetscher in Italien – ein guter Posten, weit hinter der Front. Marie fand Halle furchtbar. „Diese schreckliche Stadt", sagte sie immer wieder, „die Straßen so eng und in den Hauptstraßen kein einziger Baum. Wenn man ins Grüne will, muss man ewig laufen."
Das einzige, was sie an Halle mochte war dessen Konjugation. Ich halle an der Saale, du hallst an der Saale, er, sie, es hallt an der Saale... Das hatte schon der Dichter Curt Götz festgestellt.
Bei Muh in Rosenberg fühlte sie sich aber immer noch zu Hause. Ruth, die große Schwester, war kurz vor Fiedels Geburt zu Muh gezogen. Ihr Mann war nicht einen Tag an der Front gewesen, hatte bisher eine Menge Glück gehabt. Er arbeitete in Süddeutschland in einem Team von Technikern an irgendwelchen kriegswichtigen Flugzeugaggregaten. Die Wohnung in Berlin war längst aufgelöst und auch die Ehe bestand nur noch auf dem Papier. Ruth hatte ein Kind haben wollen und das hatte sie bekommen. Der Kleine hieß eigentlich Benjamin, aber Marie hatte ihn Fiedel getauft, weil der Standesbeamte nach seiner Geburt entgeistert gefragt hatte: Was?

Benjamin? Ein Judenname? Sie können doch dem Jungen keinen Judennamen geben!" Ruth hatte ihm geantwortet, das sei ihr egal, also könne ihm das wohl auch egal sein. Sie fände es sei ein schöner Name, daher bliebe es auch dabei.
Mit Fiedels Geburt gab Ruth auch ihren Beruf als Krankenschwester auf. Da aber die meisten Ärzte aus der Stadt jetzt im Krieg und die Krankenhäuser mit Verwundeten überfüllt waren, kümmerte sie sich um die Wehwehchen in der Nachbarschaft und entlastete so den alten Gerhardt, der sich eigentlich längst zur Ruhe setzen wollte.
An einem jener Abende voller Geschichten und Spekulationen, klingelte es plötzlich an der Tür. Willy verschwand sofort in seinem Kabuff. Ruth ging nachsehen und konnte kaum glauben, wen sie da sah. Es war Tante Wally aus Hohen Neuendorf. Vierundzwanzig Stunden war sie unterwegs gewesen, hatte mit der Bahn Umwege über irgendwelche Nebenstrecken nehmen müssen, manchmal war sie bei Bauern auf dem Pferdefuhrwerk mitgefahren.
Sie hatte es allein nicht mehr ausgehalten.
Alle freuten sich riesig. Muh standen die Tränen in den Augen. Ruth zog Willy aus seinem Versteck.
„Guck mal wer sich hier einquartiert hat", sagte sie zu Wally. Der fiel die Kinnlade runter.
„Willy", sagte sie und nahm den Jungen in den Arm, „deine Eltern sind verzweifelt. Was mit Hans ist, wissen sie nicht und du bist angeblich vermisst."
„Die beste Nachricht seit Wochen", grinste Willy, „nach Vermissten wird nicht mehr gesucht." Wally war von Kummer und Angst überwältigt. Die Russen sind schon an der Oder, erzählte sie gleich. Es soll dort schreckliche Kämpfe geben. „Wer weiß, ob wir das überleben." Walter, Wallys Mann, saß seit Wochen in Sachsenhausen. Dann war die Tochter Brigitte umgekommen, gerade siebzehn Jahre alt. Sie war in einem medizinischen Labor in Berlin zur Ausbildung. Als der Alarm

kam, hatte sie es nicht mehr in den Luftschutzkeller geschafft. Die Bombe war auf den Hof gefallen, vielleicht fünfzig Meter von ihr weg und hatte ihre Lungen zerrissen.

Zu Walters Verhaftung konnte auch sie nicht viel sagen. Sie wusste nur, dass irgendwann ein paar ehemalige liberale Parteifreunde bei ihm zu Besuch waren. Vielleicht hatte jemand dieses Treffen beim Geheimdienst verpfiffen, der das dann als Beginn einer Verschwörung angesehen hat. Wally hatte mehrfach versucht, Walter in Sachsenhausen zu besuchen, war aber immer wieder abgewiesen worden. Jetzt gab es das Gerücht, die Konzentrationslager würden aufgelöst, die Häftlinge auf andere Lager verteilt. Vielleicht war Walter gar nicht mehr in Sachsenhausen. Die ältere Tochter war keine Hilfe, der Schwiegersohn war bei der SS, er hatte mit seinen Schwiegereltern längst gebrochen. Es war zum Heulen.

Brigitte hatte sie allein beerdigt. Ohne Verwandte, nur zwei Nachbarn waren da, es musste alles ganz schnell gehen. Ja, und dann war Wally plötzlich allein. Sie musste mit jemandem reden, und ist deshalb zu Muh gefahren, obwohl sie wusste, wie gefährlich die Bahnfahrt in diesen Zeiten war. Wally hatte als junge Lehrerin mit den Eltern, Muh und deren Kindern in Nikolais Haus gewohnt. Ruth und Maries Großmutter, die alle Hanne-Fieke nannten, lebte damals noch. Muh und Wally hingen gewaltig an ihr. Als sie starb, kamen sie sich verloren vor. Acht Kinder hatte Hanne-Fieke geboren, zwischendurch sieben Fehlgeburten. Vierzehn Jahre an einem Stück war sie schwanger gewesen. Sie liebte ihre Kinder und Enkel viel mehr als ihren Mann. Ein ganzes Leben lang hatte Hanne-Fieke ihre Tage am Herd verbracht, hatte gebrutzelt, gebacken und die feinsten Speisen gekocht. Aber gleichgültig was sie auf den Tisch stellte, an allem mäkelte der Großvater herum. Wenn er mal nicht mäkelte, herrschte eisige Stille bis Hanne-Fieke feststellte, ich glaube, es fehlt Salz. Wenn dieser Satz fiel, lachte die ganze Tischgesellschaft und Großvater er-

klärte: „Ich versteh nicht, warum alle lachen? Es fehlt wirklich Salz."
Nikolai starb erst kurz vor dem Einmarsch in Polen, er verstand aber Jahre vor seinem Tod schon nichts mehr. Die letzten fünfzehn Jahre seines Lebens war er verbittert. Er war Bildhauer und Steinmetz gewesen, hatte in der Gründerzeit ein riesiges Geschäft aufgebaut. Bis zu zwanzig Arbeiter waren bei ihm beschäftigt, die meisten kamen aus Italien. Auch die beiden älteren Söhne wurden Steinmetze. Karl, der Älteste, ging nach seiner Lehre in einen Betrieb in die Altmark. Er war tüchtig, Vater Nikolai war stolz auf den Jungen. Der bekommt mal das Geschäft, hatte er immer wieder zu Hanne-Fieke gesagt. Doch Karl fing ein Verhältnis mit seiner Meisterin an und machte ihr ein Kind. Sie flohen mit den Kindern der Frau über Bremen nach Amerika. Nie mehr hatte man von Karl etwas gehört, er wurde aus der Ahnentafel gestrichen. Johannes, der zweite Sohn, ein hervorragender Handwerker und großer Künstler, ging nach der Bildhauerlehre zum Studium an die Kunstakademie in Charlottenburg. Großvater war ein bisschen neidisch auf den Sohn. Später ging er zu einem Steinmetz nach Magdeburg und verliebte sich dort in das Hausmädchen, das er heiraten wollte. Großvater Nikolai war strikt dagegen. Ein Dienstmädchen war absolut nicht standesgemäß. Johannes hatte den gleichen Dickkopf wie sein Vater und setzte sich durch. Er wurde enterbt, das Geschäft und die meisten Häuser verkauft, das Geld bei der Sparkasse in Aktien und Sparbriefen angelegt. Johannes machte sein eigenes Geschäft in Ellrich auf.
Nach der Inflation 1923 war alles weg, mochte Nikolai auch noch so sehr auf die Judenmischpoke und den Sparkassendirektor Müller schimpfen, die er für seinen Verlust verantwortlich machte.

Am Tag darauf gingen Muh und Wally auf den Friedhof. Muh ging oft wegen ihres Mannes Erich ans Grab. Er lag zwar nicht dort, sondern war vielmehr im fernen Frankreich begraben, aber der Vater Nikolai hatte nach Erichs Tod eine kleine Grabplatte gemacht. Dort saß sie oft und dachte an ihn. Nur Dummheiten hatte er im Kopf, dieser immer fröhliche Vetter aus Leipzig. Er musste die Schule wechseln, weil er das Schulkollegium mit einer Bombe bedroht hatte. Mit vierzehn erklärte er der kleinen Marianne seine Liebe. Die hatte noch nicht mal Busen und verstand nicht so genau was der Vetter wollte. Aber für beide war alles klar. 1910 hatten sie geheiratet und wohnten in Leipzig in der Nähe von Erichs Eltern in einer Villa am Stadtrand mit Gärtner und Hausmädchen. Sie hatten einen eigenen Salon, sonntags veranstalteten sie Matineen mit Kaviar und Champagner. Der reiche Steinmetz aus der Provinz bezahlte.

In Erichs Leipziger Familie waren alle kaisertreue Patrioten. Der Großvater Kramer war schon im Krieg 1870 dabei gewesen als Stabstrompeter. Natürlich war auch Erich Soldat. Kurz vor dem Krieg wurde er zum Leutnant der Reserve befördert und meldete sich 1914 gleich freiwillig, obwohl die beiden kleinen Mädchen schon da waren. Muh war sehr traurig. Erich verabschiedete sich lachend am Bahnsteig von ihr und versuchte sie damit zu trösten, dass man diese waschlappigen Franzosen in nur sechs Wochen schlagen würde. Im Frühjahr 1915 war er das letzte Mal auf Heimaturlaub.

„Wir kommen da nicht mehr raus", hatte er beim Abschied leise und traurig zu Muh gesagt. Am 25. September 1915 fiel er in der grässlichen Schlacht bei Reims. Als der Brief kam, war zum Glück Wally da. Sie gingen gemeinsam zum Wehramt, Muh bekam ausgehändigt, was von Erich geblieben war. Der Ehering und das Eiserne Kreuz zweiter Klasse. Muh war so am Boden zerstört, dass sie nicht mal weinen konnte.

Sie hat nie wieder einen Mann angesehen.

Jetzt standen die beiden Schwestern stumm am Grab. Nach einer Weile raffte sich Wally auf. „Es wird weiter gehen", sag-

te sie, „es wird weiter gehen, aber es wird schrecklich." Wally fuhr bald wieder, sie sorgte sich um die Front, die vielleicht schon binnen kurzem Berlin erreichte. Sie machte sich auch Gedanken um ihr Viehzeug, die Hühner, Karnickel, Bienen und um ihre Ziege. Der Nachbar wollte die Tiere versorgen, aber sie war unruhig und wollte nicht länger bleiben.
Als Wally fort war, sorgte sich Muh wieder um sie. Wer weiß, ob sie heil zu Hause ankommen würde.
Wochen später kam endlich eine Nachricht von Wally. Zu Hause hatte sie Walter vorgefunden. Das Lager war ein paar Tage zuvor befreit worden. Walter lebte und war wohl gesund. Aber dürre wie eine Bohnenstange.
Die Fliegeralarme häuften sich in den folgenden Wochen, fast jeden Tag kamen sie in der Mittagszeit, aber meistens hinterließen sie keine größeren Schäden. Einen richtigen Angriff gab es aber nur noch einmal. Mitten in der Nacht und mitten auf einen Munitionszug, der auf dem Bahnhof stand. Es krachte fürchterlich und hörte nicht auf zu knallen als würde eine ganze Armee die Stadt unter Trommelfeuer nehmen. Das schöne Bahnhofsgebäude, vom Großvater mitgebaut, lag in Trümmern. Wo die Bombe eingeschlagen hatte, ragten verbogene Träger und Gleise in den Himmel wie Schillerlocken. Überall um den Bahnhof herum hingen Zettel an den Bäumen: „Wer plündert wird erschossen." Unterschrieben hatte den Zettel der Bürgermeister.
In der Nacht nach der Explosion schlich sich Ruth mit einem Rucksack auf den Bahnhof. Diese Idee hatten noch andere, sie war nicht allein und stellte mit Freuden fest, dass es außer explodierter Munition und Waffen auch Fallschirmseide, Stiefel, Uniformstoff, Matrosenanzüge aus Jersey, Seidengarn, Spaten, Äxte und Kochgeschirre gab. Muh saß zu Hause und stand Todesängste aus. Niemand scherte sich um die Zettel an den Bäumen. Man packte ein. Alles was in die Taschen und Rucksäcke ging. Ruth schnappte sich Stiefel,

Schnürschuhe, Uniformstoff, Matrosenanzüge und Seidengarn. Sie rannte zurück, packte alles aus und nahm Marie und noch zwei Rucksäcke mit auf die Bahn. Sie nahmen mit was sie tragen konnten Auf dem Rückweg sahen sie den Bürgermeister, der aufgebracht zum Bahnhof rannte. Er kam jedoch nicht weit, noch in den Anlagen wurde er furchtbar verdroschen.
Im Rathaus saßen nur noch ein paar kleine Beamte und Angestellte, in der Mehrzahl Frauen. Alle schienen total verunsichert. Ein paar Männer aus der Loge, die in der Weimarer Zeit den Stadtrat bildeten, versuchten die Ordnung aufrecht zu erhalten und redeten mit den meisten Mitarbeitern. Einige waren absolut verschlossen oder destruktiv, andere gaben vorsichtig zu verstehen, sie wollten kooperieren. Wichtig war, dass die Geschäfte weiter liefen und keiner von den braunen Patrioten noch auf die Idee kam, die Stadt zu verteidigen.
Die Logenbrüder wunderten sich selbst über ihre Courage, denn was sie machten, war noch immer Hochverrat. Sie beruhigten sich gegenseitig, schließlich kannten sie genau den Frontverlauf durch die BBC. Nordhausen war zerstört worden, hörten sie. Die schöne alte Stadt war völlig kaputt. Wie ein Lauffeuer verbreitete sich die Nachricht in der Stadt.
Der Geschützdonner kam näher und näher, inzwischen war keine einzige Fahne mit Hakenkreuz mehr in der Stadt zu sehen. An den Häusern hingen die ersten angeklebten Zettel.
„Die Stadt verteidigt sich nicht, wer schießt, wird den Siegern übergeben."
Unterschrieben waren sie von der provisorischen Verwaltung, also von den Logenbrüdern.
Diese arbeiteten in den letzten zwei Tagen vor dem Einmarsch der Amis schon öffentlich. Alle Hakenkreuze, alle judenfeindlichen Schilder mussten weg. Da sich niemand freiwillig für diese Arbeit meldete, verfielen sie auf Röschen Schmidts Bruder. Der verstand sowieso nichts. Sie gaben ihm einen Topf

Farbe und versprachen ihm eine Flasche Schnaps. Er brauchte eine ganze Woche dazu, die Schilder zu übermalen oder abzuschrauben. Am Ende brachte er die Schilder zu Fritz Hecht ins Haus. Der schimpfte und zeterte eine Weile und vernichtete das Zeug dann doch lieber selbst.

Ruth stieg an einem dieser Tage auf den Oberboden und kramte in den Bücherkisten, die sie mit Muh 1933 nach oben geschleppt hatte. Dort lagen Bücher von Heinrich Heine, Erich Kästner und von Thomas Mann. Und auch Noten von Mendelssohn. Sie brachte alles jetzt wieder nach unten ins Wohnzimmer.

Auch Willy hielt es nicht mehr in seinem Versteck aus und stand plötzlich in der Küche. Die Kinder glaubten an Zauberei. Er machte sich nützlich, half im Haus, reparierte Fensterscheiben und Wasserhähne. Bald tauchten abgerissene, bettelnde Menschen in der Stadt auf, von denen niemand wusste, woher sie kamen.

– Das Ende, endlich –

Jetzt waren alle Läden geschlossen, selbst die Schule hatte den Betrieb eingestellt. Das freute die Kinder. Nur Bäcker Fritsche an der Gonnabrücke buk noch Brot. Eines Morgens berichtete Frau Superintendent, wie sie das täglich tat, über das Ergebnis ihres morgendlichen Gangs zur Toilette. Muh konnte es längst nicht mehr hören. Doch dann sagte die Alte plötzlich: „Heute kommen die Amis. BBC hat es vorhin durchgegeben."
„BBC?", fragte Muh entsetzt.
„Ja", sagte die alte Dame, „den habe ich täglich die ganzen Jahre gehört."
Muh rutschte fast das Herz in den Unterleib. Gut, dass sie das nie gewusst hatte.
In Muhs Haushalt hatte es noch nie ein Radio gegeben. Der Großvater hatte sich immer eins gewünscht, aber das war zu teuer gewesen. Nicht mal für eine Goebbelsschnauze hatte seine Rente gereicht.
Auf Ruths Geheiß hin, nagelte Willy ein Laken außen ans Fenster. Ein Haus nach dem anderen wurde in diesen Tagen so geschmückt. Sogar die Parteizentrale gegenüber und der schiefe Turm von St. Jakobi.
Willy packte ein paar Sachen für die nächsten Wochen, die Amis würden ihn sicher mitnehmen. Es war warm, die Fenster waren geöffnet. Willy setzte sich ans Klavier und spielte. In der Stadt war es totenstill. Die meisten Fenster in der Straße waren geschlossen. Nur das leise Rattern der Panzerketten wurde von Minute zu Minute lauter. Von Muhs Wohnzimmer konnte man bis zur Gonnabrücke sehen.
„Da kommt einer", Muh zeigte zur Brücke. Der Geschützturm eines Panzers war zu sehen. In Schrittgeschwindigkeit kam das Ungetüm näher. Die Kinder klammerten sich an

Muhs Rock. Hinter dem Panzer liefen Soldaten, die Gewehre hingen locker über den Schultern. Sie kauten alle Kaugummi und guckten sich die Gegend an.
„Da sind Neger dabei", sagte Muh.
Hundert Meter vorm Parteihaus stoppte der Panzer. Minutenlang passierte nichts. Willy setzte sich wieder ans Klavier und spielte Beethoven. Plötzlich ein ohrenbetäubender Knall. Das Haus wackelte. Es war ein Schuss in die Luft Richtung Bahnhof. Das Ungetüm rollte weiter, die Soldaten suchten hinter dem Panzer Deckung und richteten ihre Gewehre auf die Häuser. Vor Muhs Haus stoppten sie wieder. Willys Klavierspiel war durchs offene Fenster zu hören. Er spielte Beethovens „Ode an die Freude". Als er fertig war klatschten die Soldaten.
„Hello", riefen sie, „play it again." Muh trat ans Fenster mit Karli auf dem Arm. Der kleine Kerl staunte über die schwarzen Männer.
„Hat du LoLoLokolade?", stotterte er laut. Die Männer lachten. Einer von ihnen warf ein Päckchen Kaugummi durchs Fenster.
Die Soldaten zogen nicht weiter, sondern besetzten das Parteihaus gegenüber. Am Abend klopfte ein junger Offizier mit ein paar Soldaten an die Haustür. Muh ging nach unten und öffnete. Der Offizier war höflich, er sprach ein bisschen deutsch und stellte sich vor. Er hieß George und fragte nach Wasser. Muh wunderte sich, da im Parteihaus Wasser sein musste, dann verstand sie, dass die Soldaten vorsichtig waren. Die Nazis könnten das Wasser verseucht oder vergiftet haben. George fragte nach den Kindern und ihrem Mann. Muh erklärte, sie sei Witwe und würde ihre Enkel hüten. Als Ruth von oben das Gespräch hörte, holte sie Marie und ging mit ihr nach unten. Die beiden Frauen kramten ihr Schulenglisch zusammen und versuchten mit den Soldaten zu reden. Woher sie kommen, ob sie Hunger und Durst hätten? George fragte nach ihren Männern und nach der Partei.

„Die Männer sind im Krieg, keine Ahnung wo. Und Partei? Wir nicht.", erklärte Ruth.
Sie nahmen George mit nach oben und zeigten ihm die Wasserleitung. Er wollte später noch einmal mit Kanistern kommen. Willy war so klug und stellte sich sofort mit dem Kommentar, er sei der Klavierspieler, desertiert aus der Naziarmee. Sie nahmen ihn mit, verhörten ihn, aber sie steckten ihn nicht in ein Lager. Er verbrachte die ganze Zeit seiner Gefangenschaft in der ehemaligen Parteizentrale und machte sich mit gutem Englisch nützlich. Am nächsten Tag kam George wieder. Er nahm die beiden jungen Frauen mit, sie hatten ein bisschen Angst, aber es passierte nichts. Man brachte sie in die ehemalige Parteizentrale in ein Zimmer mit großem Schreibtisch. Früher hatte da der Kreischef der Partei gesessen. Jetzt saß der Kommandant hier. Ein großer misstrauischer Kerl mit Zigarre, für den wahrscheinlich alle Deutschen Nazis waren. An den Wänden gab es weiße Flecken, wo die Führerbilder gehangen hatten.

„Sit down", sagte der Kommandant und nickte mit dem Kinn in Richtung Stühle. Die Frauen, etwas verschüchtert, setzten sich nur auf die Kante der Sitzfläche. Der Kommandant schob ihnen einen Stoß Fotos über den Tisch. George dolmetschte und erklärte ihnen, das seien Fotos aus Mittelbau-Dora bei Nordhausen.

„Do you know Mittelbau-Dora?" Ruth und Marie guckten sich ratlos an und schüttelten ihre Köpfe. Der Kommandant forderte sie auf, sich die Bilder anzusehen. Ruth nahm sich eins nach dem anderen und gab sie weiter. Grauenvoll! Es waren Bilder aus einer Welt des Schreckens. Leichenberge, ausgemergelte Männer in gestreiften Kitteln, Öfen mit halb verbrannten Leichen, Baracken in denen Männer auf Pritschen lagen, die aussahen wie tot. Ruth blieb die Spucke weg.

„Die Bilder sind aus Dora-Nordhausen", erklärte George, „ein concentration camp in der Nähe der Stadt. Nichts gewusst?

Nie was davon gehört?" Marie und Ruth schüttelten die Köpfe. Absolut nichts! Sie schämten sich. Nur als Alban Hess verhaftet worden war, weil er sich als bekennender Christ geweigert hatte, Soldat zu werden, hatten sie von solchen Lagern gehört. Mehr wussten sie nicht.
Es folgte ein Verhör über mehrere Stunden, über Nazigrößen in der Stadt, über Leute, die zuverlässig waren, ob sie BBC hörten. Dann fragte man sie nach den Juden in der Stadt. Sie wussten nur von einem – Loew mit dem Schuhgeschäft in der Göpenstraße, das aber sofort nach 33 dicht gemacht wurde. Was mit Loews damals geworden ist, wusste keine der beiden Frauen. Sie waren zu der Zeit nicht in der Stadt gewesen
Am Nachmittag nach dem Verhör holten die beiden jungen Frauen Hilde von gegenüber zum Kaffee. Hilde ging es schlecht; sie hatte vor einem Jahr ihren Mann in Russland verloren. Nun war sie mit drei kleinen Kindern allein. Hilde war auch am Morgen verhört worden. Sie redete sofort über die schrecklichen Bilder.
Marie war entgegen ihrer Natur die ganze Zeit still und saß wie versteinert am Tisch. „Bei Loews haben wir immer ans Schaufenster gespuckt", sagte sie plötzlich, „wenn wir von der Schule kamen. Alle aus meiner Klasse. Das habt ihr doch auch gemacht?"
Ruth und Hilde guckten sie sprachlos an.
„An den Zöpfen haben wir die kleine Loew auch immer gezogen. Weil sie Juden waren. Gretchen Reinecke meinte immer, bei Juden müsse man das machen, die haben hier nichts zu suchen. Ich schäme mich jetzt so!"
Marie kam in Wallung und heulte: „Mein Gott, ich hab mir doch nichts dabei gedacht! Wir waren doch erst zehn oder elf." Sie schüttelte sich: „Was waren wir doch dumm."
„Hast recht!", sagten Ruth und Hilde. „Wir waren sehr dumm."

– Besatzung –

Am folgenden Tag ging Muh mit Fiedel zu den Amis auf den Hof, weil der Kleine unbedingt die Schwarzen sehen wollte. Vom Hof konnte man durchs Fenster fast in die Töpfe der großen Küche im Parterre gucken. Am Herd stand ein großer dicker Schwarzer und rührte in einem Topf. Es roch wunderbar nach gebratenem Schwein.
„Leisch, Leisch", krähte Fiedel, der auf Muhs Arm geklettert war. Der Schwarze bemerkte die beiden und kam mit einem großen Topf auf den Hof. „Take it!", sagte der Schwarze und drückte Muh den Topf in die Hand. Das Fleisch an den Knochen, die darin lagen reichte für eine ganze Mahlzeit. Ruth nagte am Ende die Knochen so blank, als hätten sie in einem Ameisenhaufen gelegen. Muh ging jeden Tag mit den Kindern zu den Amis und bekam fast immer etwas. Manchmal nur den Abfalleimer aus der Küche. Da war immer noch genug für die Hühner drin.
Die Amerikaner hatten ein Problem. Sie brauchten Lebensmittel wie Fleisch und Kartoffeln, wussten aber nicht, wie sie das ohne Ärger beschaffen sollten, und Ärger mit der Bevölkerung wollten sie nicht haben. George besprach mit Ruth und Marie wie man Essen beschaffen konnte. Beide hatten sofort eine Idee. Aber sie wollten erst wissen, wie die Amis die Schweine, Kartoffeln und Eier bezahlen wollten. „Whisky und Zigaretten", sagte der Offizier. Das war jetzt die beste Währung.
Am nächsten Morgen standen ein Pick Up und ein Jeep auf der Straße. Die beiden jungen Frauen stiegen in den Jeep zu George. Im Pick Up saß der dicke Neger am Steuer. Gemeinsam fuhren sie zu Höfers ins nächste Dorf nach Einzingen. Das Wetter war frühlingshaft schön, die ersten Obstbäume blühten, irgendwie schien den beiden Frauen das Kriegsende frühlingshaft leicht. Wenn die Soldaten nicht dabei gewesen

wären, hätten sie vielleicht angefangen zu singen. Höfers hatten seit fast 70 Jahren die Weihnachtsgänse geliefert. „Höfers haben die besten Gänse", stand im handgeschriebenen Kochbuch von Großmutter Hanne-Fieke. Der alte Höfer war im Krieg gestorben, darum sollte der ältere der beiden Jungs, obwohl erst achtzehnjährig, die Wirtschaft übernehmen. Das hatte die alte Frau Höfer jedenfalls noch zu Weihnachten erzählt, als sie die letzte Gans gebracht hatte. Höfers hatten achtzig Hektar bestes Land, zwanzig Kühe und Ochsen, dreißig Schweine, zwei Pferde, Gänse, ein paar Puten und Hühner. Als das komische Gespann ins Dorf kam, war alles verbarrikadiert, alle Fensterläden geschlossen, alles wirkte wie ausgestorben. Wahrscheinlich saßen sie hinter den Fensterläden und beobachteten die beiden Fahrzeuge mit dem Neger im Pick Up. Vor Höfers Haus stiegen sie aus. Ruth klopfte ans Tor, erst als sie laut rief, machte die alte Frau Höfer einen Spalt vom Fensterladen im ersten Stock auf. Sie machte ein Zeichen, dass sie käme. Es dauerte noch eine Weile bis sie schließlich vom hinteren Tor bis auf die Straße gelangt war. Misstrauisch bis in die letzte Zehenspitze hörte sie Ruth zu, die das Problem erklärte, dabei fingen ihre Augen langsam an zu leuchten. In den Tagen darauf organisierte Frau Höfer Schweine, Rinder Hühner, Butter, Eier und Kartoffeln gegen Schnaps, Schokolade und Zigaretten. Das halbe Dorf war beteiligt. Für Ruth und Marie fiel bei diesem Tauschhandel genug ab.

Etwa zwei Wochen ging das so, dann war Schluss mit dem Handel. Washington hatte alle Geschäfte dieser Art verboten. Die Gefahr von Schieberei und Verbrüderung war zu groß. Die Schweine kamen jetzt in Form von Dosen direkt aus Übersee. Kartoffeln sollten mit Dollar gekauft werden. Die Bauern misstrauten den grünen Scheinen aber.

George kam jetzt öfter in Muh's Haus. Er war wie ein großer Junge und hatte mächtiges Heimweh nach Tennessy. Seine Schwester war so alt wie Sigrid und liebte Viehzeug genau

wie sie. Er brachte immer Schokolade mit, nahm Sigrid auf den Schoß, aber der fremde Mann war ihr unheimlich. Er wusste, dass die Deutschen Probleme mit der Versorgung hatten, deshalb brachte er bei jedem Besuch was zu essen mit. Es war Juni geworden als George vorschlug, man könnte mal an einem der Sonntage eine Fahrt ins Grüne machen, er müsste nur seinen Major fragen. Ruth und Marie waren ebenso begeistert wie Hilde von gegenüber. Der Major beauftragte George, alle Dörfer in Richtung Kelbra zu kontrollieren, ob es noch irgendwelche Widerstandsnester gab. Das war der offizielle Auftrag. So fuhr George am nächsten Sonntagmorgen mit einem Jeep bei Muh vor. Die drei Frauen erwarteten ihn schon mit ihrem Reisegepäck. Sie hatten alles dabei: Kartoffelsalat, gekochte Eier, Schinken, Bratwurst, Obst, Limonade und Kaffee in der Thermosflasche. Die Kinder waren bei Muh und Hildes Mutter gut untergebracht. Das Wetter war wunderbar und die Kirschen waren reif. Sie lachten viel und alberten herum. Hilde erzählte, dass man in der Stadt schon über die Amiliebchen tuschelte. Marie war verärgert. Was würde Richard sagen? Ruth und Hilde war es hingegen egal. Sollen sie sich doch die Mäuler zerreißen.
Sie fuhren auf den Kyffhäuser und die drei Frauen erzählten von Barbarossa. „What? Barbarossa? What a name?", fragte George. „Der rote Bart, *barba rosso*", sagte Marie, „der Kaiser mit dem roten Bart. Er lebte vor achthundert Jahren."
George fragte neugierig nach der Geschichte vom Kaiser mit dem roten Bart.
„Als Kaiser Rotbart lobesam
zum heil'gen Land gezogen kam ...",
begann Hilde und zitierte das ganze Gedicht. George war beeindruckt. „Alles auswendig", staunte er, „das ist deutsche Schule". Er ließ sich einzelne Passagen übersetzen. Besonders die Stelle wo der Türke auf dem Pferd mit einem einzigen Schwerthieb durchschlagen wird.

„…haut auch den Sattel noch zu Stücken
und tief noch in des Pferdes Rücken;
zur rechten sieht man wie zur Linken
einen halben Türken herunter sinken …"
George war sprachlos. Das war besser als Hollywood.
Die Nachricht vom toten Kaiser brauchte damals noch Wochen bis ins Reich. Niemand im Heiligen Römischen Reich wollte an des Kaisers Tod glauben. So entstand die Sage. Im Berge verbannt solange das Reich gespalten ist, sitzt und schläft er, der rote Bart wächst ihm meterlang durch den Tisch und die Raben umkreisen den Berg. Erst wenn sie nicht mehr kreisen, verlässt der Kaiser die Höhle, um sein Volk zu erlösen.
„In diesem Jahrhundert sind sie mächtig gekreist", sagte Hilde, „so viel wie noch nie. Sie hören wohl auch nicht auf in nächster Zeit."
Am Fuß des Denkmals saß der gewaltige Barbarossa auf seinem Thron mit schrecklich finsterer Miene, erzürnt über den Zustand seines Reiches.
Hoch über Rotbart saß Kaiser Wilhelm I. auf seinem Ross, der Gründer des zweiten Kaiserreiches. Ganz in Mansfelder Kupfer, neun Meter hoch war die Figur. Mit Blick nach Osten zu den slawischen Horden.
„Wenn Rotbart den Kopf dreht und nach oben sieht, guckt er Wilhelms Pferd von unten an", stellte Marie fest.
„Was für ein schöner Anblick", sagte Ruth, „der arme Kerl, muss sich das Hengstgemächt von unten begucken. Ein Glück, dass er schläft."
Alle lachten ausgelassen.
Der Blick vom Denkmal über die Landschaft war traumhaft und klar. Bis hoch in den Harz konnte man sehen. Überall das helle Grün der jungen Blätter. Die Luft duftete nach Frühling und nach Knoblauch von den Bärlauchgewächsen, die überall auf dem Burggelände blühten.

Sie fanden einen wunderschönen Platz für ihr Picknick an dem sie sich rund und satt aßen. „Vor acht Wochen hätte man uns noch an die Wand gestellt", sagte Ruth dösig, „und jetzt sitzt der böse Ami mit den bösen Deutschen beim Picknick friedlich zusammen."
„Ach kann es nicht immer so sein", schwärmte Marie. „Warum nur dieser schreckliche Krieg?"
Am Abend trafen sich alle noch auf Muh's Hof. Hilde holte ihr Grammophon, George hatte Schallplatten dabei, und im Schlepptau noch ein paar Kameraden. Sie hörten Dixieland, Benny Goodman, Glenn Miller und andere Swing-Platten, tranken Apfelwein und rauchten Lucky Strike. Ruth und Marie hatten noch nie geraucht, aber jetzt gab der Rauch der Zigaretten das Gefühl der Freiheit. Die Kinder tobten ausgelassen auf dem Hof herum und waren am Ende hundemüde. Zu Essen gab es jetzt genug. Muh wunderte sich manchmal über das Glück, das sie hatten: Sechs Jahre Krieg, jetzt die Nachkriegszeit und noch hatten sie nicht hungern müssen. Immer wieder gab es von den Amis Essensreste. Manchmal fünf Liter Eierpampe oder geriebene Kartoffeln für Plinsen oder Puffer. Überall durfte man sich frei bewegen, nur nachts gab es Ausgangssperre. Abends um acht mussten alle zu Hause sein. Die Soldaten hingen an den Fenstern des ehemaligen Parteihauses und warteten jeden Abend auf die beiden Schwestern. Wenn sie fünf nach acht kamen, gab es Gejohle und ein Pfeifkonzert die ganze Straße entlang.

– Wir machen das Beste draus –

Die ersten Läden öffneten wieder ihre Türen. Doch das Brot war schlechter geworden, bei manchem Bäcker schmeckte es nach Sägemehl.
Der schmierige Knauer verkaufte Zigarren und Zeitungen nur gegen Dollar. Offiziell hatte er allerdings keine Tabakwaren, dafür gab er aber gute Tipps für den Schwarzmarkt bei ihm im Hinterhaus. Dort wickelte er den Tabak noch in den Völkischen Beobachter ein. Im Laden verkaufte er hauptsächlich schlecht gemachte Illustrierte mit spärlich bekleideten Mädels. Die ganz heißen gab es nur unter dem Ladentisch. So was hatte es noch nie in der Stadt gegeben.
Die olle Schenk, Falten im Gesicht wie eine zerknüllte Zeitung und immer mit dreckigen Händen, bot zu horrenden Preisen alles aus ihrem Garten an. Am liebsten machte sie Tauschgeschäfte. Dazu verkaufte sie im normalen Geschäft saure Gurken, Bonbons, Schmierseife, Haushaltskerzen, Bohnerwachs und Schuhcreme. Sie unterhielt die Kundschaft mit ihren Geschichten, der Alte stand still daneben und musste die Preise ausrechnen. Sie redete und redete, griff dabei in das Bonbonglas und erklärte: „Meine Hände wasche ich mir jeden Morgen in Urin, frischem Urin von der Nacht, auf dem Ofen heiß gemacht."
Ruth beschloss daraufhin: „Nie wieder dahin!"
Sonntags ging Ruth jetzt nach Jahren wieder in die Kirche. Sie sah viele neue Gesichter, die meisten Besucher waren Flüchtlinge aus dem Osten. Sie wunderte sich über die vielen fremden Menschen in der Kirche. Viele von ihnen waren Frauen, oft mager, mit traurigen und grauen Gesichtern. Sie waren wohl gekommen, weil sie Trost in dieser schrecklichen Zeit suchten. Den Gottesdienst hielt Pfarrer Hoyer mit schleppender und langweiliger Rede. Ruth hatte gehofft, dass er ein

paar Worte des Trostes und der Hoffnung sprechen würde. Sie und die anderen Besucher des Gottesdienstes warteten vergeblich darauf. Aber Alban Hess, der Buchhändler war gekommen, ausgemergelt wie ein Magersüchtiger. Anfang des Krieges hatten sie ihn wegen Verweigerung des Kriegsdienstes geholt und nach Buchenwald gebracht. Nun war er wieder da. Er sagte auch ein paar Worte im Gottesdienst. Der Herr habe ihn beschützt in der Hölle von Buchenwald. Allein dass er gekommen war und geredet hatte, war für Ruth Trost genug. Zusammen mit Marie besuchte sie Alban in seinem Buchladen, wo er ihnen von seinem Leben im KZ berichtete. Für Ruth war das Grauen unfassbar, doch Marie hörte nicht richtig hin. Sie hatte beschlossen nur noch an schöne Dinge zu denken, Schreckliches gab es auch so genug.

Marie fand die Zeit wunderbar. Sie war bei Muh, die Kinder waren versorgt, sie musste nichts im Haushalt machen. Es gab genug zu essen, Ruth kochte, kein Ehemann störte sie. Manchmal bekam sie ein schlechtes Gewissen, weil sie nichts tat. Dann fragte sie Ruth, ob sie nicht im Haushalt helfen könne. „Der Herr bewahre uns davor", meinte Ruth dann und dachte mit Sorge an das noch vorhandene Geschirr. In Maries Händen hatten Tassen und Teller in der Regel eine Lebensdauer von nur wenigen Wochen. Alles bekam sie kaputt. Daher war Maries Hilfsangebot in Wirklichkeit auch nur rhetorischer Art. Natürlich wusste sie, dass Ruth protestieren würde. Aber ihr Gewissen war für eine gewisse Zeit beruhigt.

Bei schönem Wetter war Marie jeden Tag im Garten, sie lag meistens in der Hängematte oder brachte den Kindern Lieder bei. Am meisten machte es ihr Spaß mit Fiedel, der sang wie ein Vöglein. Marie sang ihm etwas vor und er versuchte sofort es nachzusingen. Die Melodien beherrschte er erstaunlich schnell, nur mit dem Text dauerte es länger.

Wenn Marie nicht malte oder sang, lag sie in der Sonne. Manchmal stundenlang, während Muh ihre Kinder hütete,

die Marie natürlich liebte, sie war ja die Mutter, obwohl die Kinder ihr meist zu anstrengend waren. In diesen Zeiten war ihr alles egal: Die Amis, die Russen, die Kommunisten und sogar ihr Mann Richard. Hauptsache an nichts denken.
Manchmal war Ruth ein bisschen neidisch auf Marie. Die kleine Schwester war ganz anders als sie. Immer lustig und fröhlich, am liebsten wollte sie den ganzen Tag singen, malen und lustige Geschichten erzählen. „Wie schön, wenn man lachen kann", sagte sie immer, „und singen. Am liebsten den ganzen Tag singen." Sie sang mit hellem Sopran und liebte Schütz, Bach und Händel am meisten.
Muh redete viel über ihre Töchter, meistens aber über Marie, ihre schöne Stimme und ihre anderen Begabungen. Doch Ruth tröstete sich, denn sie war die einzige in der Familie, die ordentlich kochen konnte. Muh konnte wenigstens großartig backen. Marie konnte nicht einmal das. Sie verdarb alles. Aber sie nahm auch alles leicht. Ganz anders als Ruth. Die kam sich immer ein bisschen vor wie ein Ackergaul. Immer im Geschirr, nie eine Pause, immer den Pflug hinter sich.

An den Wochenenden wanderten sie alle gemeinsam oft ins Weinlager zu Rumpfs. Das waren alte Leute mit einem Häuschen mitten im Kirschberg. Rumpfs waren froh, dass jemand kam und Kirschen abnahm, sie selbst konnten diese Unmengen gar nicht verbrauchen. Für die Kinder waren diese Wanderungen ein Erlebnis. Unterwegs traf man Katzen, und bei Rumpfs selbst gab es kleine Lämmer, mit denen man schmusen konnte und einen Hund, der sich alles gefallen ließ.
Oder sie gingen in die Mooskammer, manchmal auch bis zum Kunstteich. Marie sprang dort immer ins Wasser, selbst wenn es eisig war oder sie keinen Badeanzug dabei hatte. Dann suchte sie ein verstecktes Eckchen an der Ostseite des Teiches, zog sich aus und verschwand sofort nackt im Wasser. Manchmal

hatten sie auf diesen Spaziergängen Glück und fanden Champignons. Das gab oft eine ganze Mahlzeit.
Im Garten wurden die Erdbeeren reif und die Johannisbeeren rot. Muh erntete täglich und kochte Marmelade mit dem Zucker und den Gläsern, die sie während des Krieges gehortet hatten. Auch die ersten frühen Kartoffeln konnten geerntet werden. Die Kinder aßen den ganzen Tag Obst, abends manchmal Eier mit neuen Kartoffeln und Radieschen.
Von den zwanzig Küken, die um diese Zeit flügge wurden, waren neun Hähnchen. Sie lieferten sich täglich erbitterte Kämpfe. Man musste alle schlachten, damit sie sich nicht gegenseitig tot hackten. Jedes Wochenende gab es also gebratenes Hähnchen, manchmal zwei. Muh schlachtete und rupfte sie, während Ruth aus ihnen Hähnchenbraten machte. Anfang Juli wurde George plötzlich einsilbig. Es dauerte eine Weile, bis er mit der Sprache heraus kam. „Wir ziehen ab", sagte er schließlich, „nach Berlin. Zu euch kommen die Russen."
Er hätte auch sagen können: „Der Leibhaftige wird kommen." Die Wirkung wäre nicht anders gewesen.

– Trübe Schatten –

Die ganze Familie kam gerade aus dem Garten, da stand vor dem Haus eine Frau mit vier Kindern, ein städtischer Beamter vom provisorischen Wohnungsamt und ein amerikanischer Soldat. Die Kinder mit abgerissenen Kleidern und Löchern in den Schuhen waren so müde, dass zwei von ihnen auf der Türschwelle schliefen. „Einquartierung", sagte der Beamte, bevor Muh oder Ruth fragen konnten.
Ruth fing an zu zetern: „Wo sollen wir denn alle schlafen? Drei Kinder, drei Erwachsene und die Frau Superintendent?"
Der Beamte guckte auf eine Liste.
„Hier steht nur ein Kind und zwei Erwachsene und die Frau Superintendent."
Marie und ihre Kinder waren nicht bei Muh gemeldet.
Die Familie Kroschel kam aus Schlesien. Seit Monaten war die Frau mit den Kindern unterwegs gewesen, der Mann verschollen. Muh steckte sie in das Zimmer unter dem Dach, wo sonst die Kinder schliefen. Sigrid und Fiedel kamen in die gute Stube. Mehr als zwei, drei Nächte würde diese Enge nicht zu ertragen sein. Es half nichts, Marie musste zurück nach Halle. Richard hatte sich auch schon angekündigt, er sollte bald von den Amis entlassen werden. Zwei Tage später waren sie und Karli fort. Sigrid durfte wegen der Schule noch bis zu den Sommerferien bleiben.
Am Abend deckten die Frauen den großen Tisch im Saal, Ruth machte zwei riesige Pfannen mit Bratkartoffeln. Es gab gekochte Eier, den ersten Salat und viele Erdbeeren. Für Kroschels Kinder war es wie Weihnachten. Sie bekamen leuchtende Augen, blieben aber ängstlich. Frau Kroschel, eine große, kräftige Frau, taute sehr langsam auf, sie wusste noch nicht so recht was sie von den Gastgeberinnen halten sollte. Abends, als die Hühner in den Stall gebracht werden muss-

ten, fasste sie jedoch gleich mit an. Das war für sie als ehemalige Bäuerin kein Problem. Ein bisschen erzählte sie noch von der Flucht, immer waren sie den Russen ein paar Kilometer voraus gewesen, zuerst mit Handwagen, der dann irgendwo gestohlen worden war. Später nur noch zu Fuß von einem Heuschober zum anderen. Alles löste sich auf, in Sachsen gab es Ortschaften ohne jegliche Verwaltung, dort herrschte die blanke Anarchie.

Muh wies Kroschels am nächsten morgen in die Besonderheiten der Klosettbenutzung ein: „Sehr wichtig! Die Zeit morgens punkt acht ist für Frau Superintendent reserviert. Eine geschlagene halbe Stunde."

Niemand wusste was die Frau genau dort machte, obwohl sie jeden Morgen einen genauen Bericht an Muh über das Ergebnis ihres Toilettengangs lieferte. Das weiche Papier war ausschließlich für Frau Superintendent, alle anderen benutzten Zeitungspapier, Reste vom Völkischen Beobachter. Früher hatte sich Muh die Mühe gemacht, die Bilder von den Parteibonzen auszusortieren. Es hätte vielleicht Hochverrat bedeutet, sich mit Hitler oder Göring den Hintern abzuwischen.

In der Ecke des Klosetts stand eine kleine Schüssel mit Wasser und einem Lappen. Wenn jemand mal daneben machte, sollte das mit dem Lappen aufgewischt werden. „Und wenn die Jungen aufs Klo gehen wird immer die Brille nach oben geklappt!", sagte Muh.

Sie erklärte alles sehr genau. ‚Wer weiß', dachte sie, ‚ob die in Schlesien schon Wasserspülung hatten.'

Frau Kroschel hatte ihre Not mit den Kindern. Der jüngste war erst vier, er hatte seinen Vater nie gesehen. Alle schienen irgendwie verstört. Nur die Älteste, vielleicht zwölf, konnte schon so zupacken wie Mutter. Sie schien am besten mit den schrecklichen Ereignissen fertig geworden zu sein.

Die drei größeren waren fast ein halbes Jahr nicht in der Schule gewesen. Die beiden Ältesten, ein Mädchen und ein Junge,

sahen neidvoll auf die Spielsachen von Sigrid und Karli, ebenso auf die Bücher in der Wohnstube. Muh sagte ihnen, sie könnten sich davon ausleihen so viel und so oft sie wollten.
Frau Kroschel war gleich nach der Ankunft wieder zum Rathaus gegangen. Sie brauchte Kleidung und Essen für die Kinder. Im Rathaus gab es die ersten Lebensmittelkarten. Am wichtigsten waren Milch, Brot und Fleisch. Muh hatte Frau Kroschel erlaubt, die Küche mit zu benutzen, auch alles Gerät, Gewürze und was man noch so brauchte, durfte sie verwenden. Ruth war froh, dass die Frau kochen konnte, so hatte sie auch einmal Zeit für etwas anderes. Gewöhnlich kochte sie abends für die ganze Hausgemeinschaft, danach saßen immer alle gesprächig zusammen. Nur Marie fehlte.
Tischler Franke sprach Muh eines Tages wegen der Werkstatträume unten im Haus an. Die Räume standen seit Großvaters Tod leer. Franke erklärte, er wolle sie mieten, könne aber zunächst nichts zahlen, die ersten Monate jedenfalls nicht. Woher auch, er war gerade aus amerikanischer Gefangenschaft entlassen worden. Muh hatte nichts dagegen, dass er die Werkstatt übernahm, so kam wieder Leben hinein. Es musste nur sauber gemacht werden, alles war von den Hühnern verdreckt. Im letzten Kriegsjahr hatte Muh dort die Tiere versteckt. Alles Viehzeug sollte gemeldet werden zur Ablieferung von Eiern und Fleisch. Muh hatte sofort den Hahn geschlachtet, weil der immer krähte. Die Hühner wurden alle in die Werkstatt eingeschlossen.
Frau Kroschel half beim Putzen. Den Hühnermist vermengten sie in einem Fass mit Wasser. Das war beste Jauche für den Garten. Die behauenen Steine, die dort noch von Großvater Nikolai standen, schaffte Franke mit seinem Sohn auf den Hof. Franke bekam ohne Probleme sofort Holz. Im Krieg war wenig Holz geschlagen worden, verkauft fast nichts. Die Lager waren voll. Der einzige Überfluss, den es im Land gab. Als erstes baute Franke den Zaun am Garten. Er verlangte nichts dafür, der Zaun war für die Miete und stellte einen

Segen dar. In den Wochen zuvor hatten sich immer mal wieder ungebetene Gäste breit gemacht, Obst geerntet oder sogar Gartengeräte gestohlen. Das war nun vorbei.

Nägel und Schrauben waren allerdings ein Problem, die gab es nirgends. Zwar hatte Franke noch ein paar Schachteln aus Friedenszeiten und auch Ruth opferte das halbe Kilo, das sie in den letzten Kriegstagen gekauft hatte, aber reichen würde das nicht. In allen Ruinen und Abrissstätten wurde nach Nägeln gesucht. Muh war tagelang damit beschäftigt, Nägel mit der Zange aus alten Brettern zu ziehen und gerade zu klopfen. Alles nur für den Gartenzaun.

Dann baute Franke Möbel für Ausgebombte in Nordhausen und Halle, zwischendurch auch wunderbares Spielzeug und Baukästen für die Kinder. Bezahlt wurde mit Brot.

Den Leim für seine Tischlerarbeiten kochte er sich selbst mit Knochen aus der Abdeckerei. Wenn er seinen Leim kochte, stank es so bestialisch, dass sich die Nachbarn beschwerten. Aber sie hielten dann Ruhe, wenn sie hörten, warum es bei Franke so stank. Vielleicht konnte man den Tischler mal brauchen.

In der ersten Zeit sägte und hobelte er alles mit der Hand. Später baute er Formen für die Gießerei in der Maschinenfabrik. Dafür kaufte er sich dann Maschinen für seine Werkstatt. Eines Abends kam George und wollte Abschied nehmen. Muh hatte einen Kuchen gebacken, George dafür Kaffee, Sahne, Schokolade und Speck mitgebracht. Er kaufte von Franke ein paar Püppchen für seine kleine Schwester. Alle waren wehmütig und hatten Angst vor den Russen.

Über die Russen gingen die schlimmsten Geschichten durch die Stadt. In Berlin hatten sie bei Kriegsende angeblich Hunderte von Frauen vergewaltigt. Selbst Achtzigjährige. Bei manchen jungen Frauen war an einem Tag eine ganze Kompanie drüber gegangen, am Ende noch den Gewehrkolben zwischen die Beine. Leute waren angeblich verschleppt worden, alte Nazis, Adlige, Großgrundbesitzer und Fabrikanten.

Sogar Ruth wurde es mulmig. Angst hatte sie sonst nie, aber als es soweit war, versteckte sie sich auf dem Oberboden im Verlies, wo die Vorräte lagen. Da kam sonst niemand hin. Muh blieb mit den Kindern unten.

Als dann schließlich die Russen kamen, merkte man es kaum. Sie kamen ganz still und leise, ohne Panzer und Geschütze. Sie fuhren mit drei Armeewagen auf den Hof des Parteihauses, schüttelten den Amerikanern die Hände und nahmen Quartier. Die Amis hauten sofort ab und nahmen Willy mit. Sie winkten nicht einmal. Nur George und Willy drehten sich um und hoben die Hände. Die Russen verschärften sofort die Ausgangssperre, in der Stadt durften nicht mehr als drei Leute miteinander zusammen stehen. Sie schlossen auch gleich ihre eigenen Leute ein. Niemand von den einfachen Soldaten durfte in die Stadt.

Sie blieben nicht lange im Parteihaus. Ein paar Wochen nach ihrer Ankunft beschlagnahmten sie Bachs Villa neben Schefflers Ruine, ließen sofort alle Fenster reparieren, bauten einen hohen Bretterzaun um das Grundstück und zogen ein. Der Weg in den Garten durch die Anlagen war nun gesperrt. Man musste jetzt die Straße am Gaswerk benutzen. Die Russen igelten sich in der Villa ein wie in eine Festung. Alles war ringsherum zu und von außen nicht einsehbar. Manchmal hörte man sie abends singen, tanzen und spielen. Mit Akkordeon begleitet sangen sie melancholische Lieder vom Don und von der Wolga.

Ins Parteihaus zogen dafür andere undurchsichtige Typen ein, die mit niemandem redeten, aber tagsüber irgendwas arbeiteten und nachts auch dort schliefen. Später erfuhr man, dass es Parteikader waren, Ableger von Ablegern aus der so genannten Gruppe Ulbricht. Sie sollten die Verwaltung von Stadt und Kreis aufbauen. Alle, die von den Amis bei der Verwaltung eingesetzt worden waren, wurden wieder entlassen. Die Logenbrüder versuchten mit den neuen Kadern in Verbindung zu treten, aber das war alles vergeblich. Es gab keine Möglichkeit.

Die Läden wurden alle wieder geschlossen, der Handel mit Dollars strengstens verboten. Hildes Vater Alexander, wurde eines Tages zu den Russen in die Kommandantur bestellt. Er war Klavierbauer und in großer Sorge um sein Geschäft. Wer brauchte in diesen schrecklichen Zeiten auch Klaviere? Der alte Mann zitterte vor Angst. Das war vielleicht das Ende in Sibirien. Mit weichen Knien und einem kleinen Köfferchen, in dem alles eingepackt war, was der Mensch für ein paar Tage braucht, ging er in die Kommandantur. Der Kommandant war freundlich, er sprach ein bisschen Deutsch. Er sagte, er suche nur ein Klavier. Vier Jahre Konservatorium in Moskau habe er hinter sich, dann musste er in den Krieg. Jetzt habe er ein bisschen Zeit und wolle wieder spielen. Sie hatten Alexander überprüft. Der hatte mit der Nazibande nie was zu tun. Allen fiel ein Stein vom Herzen, als er nach ein paar Stunden wieder nach Hause kam.

Alexander war glücklich, er hatte noch einen Flügel stehen, der nur aufgearbeitet werden musste. Die Russen zahlten mit Tabak und Wodka. Somit war Alexanders Klavierbauerei die erste Firma in der Stadt, die wieder produzieren durfte – was für ein Glückspilz.

Material hatte er noch aus Friedenszeiten, Holz auch. Er legte gleich los. Zu seinem Kummer brauchte jedoch außer russischen Kommandanten, die zufällig auf dem Konservatorium gewesen waren niemand Klaviere. Deshalb stellte er bald alles Mögliche her: Tische, Stühle, Schränke, sogar Seife. Er besorgte sich in der Abdeckerei Berge von Knochen und Talg und kochte in seiner Waschküche Seife. Die ganze Straße stank tagelang. Eins von seinen riesigen Stücken reichte für ein halbes Jahr.

Muh und Frau Kroschel arbeiteten den ganzen Tag im Garten. Beeren und Gemüse mussten geerntet werden. Es war Sommer, alle Kinder waren bei ihnen. Marie kam an den Wochenenden mit Karli aus Halle. Meistens half sie bei der Ernte. Das konnte sie gut, da machte sie wenigstens kein Geschirr kaputt.

Ruth übernachtete manchmal im Garten. Trotz des neuen Zaunes war mehrmals eingebrochen worden, man hatte versucht, Gartengeräte zu klauen. Die Diebe waren aber wohl überrascht worden, vielleicht hatten die Schäferhunde von der sowjetischen Kommandantur angeschlagen.

Während Muh zu Hause und im Garten war, fuhr Ruth viel in der Gegend umher. Sie versorgte kleinere Krankheiten, half bei Höfers und anderen Bauern, stoppelte Getreide. Abends hatte sie meistes was zu Essen in der Tasche. Röschens Fahrrad war Gold wert.

– Schwerer Anfang –

Richard Horn kam Ende Juli zurück nach Halle. Für einen gerade aus der Kriegsgefangenschaft Entlassenen war er erstaunlich gut genährt, nur ein bisschen müde von der langen Reise aus Süddeutschland. Fünf Zähne hatte er im Krieg eingebüßt, die dentistische Kunst in den Abruzzen war über das Zahnreißen nicht wesentlich hinaus gekommen. Er freute sich maßlos über seine beiden Kinder, sie saßen stundenlang auf seinem Schoß und spielten mit dem Vater. Richard hatte seinen Kindern italienische, langnasige Püppchen mitgebracht. Ein bisschen zu Essen auch, etwas Brot, ein Stück Salami und Tabak für sich. Er hatte Hunger und machte ein langes Gesicht, weil Marie so gut wie nichts im Haus hatte.

„Es gibt nichts", sagte Marie, „die Vorräte sind alle aufgegessen. Seit die Russen da sind, gibt's sowieso nichts. Ich kann nicht so einfach weg mit den Kindern. Morgen müssen wir gleich los, Essen besorgen."

Das passte ihm gar nicht. Er, der große Romanist, Doktor der Philologie, ein Wissenschaftler mit Drang zu höheren Dingen, zwei linken Händen und in vielen praktischen Dingen des Lebens wenig tauglich, hatte nicht unbedingt Lust, sich um profane Dinge wie das Essen zu kümmern.

In den nächsten Nächten hielt er das Schlafzimmer wie beim Fliegerangriff abgedunkelt und widmete sich ganz Marie. Er hatte die komische Angewohnheit, ohne Vorankündigung wie ein Habicht über sie her zu fallen, ob sie Lust hatte oder nicht. Aber absolut dunkel musste es sein. Meistens hatte sie keine Lust, weil er nach kurzer heftiger Rammelei ins Bad ging, sich wusch und anschließend in seinem Zimmer bei einer Zigarre Hochgeistiges las oder Klavier spielte.

Im Amilager in Süddeutschland hatte er sich entnazifizieren lassen. Er war zwar Parteigenosse gewesen, aber ohne Funktionen und wurde deshalb nur als Mitläufer eingestuft. Mit Persilschein und Entlassungsschein aus dem Gefangenenlager ging er gleich am nächsten Morgen zur Stadt. Alle mussten sich dort melden. Sonst gab es keine Lebensmittelkarten. Schon morgens um sieben reichten die Schlangen bis auf die Straße. Ein kunterbuntes Gemisch von Flüchtlingen, ehemaligen Soldaten und Entlassenen aus unterschiedlichsten Lagern. Alle ausgemergelt und entnervt. Neben den Schlangen standen russische Soldaten mit Gewehr. Bei jedem Murren wurde die Kalaschnikow in Stellung gebracht. Nach zwei Stunden hatte Richard das Treppenhaus erreicht. Jemand rief nach einer Person mit Englisch- und Französischkenntnissen. Richard meldete sich sofort und wurde von einem Soldaten an allen Schlangen vorbei in eines der Registrierungsbüros gebracht. Die Dame am Tresen gab ihm einen Stoß Entlassungsscheine und andere Papiere, die er übersetzen sollte. Er wurde an einen separaten Schreibtisch gesetzt, dann hämmerte er die Übersetzungen in eine alte Schreibmaschine. Richard kam mit der Frau im Registrierungsbüro ins Gespräch, sie war müde aber dankbar. Sie machte die Arbeit seit Wochen, immer mit Kohldampf und immer wieder musste sie die wütenden und protestierenden Menschen aushalten, weil irgendein Schein fehlte oder ein Stempel nicht richtig war.

Richard hatte Glück, sie stellte ihm gleich die Registrierungskarte aus, mit der er einen Stock höher seine Lebensmittelkarten bekam. Aber sie bat ihn, in den nächsten Tagen noch mal zu kommen, sie würde ihn dann noch einmal um Übersetzungen bitten.

Er ging anschließend zur Universität an seinen alten Lehrstuhl für romanische Sprachen und Literatur. Vor dem Krieg hatte er dort studiert, dann war er Assistent gewesen und hatte promoviert. Mit seiner Habilitation hatte er bereits begonnen und es schließlich zum Oberassistenten gebracht.

Der alte Ordinarius war nicht mehr da, der war Parteigenosse der ersten Stunde gewesen und hatte alles Artfremde aus dem Fachbereich vertrieben. Am Lehrstuhl traf Richard den kommissarischen Leiter, einen ehemaligen Studienkollegen, der inzwischen Kommunist geworden war. Gleich nach dem Einmarsch in Russland war er in Gefangenschaft geraten und hatte sich die ganze Zeit in der Nähe von Moskau aufgehalten. Der Kollege guckte sich Richards Papiere an, wobei er eine säuerliche Miene machte. Das folgende Gespräch war einsilbig und erfolglos. Am Ende reichte er die Papiere über den Schreibtisch und riet Richard: „Versuchs an einer Schule, vielleicht hast du später Glück wenn du dich bewährst."
‚Ausgerechnet der!', kochte es in Richard. Immer war dieser Kollege nicht mehr als durchschnittlich gewesen. Die Examen hatte er mit Ach und Krach bestanden, Richard hatte ihm noch geholfen. Und jetzt spielte er Schicksal. Wie sich das anhört: „...wenn du dich bewährst."
Im städtischen Schulamt saß eine ältere Dame, die interessierte sich nicht für Entlassungsscheine, sie wollte nur Zeugnisse sehen. „Die romanischen Sprachen sind schwierig", sagte sie, „was können Sie denn noch?"
„Englisch und Latein natürlich."
„Russisch?"
„Russisch nicht, aber das kann man ja lernen." Sie schickte ihn zur neuen Dimitrow-Oberschule, dem ehemaligen Gymnasium für alte Sprachen. Die Leiterin war eine alte Kommunistin, die die Nazizeit in der Sowjetunion verbracht hatte und jetzt den neuen Schülern und Lehrern den sozialistischen Geist einhauchen sollte. Sie war nicht besonders erbaut. In ihren Augen war Richard wohl gesellschaftlich nicht tragbar. Sie wollte es sich überlegen, er solle nächste Woche wiederkommen.
Doch das war alles nur überflüssige Ziererei. Der Lehrermangel war so groß, dass sie jeden nehmen mussten, wenn der

Schulbetrieb nicht zusammen brechen sollte. Viele Lehrer waren gefallen, die ehemaligen Parteigenossen hatten sich gleich in den Westen verabschiedet. Der Rest des ausgebildeten Personals machte alles Mögliche, so lange ein Stück Butter so viel kostete wie ein halbes Lehrergehalt.

Marie und Richard versuchten Essen zu beschaffen, sie waren aber nicht besonders erfolgreich. Außer Möhren und Kartoffeln hatten sie in all den Tagen nichts bekommen. Die Gemüsefrau an der Ecke hatte Mitleid mit den beiden Kindern. Sie mochte die kleine Sigrid mit ihren Pausbacken so gern. Für den Winter mussten jetzt schon Kohlen und Holz besorgt werden. Wenn erst der Herbst kam, war es zu spät. Richard organisierte eine Karre und zog auf den Bahnhof wo die Kohlenzüge durch kamen. Ein völlig aussichtsloses Unterfangen, denn die sowjetischen Soldaten hatten den gesamten Güterbahnhof abgesperrt. Es hieß, in Richtung Leipzig hätte man manchmal Glück, Richard lief los, stundenlang mit anderen immer an den Gleisen entlang. Wenn man Glück hatte, hielt ein Zug. In den ersten Tagen war seine Suche ohne Ergebnis, er stolperte nur über ein paar Kohlereste auf den Gleisen. Dann aber fand man einen vergessenen Kohlewaggon auf einem Abstellgleis. Alle fielen wie die Geier über den Waggon her. Richard war am Abend einer der Letzten, die zurück in die Stadt zogen, da war es schon dunkel – sein Glück. Alle vor ihm wurden von Soldaten angehalten und mussten die Kohle wieder abliefern, nur er nicht.

Für Holz gab es Bezugsscheine, die am Bauhof der Stadt einzulösen waren. Marie und Richard zogen gemeinsam los, mit Axt und Säge. Sie bekamen zwei Holzstämme, jeder zwei Meter lang, vielleicht dreißig Zentimeter im Durchmesser, unzersägt. Der Mut sank, wie sollte man diese Stämme transportieren und zerlegen? Ein Arbeiter half ihnen, die Stämme auf die Karre zu heben; Richard holte sich fast einen Bruch. Die

Karre knarrte und ächzte, eine Stunde brauchten sie für den Weg, aber das Gefährt hielt durch.

Zu Hause angelangt, besorgten sie sich Eisenkeile von den Nachbarn und versuchten, die Stämme zu zerlegen. Es dauerte Stunden, weil das Holz noch ganz frisch war. Für beide war die Arbeit ungewohnt, eine riesige Anstrengung. Marie wurde manchmal schwarz vor Augen, sie musste sich setzen. Irgendwie war was anders an ihrem Körper. Richard ließ am Ende alle Werkzeuge fallen, er konnte nicht mehr. Alle Nerven und Muskeln schmerzten, am nächsten Tag kam er kaum aus dem Bett. Doch das Holz musste gesägt und gehackt werden.

„Ich kann nicht mehr", jammerte Richard. Marie sägte und hackte mit allen ihren Kräften. Manchmal wurde ihr komisch, aber sie hielt durch.

Das Brennmaterial brachte Marie auf den Balkon, wo sie angefangen hatte, in allen möglichen Behältnissen Salat, Radieschen und Gurken zu ziehen. Es war zwar schon viel zu spät im Jahr, aber versuchen wollte sie es. Am liebsten hätte sie noch Hühner gehabt, doch ohne Kartoffeln und Getreide würden die Tiere verhungern.

An einem der Wochenenden fuhren sie mit dem Zug nach Rosenberg, die ersten Äpfel waren reif, wenigstens an Obst konnte man sich satt essen. Richtigen Kaffee gab es nicht mehr, nur noch Muckefuck, wenigstens Muh's Obstkuchen schmeckte.

Muh hielt wieder eine ihrer Predigten wie man sich in diesen schlechten Zeiten verhalten muss: „Ja keine Kinder in die Welt setzen. Wie soll man sie ernähren? Sie verhungern, es gibt ja nicht mal Milch." Marie ahnte, dass die Predigt zu spät kam. Spät am Abend fuhren sie mit den satten Kindern nach Halle, in den Rucksäcken Vorräte für die kommenden Tage. Die Familie jubelte innerlich, endlich war die Sorge um das Essen für ein paar Tage vergessen.

Richard begann seine Arbeit mit Beginn des neuen Schuljahres. Ihn und alle anderen Lehrer erwartete das absolute Chaos. Die meisten Lehrbücher aus der Nazizeit waren unbrauchbar. Die Bücher für Fremdsprachen konnte man nur auszugsweise verwenden. Nationalsozialistische Tendenzen in den Büchern waren geschwärzt oder die jeweiligen Seiten herausgerissen. Richard hatte nur die beiden letzten Jahrgänge, er war Klassenleiter einer Gruppe von Notabiturienten geworden. Ehemalige Soldaten oder Vertriebene, die ihr Abitur machen wollten, unter denen einige waren, die nicht einsahen, warum man in der Schule nicht rauchen oder trinken sollte. Oft hatten sie auch keine Zeit zum Lernen, weil sie nachmittags Essen besorgen mussten oder Schiebereien machten. Während des ersten Schuljahres wurde in Richards Klasse eine Bande aufgedeckt, die zentnerweise Wurst, Schinken, Tafelsilber, Gemälde und Pretiosen in die Westzonen verschoben hatte. Zwei, drei junge Lehrerinnen, kaum älter als die Schüler, weigerten sich, diese Klasse zu betreten. Die permanenten Anzüglichkeiten über süße Lippen oder stramme Busen waren noch die harmloseren Erscheinungen. Andere Schüler waren hingegen verschüchtert, demoralisiert, desillusioniert, müde und unfähig dem geregelten Unterricht zu folgen.

In diesen Klassen wechselten die Schüler beinahe wöchentlich. Einige gingen wegen völliger Hoffnungslosigkeit oder weil sie in die Westzonen verschwanden, neue kamen aus den Lagern oder aus den Ostgebieten. Unter dieser verrückten Truppe war einer, der ein bisschen anders als die anderen zu sein schien. Ruhig und zielstrebig, fleißig auch, aber mit großen Lücken. Richard erfuhr erst viel später, dass er daran beteiligt war, eine liberale Parteigruppe zu bilden. Nach dem glücklich bestandenen Notabitur studierte er Jura, ging dann später in den Westen, machte dort Karriere und wurde sogar Minister in Bonn.

In den freien Stunden versuchte Richard geeignetes Lehrmaterial zusammenzustellen. Er suchte nach unverfänglichen Büchern aus seiner Studienzeit und schrieb geeignete Ausschnitte mit sechsfachem Durchschlag auf seiner alten Schreibmaschine ab. Die Blätter verteilte er an einzelne Schüler und die Schulsekretärin, die wiederum Kopien machten und so weiter. Echte Probleme bereitete ihm der geforderte Unterricht in sozialistischem Geist. Er hatte noch nie Marx oder Engels gelesen, etwas anderes als die Nazipropaganda kannte er nicht. Daher gab es auch Schulungen für die Lehrer. Im Fall der Dimitrow-Schule übernahm diese Schulungen die im langen Moskauer Exil sozialistisch gefestigte Direktorin. Tatsächlich hatte aber auch die Frau Direktorin nicht vielmehr als das Kommunistische Manifest gelesen.

Richard erfuhr mit einiger Sorge, dass die neue herrschende Klasse jene der Arbeiter und Bauern sein sollte. Es stellte sich für ihn die Frage, welchen Stellenwert Leute wie er in einer solchen Gesellschaft haben würden. Was sollte diese neue Ordnung mit einem Wissenschaftler der altfranzösischen Literatur? Maurer waren jetzt gefragt; oder Zimmerleute. Ihm kamen immer wieder Zweifel, ob Halle und die sowjetische Zone wohl der rechte Ort für sein künftiges Lebensumfeld sein konnten. Vielleicht sollte er doch in die Westzone gehen? Allerdings wäre der Transport allein seiner wissenschaftlichen Bibliothek – seinem Gehirn – ein unmögliches Unterfangen und so verwarf er diesen Gedanken wieder, bis zum nächsten Mal.

Richards Ziel blieb die Universität. Er brauchte jedoch dringend einen neuen Ordinarius für die Betreuung seiner Habilitation. Die Möglichkeiten in der sowjetischen Zone waren – abgesehen von den ideologischen Barrieren – für akademische Karrieren eher schlecht, die meisten Ordinarien waren entweder pensioniert oder in die Westzone gegangen. Der einzige international anerkannte Romanist in der Sowjetzone war

Klemperer?

Victor Goldstein in Leipzig. Goldstein war jüdischer Abstammung, hatte im Dritten Reich Lehrverbot und überlebte mit großem Glück die Nazis. Richard brauchte viele Wochen bis sein diplomatisch geschickter und sprachlich ausgefeilter Brief an Goldstein fertig war. Er bat um einen Gesprächstermin. Tatsächlich saß er vier Wochen später vor dem Nestor der deutschen Romanistik. Goldstein, ein älterer Herr in den Siebzigern, hatte von Richard schon vor dem Krieg gehört, er kannte dessen Promotionsschrift und fand sie imponierend. Goldsteins Interesse an Richard war geweckt, schließlich war dieser ein Experte auf dem Gebiet der altfranzösischen Literatur, sicher etwas Einmaliges in der jungen sowjetischen Zone. Goldstein, obwohl misstrauisch, schien sich in dem Bewusstsein, hier Schicksal spielen zu können, zu gefallen. Richard spielte auf ganzer Linie den Wissenschaftler, der, noch sehr jung und naiv, von den Nazis geblendet wurde und noch nicht in der Lage gewesen war, alles zu durchschauen. Wenn er das alles gewusst hätte! Grauenhaft! Goldstein guckte ihm aus kleinen scharfen Augen mitten ins Gesicht und fragte: „Sie sind aus Nordhausen? Wussten Sie, dass die Leichen aus Mittelbau-Dora anfangs täglich quer durch die Stadt ins Krematorium auf den städtischen Friedhof gefahren wurden? Auf offenen Lastwagen. Jeder Einwohner in Nordhausen wusste es. Haben Sie dort noch Verwandte?"

„Eine Schwester, ja. Aber wir haben nie darüber geredet. Ich war ja im Krieg." Richards Redegabe hatte ihn verlassen.

„War Ihnen das peinlich?"

Das ganze Gespräch war ihm peinlich. Er war nahe daran, aufzustehen und zu gehen, doch Goldstein verließ das Thema. Er dachte sich vermutlich seinen Teil und erklärte, er wolle sich die ganze Angelegenheit überlegen und wieder auf ihn zukommen.

In den kommenden Wochen saß Richard wie auf heißen Kohlen. Goldstein ließ sich mehr als drei Monate Zeit mit einer

Antwort. Tatsächlich war es nicht Goldstein, der so viel Zeit brauchte. Der Wunsch des ehemaligen Parteimitgliedes Richard Horn nach einer Habilitation an einer sozialistischen Universität hatte die bürokratischen Mühlen in Bewegung gesetzt. Man verlangte weitere Unterlagen, mehrmals wurde er nach Leipzig gebeten, um an irgendwelchen Konferenzen mit irgendwelchen Funktionären teilzunehmen. Dann tat sich wieder eine Weile nichts bis ihm ein Universitätsmitarbeiter anlässlich eines Gesprächs so ganz nebenher erklärte, dass die Mitgliedschaft in der richtigen Partei seinen Plänen sehr förderlich sein könnte. Daran hatte Richard noch nicht gedacht. Die Kröte kommunistische Partei war ihm aber bisher zu groß und zu ekelhaft gewesen, um sie zu schlucken. Wieder kam ihm der Gedanke, ob er nicht doch in den Westen gehen sollte? Kontakte hatte er drüben genug. Deshalb fuhr er nach Westberlin und versuchte bei den Kollegen zu sondieren. Doch die winkten alle ab.

Er sah ein, dass er in irgendeine Partei gehen musste, anders hatte er in diesem neuen Land keine Chance. Jener zielstrebige und fleißige Schüler hatte ihm gelegentlich von seiner liberalen Gruppe erzählt. An ihn wandte sich Richard. Die meisten in dieser Gruppe waren Lehrer wie er oder Ärzte und Rechtsanwälte. Es dauerte einige Monate, bis es eine parteiähnliche Gruppierung gab. Die Statuten wurden mit den sowjetischen Politoffizieren abgestimmt, sonst hätte man den Verein gleich wegen subversiver Umtriebe aufgelöst.

Erst viele Monate später, ungefähr ein knappes Jahr nachdem er das erst Mal bei Goldstein gewesen war, kam ein Brief. Richard sollte in den nächsten Tagen nach Leipzig kommen, um über die Arbeit zu reden.

Unterdessen bestätigte sich Maries Verdacht: Sie war schwanger – im dritten Monat schon. Marie wäre am liebsten aus dem Fenster gesprungen. Was sollte sie nur machen?

In den ersten Herbstferien fuhr sie erst einmal mit den Kindern nach Rosenberg, bei Muh musste geerntet werden und Marie konnte in den Bäumen klettern wie ein Affe.

Das Wetter war herbstlich schön. Beide Schwestern verbrachten mit den Kindern ganze Tage im Garten. Abends saßen alle in der kalten Waschküche und verarbeiteten die vielen Pflaumen. Die halbe Nacht wurden Früchte entkernt und eingekocht.

Beim Ernten kletterte Marie waghalsig auf den Bäumen umher, hüpfte manchmal von Ast zu Ast oder sprang von der fünften Leitersprosse auf die Erde.

Ruth fragte sie daraufhin verwundert: „Warum hüpfst du auf den Bäumen herum wie ein Zicklein im Frühling?"

Da brach Marie in Tränen aus und setzte sich auf einen Baumstumpf neben der Brunnenbirne.

„Ich bin doch wieder schwanger", heulte sie, „es muss gleich am ersten Abend passiert sein, als Richard zurückkam. Ausgerechnet jetzt! Es gibt nichts zu essen, wir haben kaum Holz oder Kohlen. Und nun noch ein Kind! Ich will's weg haben!"

Ruth lachte: „Da kannst du auch von der Moltkewarte springen, das geht nicht weg. Aber warum regst du dich auf? Es gibt neues Leben in den Ruinen und für unseren neuen sozialistischen Staat. Muh wird dir zwar die Meinung geigen, aber die hört auch wieder auf."

„Du bist eklig, hilf mir lieber!", sagte Marie, „Ich will es nicht. Als Krankenschwester musst du doch wissen, wie man es wegkriegt."

Ruth schüttelte den Kopf. „Nee", sagte sie, „ich hab' so was noch nie gemacht und mach so was auch nicht."

Doch sie nannte ihr einen Arzt in der Stadt, den auch Marie noch von der Schule kannte. Ein ziemlich überheblicher Bengel, sie konnte ihn nicht leiden. Es kostete sie große Überwindung, am nächsten Tag zu ihm in die Sprechstunde zu gehen. Zwei Stunden später kam sie niedergeschlagen zurück.

„Er macht es, aber er will ein halbes Schwein haben. Oder zehn Pfund Kaffee. Woher sollen wir das nehmen?", jammerte sie.

„Nicht von uns", antwortete Ruth.

Als die Schulferien zu Ende gingen, hatte Marie ihrer Mutter noch immer nicht die Schwangerschaft gebeichtet.

„Sag du es ihr, bitte", bat sie Ruth.

„Ich denke nicht dran!", weigerte sich diese.

Schließlich fuhr Marie mit ihren Kindern ab, ohne Muh in ihr Geheimnis einzuweihen. Als diese es dann einige Zeit später doch durch Ruth erfuhr, war sie wütend und enttäuscht. Sie schrieb an Richard und Marie einen Brief, in dem sie ihnen Vorwürfe über ihre Verantwortungslosigkeit machte und von Zurückhaltung in diesen schweren Zeiten sprach.

Als Richard erfuhr, dass Marie in anderen Umständen war, gab es ein Riesentheater. Sie hätte doch aufpassen sollen, als Frau wisse sie doch wie und so weiter. Marie wäre am liebsten ausgezogen. Aber wohin? Muh's Brief hatte sie ihm nicht gezeigt.

Richard hätte in den Herbstferien Kartoffeln stoppeln sollen, es wegen der vielen Arbeit aber nicht gemacht. Stattdessen verscherbelte er das Silber seiner Mutter, um Tabak zu kaufen. Marie heulte. Der Winter stand vor der Tür. Wovon sollten sie nur leben? Richard redete sich immer mit seiner Arbeit und der anstehenden Habilitation heraus. Dabei hatte Marie Zeitungen mit gelösten Kreuzworträtseln gefunden und einige Päckchen Tabak.

Ohne Tabak ging nichts bei ihm.

Auch wurde er immer wehleidiger. Sein Herz und seine Nervenenden schmerzten immer ganz besonders, wenn Marie ihn um Hilfe bat.

Um Essen und Kohlen kümmerte sich Richard so gut wie nicht mehr, schließlich bekamen sie ja Lebensmittelkarten und Bezugsscheine. Dafür beschwerte er sich immer häufiger über den Lärm, den die Kinder veranstalteten.

„Ich bin nur noch ein Nervenbündel. Wie soll ich alles schaffen? Wie an der Habilitation arbeiten bei dem Krach?", schimpfte er. Marie war oft verzweifelt, alles blieb an ihr hängen. Seit Wochen hatte sie weder musiziert noch gemalt. Die Zeit kam ihr vertan vor.

Richard war fast jeden Abend weg; gesellschaftspolitische Fortbildung oder liberales Gruppentreffen, irgendwas war immer. Meist kam er spät und mit einer Fahne nach Hause.

Tagsüber vergrub er sich in seinem Arbeitszimmer, wo ihn niemand stören durfte.

Marie war zum Heulen zumute. Alle Vorratsschränke waren leer, überall in der Stadt hungerte man.

Auch ihre Gemüsezucht auf dem Balkon blieb erfolglos. Sie hatte viel zu spät gesät, die wenigen Blättchen, die aufgegangen waren, hatten die Vögel gefressen. Es war kein Trost, dass es anderen Leuten auch nicht besser ging.

Ob der Mann im Vorderhaus tatsächlich schon zwei seiner Hunde geschlachtet hatte, war Marie egal. Auch was mit dem weißen Kätzchen, dessen Fell sie in der Aschegrube gefunden hatte, geschehen war, wollte sie lieber nicht so genau wissen.

Die beiden Kinder zankten sich dauernd wegen des Essens. Jedes wollte das, was das andere gerade hatte, und wenn es nur dieser schreckliche Haferschleim war. Die beiden Kinder fraßen sich das Essen gegenseitig vom Teller und prügelten sich dabei. Sie lebten nach dem Motto was ich im Bauch habe, kann mir keiner nehmen.

Zum Glück hatte Karli meistens gute Laune.

– Tüchtige Ruth –

Aus Südfrankreich kam eine Nachricht von Ruths Mann Helmut. Die Franzosen hatten nach der Kapitulation seine ganze Arbeitsgruppe festgenommen und als Kriegsgefangene nach Pau in die Pyrenäen transportiert. Dort entwickelten sie Flugzeugtriebwerke, wie sie es schon für die Nazis taten. Der Brief war nichts sagend, nicht mal nach dem kleinen Benjamin hatte er gefragt. Ruth war maßlos enttäuscht, hatte jedoch auch nicht viel mehr erwartet.

Schon früh war für Ruth klar, dass sie nie einen Mann wollte, der sein Leben lang für sie sorgte. Sie hatte nie wie die anderen Mädchen von einer guten Partie geträumt. Ruth wollte einen guten Beruf erlernen, immer arbeiten und später mal ein Kind haben. Auf einen Mann wollte sie sich nicht verlassen.

Nach der Schule hatte sie ihre Mutter gebeten, ihr irgendwo eine Ausbildung als Krankenschwester zu organisieren. Das war damals sehr schwierig mitten in der Weltwirtschaftskrise. Muh hatte damals alle Ärzte und alle möglichen Bekannten in der Stadt gefragt. Schließlich gab es eine Chance beim Roten Kreuz in Marburg. Ohne Bezahlung, es gab nicht mal Taschengeld.

Ruth war hingefahren, hatte sich vorgestellt und musste gleich auf eine Station, Flure schrubben, Essen und Medikamente austeilen. Am Ende bekam sie die Stelle. Über hundert junge Mädchen hatten sich beworben, acht wurden genommen. Für Ruth war es wie ein Hauptgewinn in der Lotterie. Mit achtzehn ging sie von Zuhause weg. Voller Elan und Energie für ihren neuen Beruf. Die ersten Wochen und Monate in der Klinik waren furchtbar. Die jungen Schülerinnen mussten alle Drecksarbeit machen. Zehn Stunden täglich. Jedes zweite Wochenende hatten die jungen Mädchen abwechselnd Dienst.

Wenn die Oberin irgendwo ein Stäubchen fand, kam der Befehl, alles noch einmal zu schrubben.
Sie war stolz, als sie mit der Ausbildung fertig war. Mit einundzwanzig Jahren war sie eine gestandene Krankenschwester. Ihre Freundinnen waren inzwischen verlobt oder – wie Lotte Hecht – schon verheiratet. Gleich nach dem Examen war sie nach Berlin gegangen, um sich ein bisschen Großstadtluft um die Nase wehen zu lassen. Ein paar Jahre arbeitete sie im Virchow-Krankenhaus bis sie Schwierigkeiten mit dem braunen Chefarzt bekam.
Der neue Chef wollte von jedem wissen, in welcher Organisation die Mitarbeiter waren. Da Ruth nirgends Mitglied gewesen ist, nicht einmal im BDM, war sie für ihn gleich unten durch. Schließlich wurde sie in ein Lazarett strafversetzt, weil sie polnischen Fremdarbeitern Brot zugesteckt hatte.
Als sie Helmuth in Berlin kennen lernte, war schon Krieg. Er war einer der wenigen, die noch in der Stadt geblieben waren. Dieser Ingenieur war gescheit und wollte sie heiraten. Obwohl es nicht die große Liebe war, sagte Ruth „ja". Sie dachte in diesen Zeiten würde sie nichts Besseres finden, merkte aber bald, dass er immer wieder nebenbei Liebschaften hatte. Doch sie bekam ein Kind und darüber war sie glücklich.
Helmuth war schon vor der Geburt des Jungen irgendwo am Bodensee mit der Herstellung von kriegswichtigen Flugzeugmotoren beschäftigt. Als in Berlin dann noch die verstärkten Bombenangriffe begannen, zog Ruth zu ihrer Mutter nach Rosenberg und hatte gleich damit begonnen, für Essen zu sorgen. Jeden Tag war sie in den Garten und auf die Äcker gegangen, und sie hatte Marie geholfen, der immer alles zu viel war.
Ruth verließ sich auf ihre feinen, ebenmäßigen Hände, mit denen sie fast alles konnte. Es war schön, ihr zuzusehen, wie sie mit ihren feinen Fingern Verbände anlegte, Spritzen auf-

zog oder auch nur Zwiebeln schnippelte. Nie machte sie mit ihren Händen Fehler. Noch während des Krieges hatte sie sich immer mal in Rosenberg nach Arbeit erkundigt, aber das war aussichtslos gewesen. Als Sanitäterin an die Front hätte sie gehen können, aber das wollte sie nicht.
Jetzt in diesen Monaten nach dem Krieg konzentrierte sie sich ganz auf die Beschaffung von Essen. Beinahe täglich fuhr oder lief sie zu Höfers nach Einzingen. Die alte Frau Höfer hatte eingewachsene Zehennägel, die ihr schmerzhafte Probleme machten. Ruth operierte sie, die Zehen mussten nun regelmäßig verbunden werden.
„Jeden Tag waschen und die Nägel gelegentlich schneiden!", erklärte sie der alten Höfer, „Wenn Sie eine Sepsis in den Zeh bekommen, muss der ganze Fuß ab. Man kann sogar daran sterben." Die Alte glaubte ihr nicht und lachte.
Ruth bekam bei jedem Besuch eine Wurst oder ein Stück Schinken.
Ihre medizinischen Künste sprachen sich herum und waren mehr und mehr gefragt. Es gab viel zu wenig Ärzte und die Krankenhäuser waren noch immer überfüllt.
Fast täglich war sie bei ihren Patienten unterwegs. Immer mit dem Fahrrad in der Sommerhitze durch die Felder. Sie kannte bald jeden Bauern aus den Dörfern der Umgebung.
Sie hatte sich auf kleinere Leiden verlegt. Wenn größere Sachen anfielen, versuchte sie die Kranken beim alten Gerhard oder bei Püppchen-Maier unterzubringen. „Komischer Name", sagten viele, die ihn nicht kannten, doch woher er ihn hatte, wusste niemand mehr so genau.
Ruth ließ sich in Naturalien bezahlen. Meistens bekam sie Kartoffeln, Fleisch oder Getreide. Manchmal auch Porzellan, Silber oder Kristall. Wenn sie keine Patienten zu versorgen hatte, fuhr sie mit ihrem Rad zu Höfers. Dort gab es immer Arbeit. Die Alte freute sich, wenn Ruth kam. Das Melken war für sie schon zu schwer. Achtzehn Kühe muss-

ten jeden Abend gemolken werden. Und alles mit der Hand. Sie brachte Ruth das Melken bei. Das ging bei der ersten Kuh ganz gut. Nach drei Kühen konnte sie jedoch die Finger nicht mehr bewegen. Vier Tage hatte sie entsetzlichen Muskelkater in den Händen, sie konnte nichts in den Fingern halten. Die Alte lachte. Aber dann schaffte Ruth gleich acht Tiere an einem Abend.
Heinz hatte inzwischen den Hof übernommen. Er war voller Optimismus, wollte Land dazu kaufen, damit mehr Viehzeug gehalten werden konnte. Doch Ruth war skeptisch; von der neuen Regierung war wenig Gutes zu hören. Die Großbauern waren enteignet worden, wohlhabende Leute hatte man aus ihren Häusern vertrieben.
„Hast du von Kilian in der Stadt gehört?", fragte sie, „Zwölfhundert Morgen Land hatte er, achthundert haben sie ihm weggenommen und an Flüchtlinge aus dem Osten verteilt. Er kann von Glück reden, weil ein Teil der Äcker seinem Schwiegervater gehörte. Sonst wäre er alles losgeworden. Kilian will sich jetzt mit Viehzucht über Wasser halten."
Heinz wiegelte ab. Er hatte keine Angst wegen seiner zweihundertvierzig Morgen, weil die Grenze der Enteignung bei vierhundert lag.
Auch in der Erntezeit half sie fast täglich bei Höfers aus. Zuerst ernteten sie wochenlang Getreide. Heinz mähte alles mit der Sense, Frau Höfer und Ruth banden die Garben. Alles wurde mit der Hand in glühender Sommerhitze erledigt. Oft kam Muh um die Mittagszeit, sie hatte Fiedel im Kinderwagen dabei und half mit. Der Junge saß am Ackerrand, spielte, pflückte Blümchen oder guckte zu wie die Leute auf dem Feld arbeiteten. Abends lief er meistens die ganze Strecke schon allein zurück. In den Abendstunden wurde das Korn zum Dreschen gefahren, manchmal dauerte das Dreschen die halbe Nacht.
Im Herbst wurden zuerst die Kartoffeln dann in die Zuckerrüben geerntet. Alles mit der Hand. Zum Glück war es nicht

mehr so heiß, aber vom ständigen Bücken wurde der Rücken wie Pudding.

Die Rübenernte war spät im Jahr, oft war das Wetter kalt und regnerisch. Stundenlang stand die Erntetruppe im Regen auf den Feldern. Von oben nass und unten stiefelten sie durch den schmierigen Matsch. Der feuerrote, nasse Dreck klebte an den Sohlen wie Kleister und machte das Laufen schwer. Ruth hatte glücklicherweise noch immer die Stiefel aus dem Munitionswagen und eine alte Regenjacke, damit blieb sie halbwegs trocken.

Als Lohn für die Erntehilfe gab es immer zu Essen. Entweder zwei Zentner Weizen, einige Kartoffeln oder Rüben – je nachdem – immer aber etwas Wurst und Schinken.

– Die neue Zeit –

Nach dem Einzug der Russen war die Stimmung in der Stadt gespannt und gedrückt. Leute verschwanden plötzlich, meistens ehemalige kleine Nazis, auch Großbauern oder Adlige. Entweder gingen sie in die Westzone oder sie wurden von den Russen geholt. Genaues wusste man nicht, es gab immer nur Gerüchte.
Der ehemalige Bürgermeister und die Stadträte wurden verhaftet. Man munkelte, sie kämen nach Buchenwald in das ehemalige Lager der Nazis. Das wäre praktisch, man musste kein neues Lager bauen. Oft waren es nicht einmal mehr die Russen, die die Verhaftungen vornahmen. Die neue Parteiklasse übernahm die Drecksarbeit.
Immer wieder hörte man bedrückende Nachrichten von Leuten, die sich aufgehängt hatten. Großbauern, die man enteignete oder die vielleicht doch braunen Dreck am Stecken hatten. Andere wiederum denunzierten oder wurden beschuldigt zu denunzieren. Das allgemeine Misstrauen war nicht anders als bei den Nazis.
Die Gräfin in Roßla, eine alte Frau, die kaum noch laufen konnte, holten sie eines Morgens um sechs aus ihrem Schlösschen. Das ganze Schloss war schon voller Flüchtlinge. Sie lebte allein zwischen lauter Fremden. Sechs Soldaten, halbe Kinder mit Kalaschnikows im Anschlag, holten sie und einige Kisten mit Silber, Geschirr und Gemälden ab. Sie wurde im Armeelastwagen weggefahren und ward nie wieder gesehen. Angeblich soll sie irgendwo in Russland verhungert sein.
Kilian vom Töpfersberg blieb optimistisch, auch wenn er viel Land abgeben musste. Er bekommt es schon irgendwann wieder, meinte Kilian. Solange er sein Viehzeug züchten konnte, wollte er jedenfalls durchhalten.

Im Spätherbst kam noch eine Einquartierung auf den nikolaischen Hof. Ein Hauptmann Morel, der ebenfalls aus Schlesien stammte und aus englischer Gefangenschaft entlassen worden war. Er suchte seine Angehörigen. Muh hatte ihn provisorisch im Wohnzimmer auf dem Sofa einquartiert. Morel war ein Mann Mitte dreißig mit tadellosen Manieren. Morgens roch er zart nach Lavendel. So einer als Mann für Ruth, dachte Muh sich hin und wieder. Aber keiner von beiden biss an.
Auch der Hauptmann bekam Lebensmittelkarten, doch die reichten ihm hinten und vorne nicht. Als Muh merkte, dass der Mann mittellos war, lud sie ihn jeden Tag zum Essen ein. Dafür spülte er Geschirr, half beim Putzen oder im Garten und zeigte so seine Dankbarkeit.
Ein paar Wochen blieb er im Haus, dann war er plötzlich weg. Ohne Abschied, ohne Kommentar. Später kam das Gerücht auf, er habe mit westlichen Geheimdiensten zu tun gehabt und musste wahrscheinlich über Nacht verschwinden, weil ihm der Boden in der sowjetischen Zone zu heiß geworden war.
Frau Kroschel zog mit ihren Kindern kurz vor Weihnachten weiter nach Westen. Von ihrem Mann hatte sie nichts gehört, alle Suche war vergeblich gewesen. In der neuen sowjetischen Zone gefiel es ihr nicht. Sie war sehr katholisch und wollte ihre Kinder katholisch erziehen. Die ersten Maßnahmen des neuen Regimes gegen die Kirchen waren zu spüren. Sie hatte sowieso alles verloren, warum nicht dorthin gehen, erklärte sie gelegentlich, wo das Leben vielleicht ein bisschen leichter war.
Auch von Kroschels hörte man nie wieder etwas.
Drei Tage nachdem Kroschels weg waren, stand wieder ein Mann vom Wohnungsamt mit neuen Flüchtlingen vor der Tür. Eine Familie Maleton, Vater, Mutter und drei Kinder. Alle wurden in die beiden Zimmer unters Dach gesteckt Der

Mann hatte Pomade im schwarzen Haar und trug einen neuen Anzug, sie ein teures Kostüm, Stöckelschuhe und rote Lippen. Angeblich stammten sie aus Litzmannstadt und kamen direkt aus einem Lager in Sachsen, doch Flüchtlinge sahen so eigentlich nicht aus.
Frau Maleton blieb immer im Haus, sie war nervös, aber fleißig mit der Hausarbeit und streng mit den Kindern. Jeden Tag gab es Dresche. Gina, die Älteste, war eine Raffinierte, Ingeborg mit Lockenkopf und Knopfaugen schien ein bisschen wie eine Transuse zu sein. Gerd der Jüngste hatte immer Dummheiten im Kopf. Manchmal zerbrach die Mutter auf seinem Hintern Kochlöffel und Kleiderbügel. Der Vater war selten da, alle wunderten sich, wovon sie lebten. Die Kinder machten ziemlich viel Krach, es dauerte nicht lange und die Frau Superintendent beschwerte sich über den Kinderlärm. Es geschah gelegentlich auch, dass morgens um acht das Klo besetzt war. Zu ihrer Stunde, die bisher alle Hausbewohner respektiert hatten, war das Klo besetzt! Für Frau Superintendent eine maßlose Missachtung ihrer Person. Es kam gelegentlich zu etwas lautstärkeren Streitereien zwischen Maletons und Frau Superintendent. Muh versuchte zu schlichten, hatte damit jedoch nur mäßigen Erfolg
Maletons erfuhren von Ruths medizinischen Künsten und nahmen sie auch bald in Anspruch. Die Kinder prügelten sich oft, oder bekamen Prügel, irgendeiner hatte immer was. Dann musste Ruth mit dem Verbandskasten kommen.
Die ersten Wochen zog Maleton durch die verschiedenen Kneipen der Stadt, er suchte Kontakte, auch zu den Russen. Er sprach sehr gut Russisch, angeblich dolmetschte er. Meistens zog er mit der jungen Pfister aus der Bahnhofstraße durch die Kneipen. Sie – Anfang zwanzig – hatte ein Kind von einem SS-Mann, war aber nie verheiratet gewesen. Selbst jetzt in diesen schrecklichen Zeiten lief sie in den neuesten Klamotten umher, sie hatte die ersten Nylons in der Stadt und im

Gesicht immer dicke Schichten von Schminke und Puder. Mit Maleton zog sie überall hin, seine Frau war ziemlich wütend und eifersüchtig auf die Pfister und verplapperte sich in ihrer Wut. Ihr Mann sei der Zuhälter von diesem Miststück von Weib, er verkuppelte sie an Russen, an Amis in Berlin, an die örtlichen Honoratioren. Gezahlt wurde in Dollar. Nur die Russen bekamen alles für Wodka und Tabak. Bei Maleton war manchmal der ganze Küchentisch voll knisternder grüner Geldscheine.

Sein anderes Standbein waren Schiebereien. Er merkte sofort, dass Ruth immer wieder auf die Felder ging und versuchte über sie Kontakt mit den Bauern zu kommen. Ruth nahm ihn immer mal mit und machte ihn mit den Bauern bekannt. Später hörte sie, dass er in Westberlin Geld, Gold, Silber, Zigaretten und Schnaps sammelte. Damit fuhr er dann über die Dörfer, tausche die ganze Schieberware gegen Getreide, Kartoffeln und Fleisch, meistens Geräuchertes, das hielt sich besser. Er transportierte die Lebensmittel nach Westberlin und verkaufte sie dort.

Für die Russen organisierte er Whisky, Lucky Strike und Parfum. Sie waren so gierig nach diesem Zeug, dass Maleton sich ziemlich sicher fühlte. Der Taxifahrer aus dem Neuendorf war sein Kompagnon, der hatte neben einem Opel Blitz noch einen Hansa mit drei Rädern und einen Laster mit Holzvergaser. Er transportierte alles, was Maleton schmuggelte.

Jahre später erst kam das sowjetische Oberkommando in Karlshorst dem Treiben ihrer Offiziere in der kleinen Stadt am Harz auf die Schliche. Da war Schluss mit der Fettlebe.

– Volle Töpfe, fette Gänse –

Anfang Dezember begann Muh mit dem Backen für Weihnachten. Das Gas war zwar noch immer nicht regelmäßig da, aber man konnte sich einrichten. Muh hatte genug Mehl, sie war in ihrem Element.
„Meinst du nicht, dass es langsam reicht?", fragte Ruth mit einem verstörten Blick auf die Berge von Weihnachtsgebäck. Den Tannenbaum besorgte sie. Der hässliche Hautausschlag von Förster Spiegels Frau aus Grillenberg verhalf ihr dazu.
Drei Tage vor Weihnachten brachte Frau Höfer eine riesengroße Gans mit. Die Alte hatte sich mit der Gans auf dem Rücken auf den Weg gemacht, in der Kälte war sie die ganze Strecke über die Felder von Einzigen in die Stadt zu Fuß gelaufen. Bezahlt wurde schließlich mit einem Paar Stiefel aus dem Munitionszug, worüber die alte Frau Höfer sehr glücklich war.
Sie und Muh schwatzten an diesem Abend lange über vergangene Zeiten. Dabei versuchten sie sich mit ihren Erinnerungen an schöne Kleider, Villen und Reichtum gegenseitig zu übertrumpfen.
Am Tag vor Weihnachten beschäftigte sich Ruth den ganzen Tag mit der Gans, einem gewaltigen Vieh mit dicken Fettpolstern unter den Flügeln. Zuerst rupfte sie fertig, Hals und Kopf schnitt sie ab und sengte das Tier über der Gasflamme. Dann nahm sie den Vogel aus, hob den fettigen Klumpen mit den Därmen aus dem Leib, löste das Darmfett ab und schnitt ganz vorsichtig die Gallenblase aus der fetten Leber. Höfers nudelten ihre Gänse noch, obwohl das schon verboten war. Deshalb war die Leber hellgrau und riesig. Total krank, erklärte Ruth, aber solche Lebern sind eine Delikatesse. Sie stellte die Leber beiseite und aß sie in den Tagen heimlich ganz allein auf.

Diese Vorbereitungen dauerten Stunden. Alles Fett wurde aufgehoben für Gänseschmalz. Die Därme löste sie vorsichtig aus dem Fettklumpen heraus. Wehe, wenn der Darm riss, dann lief die ganze Gänsescheiße über das schöne Fett und machte es ungenießbar. Kropf und Magen wurden aufgeschnitten, gereinigt und gewaschen, die Luftröhre rausgetrennt. Wenn man von unten reinpustete, klang es fast wie das Getröte bei einer Gans. Fiedel, der neugierig zuguckte, war fasziniert. Ruth tat zwei Erbsen in die Tröte und steckte die beiden Enden ineinander. Am nächsten Tag klapperten die Erbsen in der trockenen Röhre. So hatte sie eine Klapper für den Kleinen.

Die Gans wurde gefüllt mit Äpfeln und mit Rosinen, die Muh noch aufgehoben hatte, innen und außen ordentlich gewürzt, zugenäht und angebraten. Zimt, Lorbeerblatt, Majoran, Pfeffer, Piment, Salz, Suppengrün und etwas Wein kamen dazu. Ruth probierte, sie musste wissen, ob alles gut gewürzt war. Sie schnippelte mit dem scharfen Messer an der Haut herum, zerteilte schließlich den angebratenen Gänsehals und verschlang die abgeschnittenen Stücke bis der ganze Mund ringsherum fettig war. Später suchte Muh nach dem Gänsehals, Ruth erklärte ihr, der Gans habe der Hals gefehlt. Muh war wütend auf die Höfern: „Ich sage ja immer", schimpfte sie, „die Frau ist nicht reell. Die mit ihren Ballkleidern und Kostümen."

Endlich kam das Tier in den Gasherd. Gut zwei Stunden, dann war es gar. Ein Festmahl für die beiden Feiertage.

Aus den Innereien machte Ruth Gänseklein. Sie briet alles an, würzte kräftig mit Salz, Pfeffer und Majoran und ließ alles im Topf schmoren. Das Gänseklein reichte für die ganze Woche. Das Gänsefett mischte Ruth mit Schweineschmalz, ließ es aus und gab gebratene Zwiebelstücke dazu. Das Schmalz wurde mit dem Schweinefett etwas fetter. Gänseschmalz mit Harzer Käse, das war das Beste aufs Brot für die nächsten Monate – und die Gänseleber, von der sie niemandem etwas abgab.

Der Baum wurde am Heiligen Abend geschmückt, ebenfalls von Ruth. Die Kugeln aus Friedenstagen hatten überlebt und vom Lametta gab es noch ein paar Reste, dazu kamen ein paar Strohsterne. Die Lücken wurden mit Plätzchen ausgefüllt. Dennoch war es nicht genug. Der Schmuck wirkte an dem stattlichen Bäumchen ein wenig spärlich.
An diesem Abend gingen alle in die Kirche, sogar Muh, die seit Erichs Tod kein Gotteshaus mehr besucht hatte. Die große Kirche Sankt Jakobi war brechend voll, obwohl es zwei Christvespern hintereinander gab. Viele Besucher waren neu, die meisten von ihnen Flüchtlinge, die in den Baracken hinter dem Friedhof hausten. Arme Menschen, viele Mütter mit ihren kleinen Kindern waren dabei. Die Gesichter waren oft abgehärmt und abgemagert. Einige von ihnen wirkten seelenlos als wären sie tot, als hätten die Menschen vor lauter Kummer und Schrecken sogar das Weinen verlernt. Niemand von den Einheimischen ging hinter den Friedhof, auch wenn die meisten dort anständige Leute waren. Für die Einheimischen blieben sie schon aufgrund ihrer Sprache fremd. Niemand verstand sie so recht.
Die Kirche war ziemlich kalt, aber wunderbar geschmückt mit einem riesigen Weihnachtsbaum und einem großen Adventskranz, dessen Kerzen wohl auch noch aus Friedenszeiten stammen mussten. Seit Jahren hatte Ruth die Weihnachtsgeschichte nach Lukas nicht mehr gehört. Sie kam ihr so fremd und doch vertraut vor. Ruth hatte plötzlich das Gefühl, sie wäre wieder zu Hause angekommen. Der neue Superintendent erwies sich als große Überraschung. Er predigte hinreißend. Eine wunderbare männliche Stimme, wohlgeformte Sätze, eine Sprache, die die Kälte in der Kirche vergessen ließ.
„Die Schrecken des Krieges sind endlich vorüber. Unzählige Tote hat es gegeben, niemand weiß wie viele genau. Niemand kann sich diese Zahl vorstellen. Die Hölle auf Erden und dennoch ein schreckliches und grausames Menschenwerk. Viele von den Menschen in dieser Kirche warten noch immer, hof-

fen und bangen um den Gatten, den Vater, den Sohn in Gefangenschaft oder sonst wo. Und das Ende ist längst nicht in Sicht, die schlimmsten Waffen zur Vernichtung der Menschheit werden noch erfunden. Wir sind alle schuldig, wir haben zu wenig geliebt, zu wenig geglaubt, zu wenig gebetet. Wir waren zaghaft und ohne Mut. Jesus ist für uns in unser Elend auf die Erde gekommen. Heute und immer wieder."
Mit diesen Worten traf er Ruth mitten ins Herz. Früher hatte sie sich nie besonders für die Kirche interessiert. Der Mann auf der Kanzel hatte in ihr eine Saite gefunden und sie zum Klingen gebracht. Sie war ganz erschüttert und nicht allein, es waren viele zu sehen, viele Frauen, die Tränen in den Augen hatten.
Das Vaterunser, seit der Konfirmation nicht mehr gebetet, hatte Ruth fast vergessen. Jetzt betete sie voller Inbrunst. Schließlich sangen noch alle „Oh du fröhliche ...", obwohl den meisten wohl nicht nach Fröhlichkeit zumute war. Doch das Singen gab Zuversicht.
Fiedel war zum ersten Mal bei einem Gottesdienst in der Kirche. Er saß ganz still, die meiste Zeit auf Ruths Schoß und sagte keinen Mucks. Ruth sang ihm die Lieder ins Ohr. Er war ganz aufmerksam, das Singen schien ihn zu beeindrucken.
Die Orgel spielte Herr Kreuziger, auch er war erst seit ein paar Wochen in der Stadt. Auf der Flucht aus Schlesien war er mit seiner Familie hier hängen geblieben. Seit Jahren war in Jakobi kein ordentlicher Organist gewesen. Doch Herr Kreuziger spielte wunderbar. Leider gab es keinen Chor und somit keine andere Weihnachtsmusik, doch Ruth war begeistert und auch Fiedel fand die Orgel mächtig interessant. Er gab nicht eher Ruhe bis Ruth mit ihm auf die Empore geklettert war. Herr Kreuziger spielte noch ein kleines Stückchen für ihn und zeigte dem Kleinen wie an der Orgel die Register funktionieren.
Im Kirchenschiff redete Ruth noch lange mit Ella Geert, die ebenfalls Krankenschwester gelernt hatte. Als unverheiratete Frau musste sie während des Krieges zu den Sanitätern. Ella

hatte eine Bekannte mitgebracht, eine Frau Schmieder mit zwei kleinen Töchtern. Sie waren aus Ostpreußen geflohen, immer vor der Front. Die Mädchen waren durch die langen Monate der Flucht ganz verstört und verschüchtert.
Bauer Kilian und seine Frau kamen grüßend vorbei. Kilian war ein Hüne, ein riesiger Kerl von Mensch, immer mit flottem Mundwerk voran. „Ich bin jetzt Kleinbauer", sagte er, „aber für die Weihnachtsgans reicht es noch."
Sie sahen Frau Hecht mit ihrer Schwester. Beide waren verzweifelt und in tiefer Trauer. Ein paar Tage zuvor hatten sie erfahren, dass Hechts zweite Tochter Elisabeth in der Westzone Witwe geworden war. Jetzt saß sie allein da mit vier Kindern. Der Mann war in russischer Gefangenschaft umgekommen.
Und schließlich traf man Apotheker Rader mit Familie. Er war spindeldürre, aber glücklich, weil er gerade aus der Gefangenschaft entlassen worden war. Fünf Kinder hatten sie jetzt, wie die Orgelpfeifen. Der Jüngste war erst zwei.
Zu Hause angekommen musste Fiedel feststellen, dass der Weihnachtsmann, auf den er schon in der Kirche so gespannt war, bereits wieder weg war. „Zum Fenster raus", erklärte Ruth. Ein bisschen ängstlich blieb Fiedel zunächst noch, bekam dann aber leuchtende Augen unterm Weihnachtsbaum. Ruth und Muh beschenkten sich mit selbst gestrickten Handschuhen und Bratwürsten, die Ruth organisiert hatte. Fiedel freute sich über eine kleine Schubkarre mit vielen Plätzchen, Obst und Süßigkeiten. Die Schubkarre war von Franke aus der Werkstatt. Auch die hatte er statt Miete geliefert. Es war das erste Weihnachten, an das sich Fiedel später erinnerte.
Nach der Bescherung gab es geräucherte Thüringer Bratwürste mit Kartoffelsalat und Apfelsaft. Danach Stolle und Plätzchen. „Eigentlich geht's uns ja gut", stellte Muh fest, „wir sind nicht ausgebombt, müssen nicht hungern. Warm ist es auch. Nur die Kerzen am Baum sind eine Katastrophe."
Die hatte Muh von Knauer in der Bahnhofstraße unter dem Ladentisch gekauft. Sie tropften schrecklich und brannten

schief, manchmal so heftig, dass die Nadeln Feuer fingen. Daraufhin löschte Ruth alle Kerzen, damit nicht doch noch das Haus in Brand gesetzt wurde.
Am nächsten Tag wurde die Gans verspeist. Mit Grünkohl – oder auch Braunkraut, wie Hanne-Fieke zu sagen pflegte – und Thüringer Klößen. Nach dem Essen waren alle entsetzlich satt und stöhnten.
Marie kam mit den Kindern nach den Feiertagen. Alle drei stürzten sich auf die Reste der Gans bis nur noch die blanken Knochen übrig blieben. Richard war in Halle geblieben, er wollte wissenschaftlich arbeiten.
Es hatte viel geschneit, die Kinder waren den ganzen Tag draußen und rutschten mit Ruths altem Schlitten in den Bahnhofsanlagen herum. Abends kamen sie alle müde und hungrig wie die Wölfe nach Hause. Zum Glück war genug zu essen da. Marie saß den ganzen Tag am Kachelofen und freute sich, dass sie mal nichts tun musste. Sie hatte schon ein kleines Bäuchlein.
An den langen Winterabenden saßen die Frauen beisammen und machten Handarbeiten. Muh nähte, strickte und häkelte. Ruth hatte eine Idee, wie man Garn gewinnen konnte. Auf dem Boden stand noch ein altes Spinnrad. Es hatte Knöpfe aus Elfenbein und Einlegearbeiten aus Perlmutt. Ruth holte es nach unten und staubte es ab. Es gelang ihr, das Gerät zum Laufen zu bringen. Schließlich versuchte sie die Berge von Zellwatte aus dem Lazarett zu verspinnen. Einen ganzen Abend brauchte sie bis sie den Dreh mit dem Spinnen heraus hatte. Die Wattefasern waren jedoch sehr kurz, weshalb der Faden immer wieder riss. Da erinnerte sie sich an das Seidengarn aus dem Munitionszug und versuchte, ihr Wattegarn mit dieser Seide zu umspinnen. Jetzt hielt der Faden. Sie spann Abend für Abend, Muh strickte daraus Unterhöschen für die Kinder. Die ganze Prozedur war ein bisschen mühsam, aber es gab Unterhöschen für die Kinder.

– Halt in schwerer Zeit –

Nach den Feiertagen ging Ruth bald wieder in die Kirche. Der Superintendent Karius hatte ihr so gut gefallen. Sie traf Ella Geert und ging mit ihr gemeinsam zum Abendmahl. Sie wunderte sich, weil sie dieses Bedürfnis früher nie gehabt hatte. An einem der Nachmittage nach Weihnachten kamen Ella, Frau Hecht und ihre Schwester zum Kaffee. Marie war auch noch da. Plätzchen und Stolle gab es genug. Muh hatte sogar noch etwas richtigen Kaffee von den Amerikanern gefunden. Ella war glücklich, sie hatte kaum was zu Essen zu Hause. Auch Marie freute sich, aber eher weil sie Ella seit Jahren nicht gesehen hatte.
Frau Hecht war in Trauer um ihren Schwiegersohn. Einige Tage vor Weihnachten hatte sie von seinem Tod in russischer Kriegsgefangenschaft erfahren. Wahrscheinlich war er verhungert. Er hinterließ seine Frau mit vier kleinen Kindern in der Westzone. Zum Glück hatte sie ein eigenes Haus mit Garten. Hechts älteste Tochter Lotte war ebenfalls wieder schwanger. Bei ihr war es jetzt das fünfte Kind. In den letzten Kriegswochen war ihr Mann noch einmal zu Hause gewesen, da ist es passiert. Sie und ihr Mann hatten noch an den Endsieg geglaubt und ein arisches Kind für den Führer gemacht. Es war das Fünfte, leider zu spät für das silberne Mutterkreuz. Der Mann war in französischer Kriegsgefangenschaft, zum Glück nicht bei den Russen, meinte Frau Hecht.
Lotte war lange Ruths engste Freundin, doch als der Führer kam, trennten sich die Wege. Lottes Mann, ein Lehrer für die Volksschule, sah in der treuen Gefolgschaft des Führers seine große Chance. Er ging in die Partei und wurde Lehrer an der Ordensburg in Sonthofen im Allgäu. Als Lotte für das Winterhilfswerk strickte, sollte Ruth was kaufen. Als sie sich weigerte war Lotte maßlos enttäuscht, verpetzte sie aber nicht.

Ruth hingegen war von Lotte, deren gesamte Familie schon immer zu den Liberalen gehörte, überaus enttäuscht, weil sie plötzlich den Braunhemden hinterher rannte. Später ging Lotte mit ihrem Mann ins Allgäu.

Frau Hecht erzählte, ihr Mann sei einige Tagen zuvor von den Russen vernommen worden. Morgens um sechs kamen drei Männer und nahmen ihn mit. Als ehemaliger Teilhaber bei der Firma Witschke & Hecht, Vermarktung landwirtschaftlicher Produkte aus der Goldenen Aue, war er für die Russen vielleicht ein reicher Kapitalist, aber er hatte seinen Anteil an der Firma schon vor dem Krieg verkauft. Zum Glück! Die Russen glaubten, sie könnten die Warenlager als Wiedergutmachung plündern. Sie ließen Hecht sofort wieder laufen als sie merkten, dass das Silo leer und bei Hecht nichts zu holen war.

Ella wohnte in der Villa ihrer Eltern, einem riesengroßen Haus gegenüber dem Gymnasium aus gelben Klinkern mit Türmchen und Säulen. Als die Russen kamen, hatten sie auf ihrer Suche nach einer geeigneten Kommandantur auch ihren Palazzo inspiziert, aber der Bau war ihnen zu groß und zu düster, deswegen durfte sie ihn behalten.

Dafür hatte sie jetzt das ganze Haus voll von Flüchtlingen, die sogar versuchten, die Kloschüsseln abzumontieren und zu verscherbeln. Sie musste alles einschließen. Von morgens bis abends rannte sie in ihrem riesigen Haus mit einem Schlüsselbund herum und guckte, dass die Türen zu waren.

Ella war als Sanitäterin direkt an der Front gewesen und hatte schreckliche Sachen erlebt. Abgetrennte Arme und Beine, offene Bäuche, zerschossene Gesichter und ganze Leichenberge junger Soldaten. Obwohl sie wegen all' dieser Schrecklichkeiten immer wieder mit Gott haderte, war sie fromm geworden.

„Ich brauchte ihn wie die Luft zum atmen", erklärte sie Ruth später. Ihre Erwartungen an das Leben schrumpften unter

diesen Eindrücken auf eine winzige Portion Hoffnung zusammen. Nur der Augenblick zählte – „Nutze den Tag", schließlich konnte jeder der letzte sein.
Doch Superintendent Karius gab auch Ella Zuversicht. Alle schwärmten von ihm. Er gründete einen Bibelarbeitskreis, dem Ella sofort beitrat, während Ruth zunächst noch zögerte. Später ging dann aber auch sie. Die Schwestern Hecht, die Lehrerin Käthe Goldsche und Frau Rader von der Apotheke, Frau Witzel, Frau Tennstedt, eine Frau Hrabal aus Schlesien, die mit zwei Söhnen auf der alten Promenade wohnte, Marianne Frank, die Katechetin, ein Fräulein Probst aus dem Hasental und einige Flüchtlingsfrauen waren dabei. Eine bunte Gesellschaft aus Frauen, die mitten im Leben standen. Aber auch andere, sehr fromme Personen, gehörten dazu, mit denen es schnell kleine Reibereien gab. Sie warfen den Frauen vor, dem wahren Glauben fern zu sein und verurteilten jene, die – wie Ruth – mit Lippenstift oder ähnlichem Teufelszeug in die Kirche kamen.
Ein Lehrer und der Katechet waren die einzigen Männer. Der Lehrer blieb nicht lange, er hatte bald Schwierigkeiten mit seiner Schulleitung.
Ella brachte des Öfteren theologische Literatur mit in die Bibelstunden. Bücher, die sie der riesigen Bibliothek entnahm, die sie von ihren Eltern geerbt hatte. Einige der frommen Schwestern betrachteten dies misstrauisch als eine Form von Unterwanderung. Die frömmsten von ihnen lasen nur in der Bibel, nichts anderes, keine Zeitung, kein anderes Buch, nicht einmal biblische Literatur. Für das Fräulein Probst aus Hasental war selbst geistliche Musik Teufelswerk. Sie lebte mit ihrer Mutter auf dem kleinen Hof noch wie vor hundert Jahren: Kein Strom und das Wasser kam aus einem Ziehbrunnen. Abends wurde bei Kerzenschein die Bibel gelesen, Wolle gesponnen oder gestrickt. Sie webten sogar ihre Stoffe selbst.

Den Vater, ein frommer Pazifist und Laienprediger hatten die Nazis umgebracht. Nie hatte seitdem ein männliches Wesen den Hof betreten. Als Fräulein Probst in stillem Protest die Bibelstunden verließ, war fast ein leises Aufatmen zu hören. Nicht nur wegen der frommen Sticheleien, sondern auch, weil sie immer nach Ziegenstall roch, egal wie sehr sie sich wusch.
Superintendent Karius machte keinen Hehl daraus, dass er die Frömmeleien nicht mochte. Daher zerbröckelte die Front der Betschwestern im Laufe der Jahre immer mehr. Dies sorgte in der Gemeinde für einige Gerüchte, die lang und breit ausgetratscht wurden. Einige sagten, Karius hielte sich eine profane Gefolgschaft und hätte vielleicht sogar was mit einer. Möglicherweise mit der Ruth, die war ja ohne Mann. Ruth ließen diese Klatschereien unberührt. Für sie, die nach der Schule nie mehr in einer Kirche gewesen war, wurden die Bibel und die biblischen Botschaften plötzlich eine Offenbarung.
Wenn alle Menschen so handeln würden, wie von Jesus verlangt, dachte sie, wäre es das Paradies auf Erden. Mit Mitte Dreißig hatte sie bereits die Inflation, die Weltwirtschaftskrise, die Faschisten, den Krieg und die Nachkriegszeit erlebt. Es wurde Zeit, dass es einmal friedlich zuging auf dieser Welt! Jetzt, da das alltägliche Leben wieder in halbwegs geordneten Bahnen verlief, träumte Ruth immer mal wieder davon lange und weite Reisen zu unternehmen, wie sie es schon als junges Mädchen wollte. Der Krieg zerstörte auch diese Art der Träumerei. Sie war noch nie weiter als bis nach Berlin gekommen. Einmal nach Paris oder London. Ihr allergrößter Wunsch jedoch war Asien. China, Tibet, vielleicht auch Japan oder Indonesien. Sie hatte viele Bücher über die verschiedenen Länder gelesen.
Doch mit den neuen Machthabern schwand die Hoffnung auf friedlichere Zeiten mit jedem Tag erneut. Erste Gräben zwischen Ost und West wurden gezogen, von den Verwand-

ten aus Ellrich waren düstere Nachrichten zu hören. Angeblich wurden die Grenzen zu den Westzonen Tag und Nacht von russischen Soldaten bewacht. Am Parteihaus gegenüber hingen die ersten Parolen gegen die imperialistischen Kriegstreiber im anderen Teil des Landes. Es gab erste heftige Nadelstiche gegen die Kirche, als kapitalistischem Steigbügelhalter. Gerüchte kursierten, Stalin habe in Russland Priester und Mönche nach Sibirien deportiert und ihre Gotteshäuser abreißen lassen. Wenn das nun auch hier passierte! Schließlich gab es genug braune Reichspastoren, die dem Führer hinterher rannten.

Somit stand Ruth mit ihrem neu gewonnenen Glauben wieder quer gegen das Regime. Wie schon bei den Nazis. Es schien eine Art Bestimmung für sie zu sein.

Ella war stets an ihrer Seite, stark, gescheit und immer verlässlich, trotz gelegentlich theatralischen Gefühlswallungen. Sie war die beste Freundin in dieser Zeit.

Herr Kreuziger gründete einen Kirchenchor. Ruth machte sofort mit, endlich konnte sie wieder singen, endlich gab es wieder einen Chor in der Stadt. Oft sangen sie sonntags im Gottesdienst. Das machte Ruth am meisten Spaß. Früher hatte sie mit Marie im Gesangverein bei Kurtchen Plesse gesungen. Kurtchen, der Gymnasiallehrer mit Glotzaugen und dicken Lippen war hässlich wie die Nacht, aber wenn er dirigierte, konnte er faszinieren.

Auch Herr Kreuziger war ein wunderbar engagierter Chorleiter, mit viel Humor. Die Singerei machte bei ihm sofort Spaß. Als erstes probte Kreuziger Schütz, Schein und Melchior Vulpius.

Viele aus der Stadt waren dabei, nur Ella nicht, weil sie wirklich nicht singen konnte. Dafür hörte sie mit Vorliebe zu und war jedes Mal ganz verzückt.

Nach den Proben traf man sich noch irgendwo bei jemandem zu Hause, später auch im Lokal. Herr Kreuziger war immer dabei und trank ganz gern einen. Manchmal auch einen zuviel. Dann musste er nach Hause gebracht werden. Seine Frau empfing ihn bei solchen Gelegenheiten mit Sorgenfalten im Gesicht.

Für Ruth lief alles prima, durch Chor und Bibelkreis hatte sie neue Bekanntschaften gemacht. Das war wichtig, jeder konnte jedem helfen, jeder war für den anderen da.

– Kinder –

Lotte Hecht schrieb aus dem Allgäu. Ihr Kind werde bald kommen. Der Mann war noch immer in Gefangenschaft. Ruth verstand den Notruf sofort, schließlich mussten die vier Kinder noch versorgt werden. Es sollte die größte Reise werden, die sie in ihrem bisherigen Leben gemacht hatte.
Sie machte sich sofort auf den Weg, fuhr nach Ellrich und übernachtete bei Muhs älterem Bruder Johannes. Sie wollte dort über die grüne Grenze in Richtung Kassel. Johannes und die übrige Familie guckten bedenklich als Ruth erzählte, was sie vorhatte.
„Du musst aufpassen", sagte Johannes und kratzte sich verlegen am Kopf, „die Russen schießen neuerdings. Ohne Anruf und Bedenken. Am besten du gehst, wenn sie Wachwechsel haben."
Früh am nächsten Morgen begleitete er Ruth noch bis zu einem Feld, auf dem ein Bauer pflügte, den Johannes kannte. Diesen bat er, seine Nichte mitzunehmen und ihr eine geeignete Stelle zu zeigen, wo sie sicher über die Grenze käme. Der Bauer erklärte sich einverstanden.
Ruth lief direkt neben dem Bauern als gehöre sie zu diesem.
„Am Ende des Weges ist ein Graben", sagte der Mann, „wenn Sie da rein springen, sind Sie drüben."
Ruth hatte Glück, von den Soldaten war weit und breit nichts zu sehen. Als sie den Graben hinter sich gelassen hatte, musste sie noch ein ganzes Stück bis Walkenrieth laufen. Dort bekam sie nach langem Warten einen Zug über Kassel nach Frankfurt.
Von Frankfurt aus ging es im überfüllten D-Zug nach München. Sie stand im Gang der ersten Klasse und erntete abfällige Blicke von den Leuten in den Abteilen. Eine Frau in feinem Tuch packte ihr Essen aus. Brot mit Wurst, Apfelsinen und Schokolade. Ruth wurde vor Hunger ganz schlecht.

Schließlich erreichte sie am nächsten Morgen müde und hungrig das Allgäu. Lottes Familie wohnte jetzt in einem kleinen Ferienhaus nahe Sonthofen. Eine wunderschöne Landschaft, aber einsam und ziemlich beengt. Die Villa, die sie mit ihrem Mann vor und während des Krieges bewohnte, mussten sie verlassen. Die Franzosen gingen nicht sehr zimperlich um mit dem Lehrpersonal einer nationalsozialistischen Bildungsanstalt. Lotte trug ihren riesigen Bauch vor sich her, sie hatte schon Mühe, Treppen zu steigen und die Kinder zu versorgen.
Zu essen gab es nicht viel mehr als in der sowjetischen Zone. Ruth musste organisieren. Vor allen Dingen Milch und Brot für die Kinder. Sie bekam von Lotte Namen von verschiedenen Bauern, die sie besuchen konnte. Ruth lief gleich mit den beiden ältesten Jungen los. Ein paar Stunden später kamen sie mit vollen Taschen zurück.
„Ich habe recht gehabt", sagte Ruth am Abend als die Kinder in den Betten waren, „die Nazis waren Lumpen und Verbrecher, vielleicht nicht alle, aber die meisten. Vierzig Millionen Tote haben sie auf dem Gewissen, die halbe Welt in Brand gesteckt, wer weiß, wie sich die Welt noch an Deutschland rächen wird."
Lotte hatte feuchte Augen und nickte schweigend.
„Schwamm drüber", sagte Ruth, „ich will, dass es wieder so ist wie früher."
„Bist du mir nicht böse?", fragte Lotte zaghaft.
„Nein, alles vergeben und vergessen."
Da fielen sich die beiden Frauen um den Hals. Lotte weinte und Ruth war glücklich, blieb Lotte doch ihre Freundin.
Drei Tage später kam sie ins Krankenhaus. Sie entband einen Jungen, ohne Komplikationen.
„Klar", sagte Ruth zu Lotte, „bei deinem Becken, das ist sogar geeignet für das goldene Mutterkreuz."
Beide lachten.

Ruth versorgte täglich die Kinder und ging viel mit ihnen wandern. Es war März, aber das Wetter war schon wunderbar frühlingshaft. Viel Sonne und tiefblauer Himmel. Wegen der Höhe verbrannte Ruths Nase und wurde rot wie eine Möhre. Fünf Tage später waren Lotte und der Kleine wieder zu Hause. Damit sie wieder zu Kräften kommen konnte blieb Ruth noch vier Wochen im Allgäu. Sie hatte zwar viel Arbeit mit Windeln waschen und Essen besorgen für die Kinder, dennoch genoss sie die Zeit. Endlich mal ohne die vielen eigenen Sorgen zu Hause.
Wieder in Walkenrieth erfuhr sie, dass die Grenzen zur sowjetischen Zone geschlossen worden waren. Der Russe habe alles zugemacht. Sie ging trotzdem los, wartete an der Grenze bis es Nacht war, dann lief sie los. Nur irgendwie nach Osten. Sie orientierte sich an den Sternen. Die Grenze selbst war ein gerodeter Streifen Land. Sie guckte aus der Deckung der Bäume nach rechts und nach links, dann sprang sie. Später wunderte sie sich selbst, dass sie nicht bemerkt worden war.
Am frühen Morgen war sie in Ellrich und schleppte sich mit ihrem Rucksack zu Onkel Johannes. Dieser war entsetzt, als er Ruth sah, wurden doch noch den Tag zuvor Leute von den Russen an der Grenze erschossen.
Gleich am Nachmittag fuhr sie nach Hause. Fiedel heulte vor Glück, die Mutter war endlich, endlich wieder da.
„Geh nie wieder ohne mich weg", schluchzte er.
Sie nahm ihn in die Arme und versprach es hoch und heilig. Muh fielen Steine vom Herzen. Die Tochter im Westen und die Grenzen zu. Auch mehrten sich Gerüchte von Erschießungen.
„Die kommt immer durch", hatte Muh sich zu beruhigen versucht. Mulmig war ihr aber doch.
Wieder zu Hause musste Ruth Essen und Kleidung organisieren. Schuhe für die Kinder gab es überhaupt nicht. Die alten Schuhe waren immer wieder vererbt worden. Fiedel trug

Sigrids Schuhe auf, die der vor fünf Jahren gepasst hatten. Sigrid war jetzt schon acht, Marie ergatterte uralte Schuhe, Größe sechsunddreißig. Deren Spitzen wurden mit Papier ausgestopft, damit sie Sigrid passten.

Fiedel spielte viel mit den Kindern aus der Nachbarschaft, meistens aber mit Fritzchen, Hildes jüngstem Sohn. Der war genau so alt wie Fiedel, nur ein bisschen kleiner. Wenn es draußen kalt oder nass war, spielten die beiden Jungen in Alexanders Klavierfabrik. Es gab einen wunderbaren Baukasten mit Holzbauklötzen, aus denen sich herrliche Bauwerke konstruieren ließen. Manchmal schlichen sie sich auch in die vorderen Räume der Fabrik. Dort konnte man die Rückseite einer Orgel öffnen und die Pfeifen heraus nehmen. Wenn man hinein pustete, gab es einen Ton. Das war streng verboten, wehe, Hilde hätte sie dabei ertappt. Aber die beiden Jungen machten es immer wieder.

Ruth machte sich Sorgen um Fiedel, der schon als Kleinkind immer wieder unter Hautausschlägen litt. Nun kam auch Asthma dazu; und jeden Morgen nieste er mehrmals hintereinander. Marie sagte, sie hätte vierundzwanzig gezählt. Manchmal japste er schrecklich und bekam keine Luft. Ruth konnte sich diese Erscheinungen nicht erklären. Außerdem stotterte der arme Junge noch mehr als früher.

Abends saß er oft bei Ruth auf dem Schoß. Sie erzählte ihm Geschichten oder las Märchen vor. Wenn er im Bett lag, sang sie ihm Lieder vor. Später sangen sie oft auch zweistimmig, wenn er das Lied schon kannte. Und immer wollte der Junge noch schmusen. Ganz anders als Maries Kinder. Die waren in diesen Wochen mächtig aufgeregt, weil sie auf das Geschwisterchen warteten. Immer wieder spekulierten sie, ob es wohl ein Mädchen oder ein Junge werden würde. Sigrid war für einen Jungen, Karli war es egal. Hauptsache, das Geschwisterchen würde ihm nichts von seinem Essen nehmen. Marie beruhigte ihn, das Kleine bekäme zuerst nur Milch.

Sie bekam einen Sohn. Als der kleine Junge da war, stritt sie sich drei Tage lang mit Richard um den Vornamen. In ihrer Wut rannte Marie aufs Standesamt und gab dort an, das Kind solle „Axel" heißen.
Richard war entsetzt und ließ den Namen sofort in „Ulrich" ändern. Der neue Name stand nun zwar auf dem Papier, doch genannt wurde der Junge nur noch „Axel".
Marie hatte zu wenig Milch. Nun kam zu den schon bestehenden Problemen auch noch die Organisation von Kuhmilch hinzu. Außerdem das tägliche Windeln waschen. Marie hasste es!
Richard war keine Hilfe. Jede freie Minute saß er an seiner Habilitation, dazu noch die Arbeit in der Schule.
Sigrid und Karli freuten sich über den kleinen Bruder und beschäftigten sich oft mit ihm. Aber Essen würden sie nie mit ihm teilen. Zum Glück schlief der Kleine viel. Marie ließ ihn schlafen, dann war wenigstens einer ruhig.

– Kirschen, Wurst und Pilze –

Auf dem Markt schräg gegenüber von St. Jakobi hatte Anne Schauder, das Kräuterweiblein, ihren Laden. Offiziell verkaufte sie allerlei Kleinkram für das schöne Heim; Tapeten, Gardinen und Portieren. Doch niemand in der Stadt hatte jemals dort eine Tapete oder ähnliches erstanden.
Anne Schauder trug abenteuerliche Kleider, lief in langen Röcken herum, um den Hals hatte sie ein Bändchen aus schwarzem Samt mit einer Silberschnalle. Sie trug Immer Hüte mit breiten Krempen, festgesteckt mit riesigen biedermeierlichen Hutnadeln. Es gab das Gerücht, sie hätte seherische Fähigkeiten, jedenfalls gab es verschiedene Menschen in der Stadt, die sie regelmäßig besuchten, um etwas über ihre Zukunft zu erfahren. Auch Muh hatte sie im Krieg gelegentlich besucht, um übernatürliche Erscheinungen und die Verlässlichkeit des Kartenlegens zu erörtern.
Muh und Ruth gingen zu ihr, weil sie auch alle möglichen Sämereien und Stecklinge hatte, außerdem kannte sie Kräuter, die keinem Menschen in Mitteldeutschland bekannt waren. Manche davon dienten angeblich zum Behandeln von Warzen oder Gürtelrosen.
Anne freute sich als die beiden kamen, sie war mit Wally in eine Klasse gegangen. Muh und Ruth ließen sich von Anne Schauder alle Kräuter genau erklären. Sie lieh den beiden ein uraltes Büchlein aus, in dem alle Wirkungen dieser Kräuter aufgezeigt waren. Besonders Ruth war interessiert, sie suchte nach Mittelchen gegen Husten, Schlaflosigkeit, Zipperlein, Verstopfung und das Gegenteil. Anne zeigte den beiden, wie man die Kräuter verarbeiten konnte. Essenzen mit Alkohol oder mit besonderen Ölen aus ihnen machte.
Beim Abschied sah sie Ruth lange und tief in die Augen, so dass die bald gar nicht wusste, wohin sie gucken sollte. Sie

erklärte, für Ruth gäbe es noch große Veränderungen. „Du bleibst nicht in Rosenberg", sagte sie geheimnisvoll zu Ruth und schenkte ihr einen noch tieferen und bedeutsameren Blick.

„Nur raus hier", meinte Ruth leise zu Muh.

Im Mai pflanzte Muh alles in einer sonnigen Ecke des Gartens. Während der nächsten Wochen beobachteten sie die Pflänzchen mit höchster Aufmerksamkeit. Dabei wunderte sich Ruth über mehrere Pflanzen, die sie nicht richtig bestimmen konnte. Pflanzen mit großen Blättern und an der Spitze mit einem kleinen Blütenstand. Sie brauchte ein paar Wochen bis sie verstand: das war Tabak.

„Wozu brauchen wir Tabak?", fragte sie Muh.

Muh wurde ein bisschen kleinlaut. „Na", sagte sie, „der arme Richard. Er raucht schon Rosen- und Kastanienblätter."

Ruth war wütend. Am liebsten hätte sie alle Pflanzen rausgerissen und Kartoffeln gesteckt. Doch ihr weiches Herz siegte.

„Aber im nächsten Jahr kein Tabak!", sagte sie drohend zu Muh, „Wehe ich finde eine Pflanze!"

Als es im Frühjahr wärmer wurde, begannen Ruth und Muh wieder ihre Wanderungen, beinahe an jedem Wochenende gingen sie in die Wälder. Fiedel war immer dabei. Im Frühjahr zur Kirschblüte, in den Wochen nach Pfingsten Kirschernte, dann in die Himbeeren an der Kohlenstraße. Später wurde aus den Beeren Saft gemacht. Willys Bruder Hans kam zur Kirschzeit mit dem Zug aus Berlin. Das letzte Mal hatten sie sich vor dem Krieg gesehen.

Hans sah immer noch schrecklich abgemagert aus. Muh und Ruth gaben sich Mühe, dass der Junge wieder zu Kräften kam. Hans guckte mit verklärten Blicken auf die riesigen Portionen Bratkartoffeln, die Ruth jeden Abend machte.

Und die Kirschen! Ruth und Hans fuhren jeden Tag mit dem Zug in die Kirschen nach Roßla und schlugen sich die Bäuche mit süßen dicken Herzkirschen voll.

Hans hatte Jura studiert und wollte jetzt seine Referendarzeit beginnen. Doch das war aussichtslos für ehemalige Parteigenossen. „Warum musstest du auch in die Partei gehen?", fragte Ruth verständnislos, während sie auf einem der Kirschbäume saßen. „Du warst doch nicht mal richtig überzeugt." Hans wurde kleinlaut. „Vati wollte das so", sagte er leise, „da konnte ich schlecht nein sagen."

„Ausgerechnet dein Vater", antwortete Ruth verächtlich, „der Patriot auf dem Papier."

„Was soll ich jetzt machen?", fragte Hans. „Zwei Möglichkeiten gibt es. Ganz konkret. Ich könnte Bäcker werden oder Elektriker. Wenn ich Bäcker werde, haben wir immer zu essen, Elektriker würde ich aber lieber werden."

„Dann musst du Elektriker werden. Kannst du dir vorstellen, ein ganzes Leben lang mit einem Beruf, der dir keinen Spaß macht?"

So wurde Hans Elektriker.

Als Hans weg war, lief Ruth wieder jeden Tag nach Einzingen zu Höfers. Es gab plötzlich eine Kartoffelkäferplage, niemand wusste, woher die Käfer kamen. Ganze Felder wurden kahl gefressen. Die Bauern waren aufgeregt und fürchteten um ihre Kartoffelernte. Es gab Gerüchte, die Amerikaner hätten die Kartoffelkäfer aus der Luft abgeworfen, um die junge sowjetische Zone zu sabotieren. Westberlin war inzwischen gesperrt, die Russen wollten die Stadt aushungern. Wenn die Rosinenbomber nach Berlin flogen, warfen sie angeblich auch Kartoffelkäfer über den Feldern in der sowjetischen Zone ab. Irgendwie klang das hirnrissig, aber so ganz ausschließen wollte niemand diese Idee.

Der Rat des Kreises organisierte Campagnen gegen die Kartoffelkäferplage. Wer mithalf bekam für jeden Käfer entweder fünfzig Gramm Weizen oder hundert Gramm Kartoffeln. Ruth nahm sich verschließbare Dosen mit auf den Acker zu Höfers und sammelte. Am Ende gab es für Ruth zwei kleinere Säcke, einen Sack mit Kartoffeln, einen zweiten mit Weizen. Die Dame im Kreishaus, die für die Kampagne verantwortlich war, zählte jeden Tag von morgens bis abends tote Kartoffelkäfer und stellte Gutscheine für Kartoffeln und Weizen aus.

Bis zum Herbst war Ruth bei den Bauern, entweder bei Höfers oder sie stoppelte auf anderen Feldern Kartoffeln. Fiedel war immer mit dabei, meistens saß er auf der Handkarre oder auf einem der Säcke. In den Herbstferien kam Marie mit den Kindern und half mit. Wenn die Kartoffeläcker gepflügt wurden, liefen Ruth, Marie und Muh im Schweinsgalopp mit den anderen Frauen hinter den Pflügen hinterher. Fünfzehn Zentner Kartoffeln hatten sie am Ende im Keller. Muh wurde von Alpträumen geplagt, weil sie sich immer wieder die Frage stellte, ob sie im nächsten Jahr wohl auch so viel sammelten. Daraufhin wurde sie von Ruth für verrückt erklärt.

Neben der Arbeit bei den Bauern ging Ruth mit Fiedel regelmäßig in die Pilze. In manchen Jahren ernteten sie bis zu hundertfünfzig Pfund. Am Kunstteich fanden sie einmal auf einer Wiese ein riesiges Nest Champignons. Die Taschen reichten nicht dafür, also zog Ruth ihren Unterrock aus und machte einen Knoten rein. Am Ende hatten sie einen Sack mit fast zehn Pfund Champignon. Zu Hause wurde die ganze Pracht gebraten, gedünstet, eingemacht und zu Pilzpulver getrocknet. Das Pulver war wunderbar für alle Bratensaucen.

Nach der Erntezeit im Sommer wurden Höfers Gänse genudelt. Das war Frau Höfers Aufgabe, eine Sauarbeit, von der niemand was wissen sollte. Den armen Tieren wurden Würste aus gekochter Grütze in die Hälse gestopft. Mit dem Zeigefinger schob sie die Würste tief in die Kehle der Gänse. Ihr Zeigefinger wurde in kurzer Zeit rau und verschorft von dieser Stopferei. Ruth versuchte, der Alten bei der Gänsestopferei zu helfen, aber diese Tortur war ihr zu schrecklich. Dafür war sie täglich bei Höfers um Daunen zu rupfen und zu spleißen. Die armen Viecher, bei lebendigem Leibe wurden ihnen die Daunen aus der Haut gerissen. Die Gänsehintern waren am Ende rot und kahl. Ruth machte das ganz vorsichtig, die Tiere taten ihr leid, sie wollte ihnen so wenig wie möglich wehtun. Am Ende gab es immer nur eine kleine Hand voll Daunen von jedem Tier. Es mussten viele Gänse gerupft werden bis eine ganze Decke gefüllt war. Endlich nach Martini wurden die armen Tiere, die so viel in ihrem Leben ausgehalten hatten, ihrer Bestimmung zugeführt und geschlachtet.

Ruth hatte im Frühjahr darüber nachgedacht, ein Schwein aufzuziehen. Wegen der strengen Reglementierung durch die neue Regierung konnte sie es jedoch nicht bei Muh machen. Es reichte schon, dass sie von den Hühnern jährlich hundert Eier abgeben mussten. Da wollte Ruth nicht dazu gezwungen sein, auch das Schwein mit anderen zu teilen. Sie fragte Heinz, der einverstanden war, das Schwein bei Höfers aufzuziehen. Die hatten genug Ferkel, das konnte niemand genau überprüfen.

Kurz vor Weihnachten wurden die Schweine geschlachtet, auch das von Ruth. Die Schlachterei musste heimlich hinten in einer Ecke des Stalls vor sich gehen, sonst wäre vielleicht alles beschlagnahmt worden. Fleischer Adam machte seit Jahrzehnten Hausschlachterei und bekam jetzt seinen Lohn in Form von Wurst oder Schinken.

Am Schlachttag liefen Muh, Ruth und Fiedel ganz früh nach Einzingen, Adam und Höfers waren schon im Stall und bereiteten alles für die Schlachterei vor.

Frau Höfer kümmerte sich um das Feuer in der Waschküche, Muh rührte das Blut für die Rotwurst. Ruth schnippelte und drehte Fleisch durch den Wolf für die Würste, Heinz würzte mit Salz, Pfeffer, Kümmel und Majoran. Zwischendurch nahm man immer mal einen Schnaps zu sich.

Die Wurst machte Adam selbst mit der Wurstmaschine. Als die Würste im Waschkessel lagen und ziehen sollten, passte

Muh genau auf. Keine sollte platzen. Es platze aber immer eine. Dafür sorgte schon Adam, der meinte, dass die Suppe so viel besser schmeckte. Am Abend liefen Muh, Ruth und Fiedel wieder nach Hause, alle drei hundemüde. Die Würste und Schinken hingen am Fahrrad, mindestens anderthalb Zentner, den Rest wollte Ruth am nächsten Tag holen. Zu Hause wurde der Räucherofen im Keller angestellt und alle Würste reingehängt. Schinken und Speck wurden ins Waschfass gelegt, darüber Salzlake gegossen. Ruth nahm sich eine ihrer Injektionsspritzen, zog sie mit Salzlake auf und spritzte die Lake in die dicken Stücke. Muh und Ruth schwammen im Glück. Ein halbes Jahr genug Fleisch.

– Harter Winter –

Neben den sowjetischen Soldaten waren nach dem Krieg auch Inspektoren ins Land gekommen. Sie sahen nach allen möglichen Dingen, die beim Aufbau des Sozialismus in der Sowjetunion nützlich sein könnten. Hauptsächlich Maschinen aus der Schwer- und Kraftwerksindustrie getreu nach der von den Genossen Lenin und Stalin ausgegebenen Devise: „Schwerindustrie und Elektrifizierung ist der beste Weg zum Kommunismus" – oder so ähnlich. Alles andere wie Essen und Kleidung kämen dann von ganz allein. Die Russen demontierten ganze Fabriken, lange Güterzüge mit Maschinen fuhren als Wiedergutmachung für die Kriegsschäden in Richtung Moskau.

In Rosenberg demontierten sie nur Teile der Maschinenfabrik, die bis zum Krieg Geräte und Maschinen für Zuckerfabriken gebaut hatte. Die MIFA rührten sie nicht an, sie arbeitete sogar schon bald nach dem Krieg. Die meisten Fahrräder kamen in die Sowjetunion. Auch die Käsefabrik ließen sie ungeschoren. Wer in Russland würde schon stinkigen Harzer Käse essen? Um Käseschmidt und seine Fabrik kümmerte sich die neue Obrigkeit nicht so sehr. Man war wohl froh, dass dort gearbeitet wurde. Lebensmittel waren wichtig für das Volk.

Es wurde ein kalter Winter, angeblich der kälteste seit hundert Jahren. Kurz nach Weihnachten fing die Kälte an. Der Schnee lag selbst in der Stadt bald meterhoch. Dörfer waren tagelang von der Außenwelt abgeschnitten, manche hatten keinen Strom, weil die Freileitungen zerrissen waren. Alle Betriebe, die noch irgendwie gearbeitet hatten, mussten schließen. Es gab nicht genug Brennmaterial, um die Arbeitsräume zu heizen. Muh schippte tagelang Schnee, um aus dem Haus zu kommen.

Auch Schulen, Kindergärten, Rathaus und Parteihaus wurden geschlossen. Das öffentliche Leben war tot. Die Kinder genossen in den ersten Tagen den Schnee. Doch bald gab es ernsthafte Probleme. Die Milchfrau kam nicht mehr. Bei der Kälte fror die Milch, auch die Ziege, die den Milchwagen zog, mochte die Kälte nicht. Zum Glück hatten Muh und Ruth noch genug Brennmaterial. Von Franke bekamen sie Holzspäne und Sägemehl, im Garten hatten sie im Herbst einen alten Pflaumenbaum gefällt, den sie jetzt nach und nach zersägten und zerhackten. Vom Bahnhof hatte Ruth in einer dunklen Herbstnacht Briketts organisiert. Durch die allabendliche Stromsperre, immer zwei, manchmal drei Stunden, verbrauchte sich aber langsam der große Vorrat an Kerzen, der noch im Haus war. Deshalb besorgte Ruth zwei von diesen neuen Wunderkerzen, die der Bruder von Käseschmidt erfunden hatte. Eine Glasröhre mit Docht, in der man Öl unterschiedlichster Art verbrennen konnte. Es funktionierte mit fast allen flüssigen Fetten, stank aber bei manchen schrecklich. Schmidt versuchte, seine Erfindung patentieren zu lassen. Er hatte sogar jemanden gefunden, der ihm die Dinger herstellte. In der Stadt hieß er deshalb Funzelschmidt. Zur besseren Unterscheidung von seinem Bruder, dem Käsefabrikanten. Den nannte man Käseschmidt.
An manchen Tagen waren es 30 Grad Kälte. Vögel fielen tot vom Himmel. Alle Teiche froren zu, sogar die Gonna hatte eine dicke Eisschicht. Die Leute, die an der Gonna wohnten, konnten tagelang nicht aufs Klo, weil die Abflüsse vereist waren. Sie mussten alles in Nachttöpfe machen und ins Freie kippen. Auf dem Dreierteich im Rosarium rutschten die Kinder auf Schlittschuhen, spielten mit Gehstöcken Eishockey oder sie schlitterten einfach so.
Die Hühner wurden ins Haus geholt und saßen unter der Treppe. Die ersten Tage gab es keine Probleme, aber bald stank das ganze Haus nach Hühnerdreck.

„So eine Schweinerei", schimpfte die Maleton, „wozu zahlen wir Miete?"

„Wegen der zehn Mark Miete", erklärte Ruth, „lassen wir unsere Hühner nicht erfrieren. Sie haben von uns auch schon mal Eier gekriegt?"

Daraufhin war das Gespräch beendet.

Im Februar musste gewaschen werden, es war nicht mehr zu umgehen. In den Schränken gab es keine frischen Sachen mehr. Muh trug ihre Unterhosen schon acht Tage auf dem Leibe. Ruth regte sich heftig darüber auf. Soweit sei es noch nicht, sagte sie, dass man leben und riechen müsste, wie die Schweine.

Muh machte die große Wäsche auf dem Hof, das Wasser war zum Glück warm, aber das Spülwasser fror im Waschzuber und musste immer wieder aufgeschlagen werden. Zwei Tage stand Muh in der Kälte. Zwei Hosen, drei Pullover übereinander. Ruth half ihr. Als der Hof schließlich voll Wäsche hing, waren beide ganz durchgefroren. Auch die Wäsche war in wenigen Minuten steif gefroren.

Die Straßen in der ganzen Stadt waren spiegelglatt. In der Marienstraße stürzte das Pferd vom Kohlenhändler Schrecke. Einen halben Tag taten Schrecke und seine Leute alles, um das Pferd wieder auf die Beine zu stellen. Am frühen Abend sperrte die Polizei die ganze Straße ab. Ein sowjetischer Offizier wurde geholt, der gab dem armen Tier den Todesschuss. Die Blutlache war noch tagelang auf dem Eis zu sehen.

Ruth lief gleich zum Pferdefleischer am Wassertor und bestellte vier Kilo Fleisch von diesem Pferd. Feines mageres Muskelfleisch. Muh war entsetzt, wie kann man nur das Fleisch von diesem armen Tier essen? Ruth machte einen großen Topf Pferdegulasch mit viel Zwiebeln und aß alles allein in einer Woche auf.

Marie kam jetzt in der Kälte mit den Kindern. Die Schulen waren geschlossen, es gab in Halle keine Kohlen und sie hatte nicht genug Brennmaterial oder genug zu essen. Ihre Kinder

hatten schon Mangelerscheinungen, besonders um Axel machte Marie sich Sorgen. Als Ruth das Baby sah, war sie entsetzt. Es hatte schon einen Hungerbauch. Muh war voller Kummer über den Zustand ihrer Enkel und Ruth wütend auf ihren Schwager Richard.
Dieser hatte Marie darum gebeten, einen Hut zu besorgen. Er in seiner Stellung musste doch einen Hut haben. Ruth war außer sich. Sein Kind verhungert und er denkt an Hüte und seine Habilitation.
Die Vorräte im Haus schmolzen wie Eis im Frühling. Von dem Schwein war am Ende des Winters nur noch ein Viertel da. Als Muh Marie noch eine Bratwurst für Richard mitgeben wollte, riss Ruth ihr die Wurst aus der Hand.
„Wenn der Wurst essen will, soll er selber dafür arbeiten!"
„Hast ja recht", sagte Marie mit Tränen in den Augen.
Muh war ärgerlich: „Der arme Mann braucht doch Nahrung für seine schwere geistige Arbeit." Ruth zog alle Register. „Ich arbeite wie ein Pferd", schrie sie, „niemand nimmt Rücksicht auf mich. Aber auf den künftigen Professor. Was wollt ihr denn machen, wenn ihr mich nicht hättet?"
Muh gab klein bei. Marie war alles schrecklich peinlich, sie heulte und jammerte. Ein paar Tage später fuhr sie mit den Kindern zurück nach Halle.
Mitte März kam plötzlich heftiges Tauwetter, das Schneewasser aus dem Harz füllte die vielen kleinen Flüsschen bis in die Goldene Aue. Die Gonna, sonst ein schmales Rinnsal, wurde binnen weniger Stunden zum reißenden Strom. Die Kinder liefen alle runter zum Fluss, weil sie das Wasser unheimlich aufregend fanden. Sie waren zufällig mitten auf der Brücke am Wassertor, als die Gonna über die Ufer trat.
Die Straßen links und rechts des Flüsschens waren schon beinahe einen halben Meter hoch überschwemmt, als die Eltern begannen, die Kinder zu suchen. Sie waren ziemlich aufgelöst, als sie die Wassermassen sahen. Ruth, in Gummistiefeln, lief den

ganzen Fluss entlang, bis sie die Kinder schließlich auf der Brücke sah, deren mittlerer Teil noch aus den Fluten ragte. Ruth ging beherzt durch die Wassermassen auf die Brücke zu. Maleton und einige andere Männer gingen hinterher. Die Kinder, die über die Aufregung der Großen ganz verwundert waren, wurden auf dem Rücken oder unter dem Arm ans Ufer getragen. Das gab eine Schlagzeile in der Zeitung des folgenden Tages: „Acht Kinder wurden von mutigen Eltern aus den Fluten der Gonna gerettet."
Die abgeschnittenen Dörfer im Harz konnten endlich wieder erreicht werden, die Nachrichten von dort waren zum Teil erschreckend. Viele ältere Leute waren gestorben, die meisten an Unterkühlung.
Die ganze Goldene Aue stand unter Wasser, nur kleine Anhöhen, Bäume und hochgelegene Straßen ragten über das Wasser hinaus. Nun hätten eigentlich die Äcker bestellt werden müssen, doch selbst als das Wasser nach vielen Tagen abzog, war die Erde noch viel zu nass. Am schlimmsten war es für die neuen Kleinbauern aus dem Osten. Wenn die ihre Felder nicht bestellen konnten, würden sie hungern müssen.
Der Zustand des Gartens war deprimierend nachdem das Wasser abgelaufen war. Der Boden sumpfig, die jungen Bäume, die Großvater Nikolai noch vor dem Krieg gepflanzt hatte, waren alle erfroren. Auch die meisten Kräuter von Anne Schauder hatten nicht überlebt. Muh musste Wochen warten bis sie im Garten arbeiten konnte. Es war viel zu spät in der Pflanzperiode.
Auch für die Küken war es im März noch zu kalt, Muh hielt sie deshalb die ganze Zeit in der geheizten Wohnstube. Ruth nahm sie manchmal sogar nachts mit ins Bett. Die meisten Kücken starben dennoch. Es schien als hätten sie irgendeine ansteckende Hühnerkrankheit. Das Jahr begann irgendwie deprimierend.
In diesen Wochen gab es schreckliche Aufregung und Trauer in der Stadt. Die Kleine von Schmieders war an der Scharfen

Ecke in ein Auto gerannt und sofort tot. Ruth erfuhr die schreckliche Nachricht von Ella. Ein paar Wochen zuvor hatten sie das Kind noch aus den Fluten der Gonna gerettet.
Fiedel sollte jetzt in den Kindergarten, auch wenn er nicht wollte. Er musste, weil Ruth zu wenig Zeit für ihn hatte. Es dauerte nicht lange und er begann den Kindergarten zu hassen. Immer wieder ärgerten ihn Kinder, weil er stotterte und er hatte noch nicht die richtigen Mittel, sich zu wehren. Doch der kleine Rader und Schmieders Barbara nahmen ihn manchmal in Schutz, wofür er dankbar war.
Im Kindergarten wurde viel gebastelt und gesungen, dennoch langweilte sich Fiedel. Vor allem weil er meinte, dass die meisten Kinder überhaupt nicht singen konnten. „Die singen nicht mal zweistimmig", beschwerte er sich bei Ruth.
Fiedel war ein munterer, sehr neugieriger kleiner Junge. So gab er nicht eher Ruhe, bis er sein liebstes Märchenbuch allein lesen konnte. Da war er fünf. Morgens wenn er noch im Bett lag, zählte er von eins bis hundert. Es dauerte nicht lange und er kam schon bis tausend. Er hatte einen kleinen Heimatatlas. Mit fünf wusste er alle Dörfer im Kreis und alle Flüsse und Städte in der Provinz Sachsen auswendig. Doch Fiedel war traurig, dass es mit dem Sprechen nicht besser ging. Auch das von Ruth immer wieder gemahnte langsam Reden half nicht. Nur beim Singen stotterte er nicht. „Sing doch", riet ihm Ruth manchmal, wenn er wieder heftig stotterte, das Gesicht verzerrte und sekundenlang kein Wort heraus bekam.
Ruth hatte ewig nichts von ihrem Mann Helmut gehört, die letzte Nachricht war noch aus Südfrankreich. Nun bekam sie einen Brief von einem Rechtsanwalt aus dem Schwäbischen. Darin wurde sie darüber informiert, dass ihr Mann die Scheidung wolle.
Ruth ging gleich zu Rechtsanwalt Grasshoff am neuen Schloss. Sie war mit der Scheidung einverstanden wenn er für Fiedel sorgt und die Prozesskosten zahlt. Kein halbes Jahr später war

sie geschieden. Ruth war nicht einmal traurig. Unterm Strich hatte sie schließlich den Nörgler und Schürzenjäger für einen kleinen Sohn eingetauscht. Ein paar Möbel hatte sie durch die Aufgabe der Wohnung in Berlin verloren. Das war alles. Nun sollte Fiedel auch endlich getauft werden. Ruth hatte es immer wieder hinausgeschoben, weil sie es für richtig hielt, dass der Vater dabei sei. Der war jetzt weg und also nahm sie die Angelegenheit selbst in die Hand. Das war Ruth sehr wichtig nach der Predigt von Karius. Sie und der Superintendent vereinbarten die Taufe zu Pfingsten.

Fiedel, mit weißem Hemd und Höschen, ganz stolz an diesem Tag. Selbst Muh's Schwester Gertrud mit ihrem Mann Otto und Schwägerin Lina aus dem Magdeburgschen kamen zu Besuch. Allerdings war dies eher Zufall. Eigentlich waren sie gekommen, um sich zu verabschieden, freuten sich aber, dass es bei dieser Gelegenheit ordentlich zu essen gab.

Otto war in der Westzone bei seiner alten Schulbehörde gewesen. Er hatte Anspruch auf Pension. Daher wäre es unklug gewesen, auf dem Dorf bei Magdeburg zu bleiben. Sie wollten zurück ins Siegerland, in Ottos Heimat. Nicht mehr nach Köln, wo sie vor dem Krieg gewohnt hatten. Dort gab es sowieso keine Wohnungen. Die Sowjets ließen sie legal mit Sack und Pack ziehen.

– Neue Sorgen –

Von Wally aus Hohen Neuendorf kamen wieder beunruhigende Nachrichten. Sie schrieb nichts genaues, hatte wohl Angst, der Brief könne von jemand anderem gelesen werden, doch es schien wieder irgendetwas mit Walter zu sein.
Muh fuhr gleich am nächsten Tag mit dem Zug nach Berlin. Unter die Röcke hatte sie Bratwürste gebunden und in der Tasche trug sie Brot, alles gut verpackt, damit man es nicht riechen konnte. Als Muh ankam, fand sie ihre sonst kühle, sachliche Schwester völlig aufgelöst und ängstlich vor.
Gleich nach dem Krieg war ihr Mann von den sowjetischen Kommandanten als kommissarischer Bürgermeister in Hohen Neuendorf eingesetzt worden und durch die nachfolgenden Wahlen bestätigt. Der Kommunist, der sich auch zur Wahl gestellt hatte, war weit abgeschlagen. Gegen Walter, den Verfolgten des Naziregimes, der reden konnte wie Cicero und Seneca zusammen, hatte der Kommunist keine Chance.
Jetzt hatte man Walter als Bürgermeister des Amtes enthoben, von den Kommunisten wurde er der Schieberei und Vorteilsnahme im öffentlichen Amt bezichtigt. Er saß in Untersuchungshaft in Oranienburg, nicht weit von dem Lager, wo er schon bei den Nazis gesessen hatte.
Den Anlass hatten die abgefahrenen Reifen eines Omnibusses gegeben, der jahrelang vom S-Bahnhof bis in die vier Kilometer entfernte Havelsiedlung gefahren war. Auch Walter und Wally gehörten zu denen, die auf diesen Omnibus angewiesen waren.
Reifen für Omnibusse waren in der sowjetischen Zone weder für Geld noch für Schieberware zu haben und mit guten Worten ließ sich schon lange nichts mehr ausrichten. Man brauchte Beziehungen, vielleicht auch begehrte Tauschgegenstände.

Walter fuhr nach Westberlin zu liberalen Freunden und erzählte dort von seiner Not. Sie brauchten ein wenig Zeit bis sie einen Weg gefunden hatten.
Da in Westberlin nichts dringender gebraucht wurde als Lebensmittel, kamen diese Freunde auf die Idee, einiges von den Jahresabgaben der größeren Bauern gegen die entsprechenden Reifen umzuleiten. Walter fand diese Idee gut, seine Mitarbeiter auch. Es dauerte nicht lange und die Reifen waren da. Kurze Zeit später wurde Walter verhaftet, zuerst hatte er keine Ahnung warum. Jemand aus seinem Rathaus hatte ihn verpfiffen. Neben der Schieberei wurde ihm unterstellt, er habe den Bus nur reparieren lassen, damit er und seine Frau bequem nach Westberlin fahren konnten.
Walter blieb Monate in Untersuchungshaft, Wally durfte ihn einmal im Monat besuchen. Das war wenigstens besser als bei den Nazis.
Muh blieb eine Woche, half Wally im Garten und redete ein wenig mit den Leuten. Auf der Rückfahrt besuchte sie noch Liese und deren Mann Hinrich. Die Fahrt durch Berlin war ein Alptraum. Alles war kaputt. Von den vielen Bombenangriffen hatte sie zwar gehört, aber so schrecklich hatte sie sich die Stadt nicht vorgestellt. Die Menschen, die sie sah, liefen scheinbar ziellos in der Gegend herum, sprachen andere an, taten so als suchten sie was. Muh brauchte einige Zeit bis sie verstand, dass die Leute nach Essen, vielleicht auch nach Zigaretten suchten.
Als sie bei ihrer Schwester ankam, die jetzt mit ihrer Familie in einer kleinen Kellerwohnung lebte, erfuhr Muh dass Willy in die Umgebung von Hannover gegangen war. Dort gab es wenigstens etwas mehr zu essen.
Die Eltern machten sich Sorgen. Vor dem Krieg hatte Willy noch ein Studium angefangen, jetzt aber alles aufgegeben. Auch hatte er kurz entschlossen geheiratet, ein Kind war unterwegs. Wovon wollten die nur leben?

Die verhungerten Gesichter ihrer Schwester und deren Familie machten Muh traurig. Sie bereute, nicht noch mehr Lebensmittel geschmuggelt zu haben. Alles hatte sie Wally gegeben. Ihr wurde bewusst, wie gut sie es auf ihrem Hof doch hatte. Das Leben in der Berliner Westzone war hart, die Sowjets hatten Westberlin von der Außenwelt abgeschnitten. Nur noch Schmuggelware und Rosinenbomber kamen in die Stadt. Im Tiergarten pflanzten sie Kohl und Kartoffeln, die man Tag und Nacht bewachte. Diebe wurden gnadenlos verprügelt.
So fuhr Muh, voll gepackt mit Sorgen über ihre beiden Schwestern, wieder nach Hause. Sie war die Älteste und hatte sich immer irgendwie für ihre kleineren Geschwister verantwortlich gefühlt. Jetzt war sie beinahe verzweifelt, weil sie nicht helfen konnte. Die einzige Hoffnung waren Zeit und Geduld. Doch die Nachrichten von Wally wurden nicht besser. Deshalb fuhr auch Ruth mit Fiedel im Sommer ein paar Tage nach Berlin. Bei der Fahrt durch die Stadt war Ruth genau so entsetzt wie Muh ein paar Monate vorher. Es gab Stellen, die sie nicht wieder erkannte. Zum Glück war jetzt die Blockade der Stadt vorbei. Es gab wieder mehr zu essen.
Ruth blieb zunächst zwei Tage bei Taubers, die sich mächtig über ihren Besuch freuten, kannten sie den kleinen Fiedel doch noch nicht. Danach ging es weiter zu Wally.
Walter saß noch immer in Untersuchungshaft, doch Wally hatte ihn mehrere Monate nicht mehr gesehen, weil man ihr die Besuchserlaubnis entzogen hatte. Diese Maßnahme konnte mehrere Erklärungen haben: Entweder war es Schikane oder Walter konnte nicht gezeigt werden. Vielleicht hatte man ihn geschlagen. Den Gedanken, dass der Onkel vielleicht auch tot sein könnte, sprach Ruth lieber nicht aus. Auch sie hatte Wurst und Schinken mitgebracht, den Rest, der vom Schwein übrig geblieben war. Das trieb Wally erneut die Tränen in die Augen, war doch die Wurst, die Muh vor Monaten mitgebracht hatte, schon längst wieder alle.

Ruth half Wally bei der Arbeit. Sie nahm sich besonders der störrischen Ziege Rieke an, die sich in ihrer Bockigkeit zunächst nicht melken lassen wollte, sogar den Melkeimer umstieß. Nach drei Tagen hatte Ruth das Tier im Griff. Nur Fiedel mochte dieses Tier nicht leiden. Wenn die Ziege ihn sah, nahm sie Anlauf, gleichgültig ob sie angebunden war oder nicht. Einmal rammte sie dem Kleinen ihre Hörner so in den Leib, dass er weinend am Boden liegen blieb. Ruth hatte Sorge, dass er verletzt ist, aber außer einer Prellung war glücklicherweise nichts weiter geschehen.

Eines Tages stand plötzlich Walter vor der Tür, man hatte ihn vorzeitig entlassen. Er sollte, nachdem er bereits ein halbes Jahr in Untersuchungshaft verbracht hatte, den Rest seines auf ein Jahr festgesetzten Urteils im Oranienburger Gefängnis absitzen. Dort gründete er mit einem halben Dutzend Kleinganoven, die mit ihm in einer Zelle saßen, eine Art Chor. Er hatte mit ihnen geistliche Choräle eingeübt, um die kommunistischen Aufseher zu malträtieren. Der Gesang klang schrecklich, stundenlang war aus der Zelle das Gegröle in schrecklich falschen Tön zu hören. Daraufhin ließ man Walter Popp nach einer Woche wieder frei. Endlich war er zu Hause, abgemagert und ziemlich herunter gekommen, aber er war da.

– Neue Hoffnungen –

Dr. Erhard, der ehemalige Arzt vom Markt und Schulfreund von Ella Geert, kam drei Jahre nach dem Krieg endlich aus russischer Gefangenschaft zurück. Eines Abends hatte er vor der Tür gestanden. Seine Frau erkannte ihn zunächst nicht. Dieser einst so große Kerl mit dem ewig fröhlichen Jungengesicht, das voller Schmisse aus seiner Marburger Studienzeit war, sah ganz eingefallen und mager aus. Erst als sie die Schmisse sah, fiel sie ihm um den Hals und lachte und heulte gleichzeitig. Nie hatte sie die Hoffnung aufgegeben, immer den vier Kindern versichert: „Papa kommt nach Hause!" Doch als sie dann monatelang nichts mehr von ihm hörte, wollte sich die Verzweiflung in ihr breit machen.

Erhards Vater hatte seine Praxis auf dem Markt gehabt, die wollte der Heimkehrer jetzt wieder aufmachen. Die ganze Stadt atmete auf, ein weiterer Doktor war dringend erforderlich. Doch es dauerte noch Monate bis alle Papiere zusammen waren. Als es endlich an die Eröffnung ging, fragte er Ella nach einer Krankenschwester.

„Nimm Ruth", sagte sie, „du findest keine bessere."

Ein paar Tage später trafen sie sich in der künftigen Praxis Ruth guckte in dieses abgemagerte Jungengesicht. Sie hatte ihre Zeugnisse mitgebracht.

„In Marburg haben Sie gelernt", stellte Erhard fest und zog dabei seine Augenbrauen hoch, „zweiunddreißig bis sechsunddreißig?"

„Ja", antwortete Ruth, „in Marburg."

„Schade, wir hätten uns treffen können, ich habe damals dort studiert."

Ruth war überrascht, aber sie sagte gleich: „Ich glaube nicht, dass wir uns getroffen hätten. Wir Schülerinnen wohnten im Mutterhaus bei den Diakonissen."

„Ach du je, Ihr Armen."
„Tja, nie Ausgang. Höchstens mal sonntags zur Kirche, aber immer unter Aufsicht", sagte Ruth lächelnd.
„In welchen Kliniken waren Sie?"
„Die meiste Zeit auf der Inneren…"
„…bei Motzenbecher?", fiel ihr Erhard ins Wort.
„Ja, bei Professor Motzenbecher." Ruth war irritiert.
„Der gute Motzenbecher", meinte Erhard, „er war mein Doktorvater. Wussten Sie, dass seine Familie von hier kommt? Ganz aus der Nähe, aus Allstedt."
„Nein, das wusste ich nicht", sagte Ruth, „aber das ist auch kein Wunder, wir Schülerinnen haben ja nie, nicht ein einziges Mal mit dem geredet. Wir waren zwar jeden Tag da, aber der hat uns einfach übersehen."
Erhard seufzte. „Ja", sagte er, „so war das damals."
Sie redeten noch über Ruths Zeit in Berlin im Virchow Krankenhaus und im Lazarett, dann über den Krieg. Neunzehnhundertvierzig war er eingezogen worden. Erst nach Frankreich, dann hatten sie seine Kompanie nach Russland geschickt. Er hatte immer Glück gehabt und war mit seinem Sanitätszug meistens ein, zwei Kilometer hinter der Front. Seit Stalingrad war er in Gefangenschaft gewesen. Zum Glück im Süden der Ukraine. Als einziger Arzt im Lager musste er pausenlos die Kameraden versorgen. Schrecklich war es, es gab Typhus, Ruhr und sogar Malaria. Und immer wieder Knochenbrüche oder offene Wunden von der schweren Arbeit. Ärztliches Gerät und Medikamente waren nicht oder so gut wie nicht vorhanden. Manchmal, so sagte er, sei er sich vorgekommen wie im Mittelalter.
Von Ella wusste Ruth, dass Erhard in der Nazizeit nicht in der Partei gewesen war, die ganze Familie nicht. „Warum waren Sie so lange in Gefangenschaft?", fragte sie.
Erhard zuckte mit den Achseln. „Keine Ahnung. Ich war Leutnant gewesen, sagte er, vielleicht brauchten sie einfach nur

einen Arzt. Ich hätte mich dumm anstellen können, dann wäre ich eventuell früher hier gewesen. Das ist aber nicht so meine Art." Schließlich fragte er Ruth: „Wie sieht es aus, wollen Sie?" „Ja", antwortete sie, „aber erstmal nur halbe Tage. Die Nachmittage bin ich bei den Bauern auf den Feldern." Erhard war einverstanden, er wollte ohnehin vorsichtig sein, weil er noch nicht übersehen konnte wie sich die Praxis entwickeln würde. Für den Schreibkram würde Ella zuständig sein, für Verbände und Spritzen Ruth.
In den nächsten Wochen gingen sie dran, die Praxis wieder benutzbar zu machen. Ruth und Ella gingen jeden Tag ein paar Stunden in die Praxis. Ruth kümmerte sich besonders um die Geräte und Instrumente. Alles Gerät vom alten Erhard war nach dessen Tod sorgfältig verpackt worden, aber nach zehn Jahren war vieles nicht mehr zu gebrauchen. Die verchromten Stücke waren rostig geworden, der Chrom zum Teil abgeplatzt. Alle Scheren und Skalpelle brachte sie zum Scherenschleifer in die Jakobstraße. Der freute sich über die Arbeit, aber vieles war nicht mehr zu retten. In irgendwelchen Kisten fanden sich Berge von Binden. Die meisten gebraucht und zum Teil schmutzig. Frau Erhard wusch hunderte von Binden. Die Wäscheleine auf dem Hof hing voller Verbandsmaterial. Am Abend saß Ruth da und wickelte stundenlang Binden.
In Erhards Hof stand ein alter Wagen, der noch seinem Vater gehört hatte. Mindestens sechs Jahre war das Auto nicht gefahren worden. Autoschlosser Jäger musste her und das Vehikel zum Fahren bringen. Acht Tage schraubte er an dem Rosthaufen rum, dann lief er wieder.
Kurz vor Weihnachten ließ Erhard die Wände streichen und alle Räume, Fenster und Türen noch einmal sorgfältig putzen. Schließlich war alles so weit vorbereitet und eingerichtet, dass man die Praxis eröffnen konnte. Ein kleiner Stehimbiss zur Eröffnung mit belegten Brötchen und Bier war für

einen der letzten Dezembertage vorgesehen. Am zweiten Januar wurde die Praxis eröffnet.
Muh wurde schon vor den Weihnachtsfeiertagen Erhards erste Patientin.
Kurz vor Weihnachten bekamen Ruth und Muh von Höfers eine große Fuhre Zuckerrüben aus denen sie Sirup machten. Muh rührte die ganze Nacht Sirup und setzte sich dabei von vorn der glühenden Hitze, von hinten dem eisigen Frost aus. Am nächsten Morgen war sie schlapp, am Nachmittag hatte sie Fieber. Muh wollte nicht mehr essen, trinken oder reden. Nicht mal Süßes wollte sie. Das hieß, sie war wirklich krank! Ruth holte noch am späten Abend Erhard. Der kam sofort, untersuchte Muh, ging mit Ruth ins Nebenzimmer und diagnostizierte: „Lungenentzündung. Auf beiden Seiten. Wenn sie stark ist, schafft sie es."
Muh war fast siebzig, doch sie hatte immer ein eisernes Herz. Dennoch bekam es Ruth mit der Angst zu tun. Sie hatte zu oft in ihrem Leben gesehen wie Leute in diesem Zustand gestorben waren. Sie brauchte Muh.
„Es gibt ein neues Mittel", sagte Erhard, „ich kenne es nicht, habe nur davon gehört. Es heißt Penicillin oder so ähnlich. Es ist nur im Westen zu kriegen und verdammt teuer. Wenn Sie eine Möglichkeit haben? Sonst fällt mir nur Warten, Hoffen und Beten ein. Na ja, und Aspirin und Wadenwickel."
Ruth lief noch in der Nacht zu Superintendènt Karius und klingelte ihn aus dem Bett.
Sie schüttete ihm sein Herz über Muh und das neue Wundermittel aus. Karius dachte nicht lange nach: „Morgen geht ein Kurier nach Berlin. Der fährt sowieso."
„Und wie soll ich das bezahlen?", fragte Ruth verzweifelt. „Das Zeug soll teuer sein."
„Die Mutter Kirche wird davon nicht arm werden", meinte Karius verschmitzt. Ruth wäre ihm am liebsten um den Hals gefallen und hätte ihn geküsst. ‚Manchmal', dachte sie, ‚gibt

es irgendwo doch einen Schutzengel und behütet mich und die Meinen.' Dennoch blieb Ruth zunächst zwischen Bangen und Hoffen. Muh hatte jetzt schon vierzig Fieber und regte sich kaum noch. Alle zwei Stunden machte Ruth Wadenwickel. Ihre Mutter lag einfach nur noch da, aß nichts und trank nichts. Ruth saß Tag und Nacht an ihrem Bett. Drei Tage später, am Heiligen Abend, kam das Wundermittel. Karius brachte es selbst vorbei. Erhard kam sofort, während Ruth selbst die Spritze aufzog. Es war ein milchiges Zeug, von dem alle drei Stunden eine gewisse Menge gespritzt werden musste. Am Abend kam Erhard erneut. Er wollte sehen, wie dieses Mittel wirkt. Da regte sich Muh plötzlich und sagte leise: „Wasser." Ruth stand wie vom Donner gerührt, dann fiel sie dem Doktor um den Hals. Auch er war erleichtert, besonders da Muh noch nach einem Stückchen Kuchen fragte und sich das Fieber auf neununddreißig senkte. Es ging wie ein Lauffeuer durch die Stadt: „Erhard hat seine erste Patientin gerettet!"

Gleich in der ersten Woche war die Praxis Dr. Erhard völlig überfüllt. Viele der früheren Patienten von Erhards Vater kamen. Sie wollten ihre Wehwehchen zeigen oder einfach nur reden. Ruth arbeitete nicht wie ausgemacht, sondern gleich dreißig, fünfunddreißig Stunden. Alles für hundertfünfzig Mark Ost und dabei kostete ein Stück Butter fünf und ein Paar Schuhe achtzig Mark.

Mittwochs und sonnabends hielten sie Praxis in Grillenberg. Erhard nahm Ruth mit dem Auto mit. Morgens machten sie dort Praxis, am Nachmittag Besuche. Viele Bauern kannten Ruth, sie hatte sie verbunden oder sonst wie verarztet. Bei den meisten Besuchen fiel ein Stück Wurst ab, manchmal ein paar Eier oder ein Huhn. Oder sie bekamen ein Mittagessen oder ein Vesperbrot.

Plötzlich ging es der alten Frau Superintendent schlecht, sie klagte immer wieder über Magenschmerzen. Erhard kam jeden zweiten Tag und sah nach ihr. Er vermutete ein Magengeschwür. Es dauerte kein Vierteljahr, dann starb sie. Die Wohnung wurde von einer Nichte aufgelöst. Die beiden Zimmer, in der Frau Superintendent gewohnt hatte, bekamen Maletons.

– Schule –

Endlich kam Fiedel in die Schule. Mit Fritzchen und Inge Maleton saß er in einer Klasse. Aber auch hier dauerte es nicht lange und er langweilte sich schrecklich. Er fing an dumme Bemerkungen zu machen, weshalb er sich in die hinterste Bank, die Eselsbank, setzen musste.

Das schönste an der Schule war, dass es manchmal Kino gab. Die Hausmaus und die Feldmaus. Das hätte es jeden Tag geben können. Alles andere langweilte ihn.

Zu Hause beschäftigte er sich damit, einen exakten Stadtplan von Rosenberg auf einen riesigen Bogen Papier zu zeichnen, nach bloßem Gedächtnis. Ruth verstand den Jungen nicht.

„Warum machst du das?", wollte sie wissen.

„Das macht mir Spaß", erklärte er. Mehr war aus ihm nicht heraus zu holen. Als Fiedel nach ein paar Wochen mit seinem Plan fertig war, verglich Ruth ihn mit dem richtigen Stadtplan. Es war eine originalgetreue Abbildung, nur der Verlauf der Gonna war an einzelnen Stellen nicht ganz richtig.

Für Ruth war das ein Rätsel. Woher kann der Junge das? Und wieso zeichnet der einen Stadtplan?

In Fiedels Klasse hatte die Lehrerin damit begonnen, gemeinsam mit den Schülern Bastelarbeiten anzufertigen, die nach China geschickt werden sollten. Dort hatte in diesen Tagen Mao Tse Tung gesiegt und das neue kommunistische China gegründet. Alle Fabriken legten aus Solidarität zum neuen Staat Sonderschichten ein. Selbst in den Krankenhäusern wurde gesammelt und sich verpflichtet, die Todesfälle um zwanzig Prozent zu senken. Ruth ahnte, dass ihr Traum, einmal auf der chinesischen Mauer zu stehen nun noch unerreichbarer wurde, als er es bisher gewesen war.

Die Lehrerin schlug vor, die Jungen sollen beispielsweise einen Baukasten aus Holzklötzen herstellen oder Drachen bauen. Die

Spielsachen würden dann den chinesischen Kindern geschickt werden, die angeblich noch nie ein Spielzeug in der Hand gehabt hatten. Fiedel fand das alles nicht besonders interessant. Muh hatte ihm, nachdem sein Stadtplan fertig war, das Stricken beigebracht und nun wollte er nur noch Topflappen stricken. Schließlich lieferte Fiedel in der Schule ein Dutzend von ihnen ab, ebenso wie einige Mädchen aus seiner Klasse. Es fand eine wahre Inflation von Topflappen statt. Hätten alle Schulkassen der Republik ähnliche Ergebnisse erzielt, wäre der Topflappenbedarf in China für Jahre gedeckt gewesen.

Mit der Lehrerin hatte Fiedel immer Probleme. Erst schimpfte sie, dass er als Junge die Topflappen gestrickt hatte, dann dass die der Mädchen viel schöner seien. Auch hatte sie keine Geduld mit ihm, wenn er ins Stottern geriet, sobald er einmal etwas nicht wusste. Allerdings kam dies selten vor. Denn obwohl er sich für das meiste in der Schule nicht interessierte, waren seine Noten immer gut.

Die Schule wurde so langweilig für ihn, dass er manchmal nicht mehr hin ging. Dann bummelte er in der Stadt herum und guckte sich die Straßen für seinen Stadtplan an. Er aß Eis, manchmal drei, vier mal am Tag. Das Geld hatte er aus Muhs Tasche stibitzt. Mutter war bei der Arbeit, sie merkte nichts und Muh war meistens im Garten.

Auf dem nächsten Zeugnis standen einundzwanzig unentschuldigte Fehltage. Ruth war außer sich und es gab eine Tracht Prügel, die sich verdoppelte, als sie von den Besuchen in den Eisdielen und dem dafür gestohlenen Geld erfuhr.

Am Jahresende gab es ein weiteres Gespräch mit der Lehrerin. Sie, ein junges, aber strenges Fräulein mit schmalen Lippen und Parteiabzeichen, war der Meinung, dass das Stottern auf einen seelischen Defekt zurück zu führen sei. Eine Erschütterung im Mutterleib, vielleicht auch Alkoholismus in der Familie. Sie empfahl Ruth die Sonderschule. „Mag sein, dass er nicht dumm ist", sagte sie, „aber schon das Stottern. Für die normale Schule ist der Junge jedenfalls nicht geeignet."

„Sie sind doch nicht ganz dicht", empörte sich Ruth in ziemlicher Lautstärke, „wenn sie mit Kindern nicht umgehen können, lernen Sie was anderes. Vielleicht Putzfrau oder Schweinezüchterin."
Daraufhin fing auch die Lehrerin an zu schreien, doch Ruth konnte besser schreien. So dauerte es nicht lange und die Lehrerin wurde an eine andere Schule versetzt, sie hatte sich wohl auch bei anderen Eltern unbeliebt gemacht.
Der Musikunterricht bei Fräulein Mache war das einzige, das Fiedel wirklich Spaß machte. Das Fräulein hatte sich die Arbeit mit Kreuziger geteilt. Sie machte Kinderchor, Flötengruppe und Posaunenchor, er den großen Kirchenchor. Fiedel sang bei ihr im Kinderchor und flötete, lernte rasend schnell die Noten und schwärmte für das Fräulein, es wurde seine erste kleine Liebe neben Ruth, die jedoch einen heftigen Bruch erlitt, als Fräulein Mache heiratete und die Stadt verließ.
Fiedel hatte eine hinreißend schöne Stimme und kam bis zum dreigestrichenen D. Fräulein Mache sprach deshalb mit Ruth. Vielleicht sollte der Junge später zu den Thomanern oder den Kruzianern gehen. Fiedel träumte davon. Das wäre was anderes als Sonderschule. Doch Ruth sagte „nein", sie wollte ihn nicht schon mit zehn verlieren.
Nach der Hochzeit des Fräuleins war nur noch Kantor Kreuziger da, der jedoch plötzlich verhaftet wurde, weil er in der Kneipe nach einem Bier zuviel wieder einmal über die Polen her zog. Gleich in der Kneipe hatten sie ihn festgenommen. Überall waren jetzt Spitzel. Zwei Jahre Bautzen, die Frau war dauernd am Heulen. Sie hatte zwei Kinder in Fiedels Alter und jünger, und keine Ahnung, wie sie die versorgen sollte. Noch dazu wurde jeder Gang durch die Stadt für sie zum Spießrutenlaufen, weil jeder von ihrem Mann als altem Suffkopp und Volksverhetzer sprach.
Den Orgeldienst machte jetzt Fräulein Maches Vater aus Eisleben, der pensionierte Kantor.

– Neues Leben –

Auf dem Brühl entstand ein Bergwerk. Unter der ganzen Region lag ein Kupferflöz, das Bürger der Stadt – unter ihnen auch Großvater Nikolai – schon sechzig Jahre zuvor erschließen wollten. Sechshundert Meter tief hätte der Schacht werden müssen. Damals war nach einhundertfünfzig Metern Schluss. Es gab kein Geld mehr und Großvater Nikolai verlor sein erstes Vermögen.

Als Muh nun die Transparente und Schlagzeilen sah, in denen davon die Rede war, bis zum Jahr so und so die erste Tonne gefördert zu haben, musste sie an ihren Vater denken und lachen. „Da werden sie wohl mehr reinstecken müssen als sie rausholen können", sagte sie.

Mit diesem Projekt wollte sich die junge DDR tatsächlich vom Weltkupfermarkt lösen. Koste es was es wolle. Außerdem sollten mit diesem Kupfer auch die Kriegsschulden gegenüber den sowjetischen Freunden bezahlt werden.

Bergarbeiter aus der ganzen sowjetischen Zone wurden angeworben, im Nordosten der Stadt entstand die Ostsiedlung für die Gastarbeiter. Jede Wohnung mit Küche, Bad und Wasserklo. Für manche war es ein bisschen wie Schlaraffenland. Viele der neuen Kumpel waren Flüchtlinge aus Schlesien oder Kleinbauern aus dem Harz. Die Zahl der Einwohner stieg, obwohl gleichzeitig viele Menschen aus der Stadt in die Westzonen verschwanden. Auf dem Brühl wurde Tag und Nacht gearbeitet. Der riesige Förderturm wuchs und wuchs, nachts sprühten die Funken von den Schweißarbeiten.

Als die Produktion begann, kippten sie den Abraum einfach in die Landschaft. Eine Tonne Kupfererz, das hieß zwanzig Tonnen Abraum. Es dauerte nicht lange bis das Tal hinter dem Schacht zugekippt war. Nicht nur die Nikolais waren fast jeden Sonntag dort gewesen und hatten im Sommer Bee-

ren, im Herbst Pilze gesammelt. Die ganze Stadt war wütend über diese sinnlose Zerstörung der Natur.
Die neue Obrigkeit demontierte auch frühere Relikte und veränderte so das Stadtbild. Denkmäler aus der Kaiserzeit wurden abgerissen, an verschiedenen Gebäuden die Reichsadler abgehauen. Es gab Gerüchte, der Kyffhäuser werde gesprengt. Das Denkmal blieb lange gesperrt, die Rothenburg in der Nachbarschaft über Jahre ebenfalls. Angeblich waren die Sprenglöcher am Denkmal schon gebohrt. Die neue Republik brauchte das Kupfer vom ollen Wilhelm. Man kam mit der Kupferlieferung nach Russland nicht nach. Die Gerüchte um das Denkmal beunruhigte die ganze Umgebung. Heimlich hinter vorgehaltener Hand sagte man, wenn das passiert, stehen alle auf. Wie im Bauernkrieg mit Sense und Morgenstern.

Das Denkmal wurde nicht gesprengt. Unten im Foyer brachten sie später ein Bronzerelief an über die historische Entwicklung der Menschheit aus sozialistischer Sicht. Da gab es genug Gelegenheit sich über Fürsten, Junker und Imperialisten auszulassen.

Die ersten Wahlen in der DDR fanden statt. Überall hingen Plakate: „WILLST DU KRIEG ODER FRIEDEN?" ,Was für eine dusselige Frage?' dachte Ruth. Am Wahlsonntag fuhren sie, Fiedel und Muh nach Roßla und wanderten über den Bauerngraben nach Questenberg. Der Bauerngraben war ein periodischer See, manchmal leer, manchmal voll. Niemand wusste genau wann und warum. Von Geologen war der See oft genug untersucht worden. Das einzige, was man mit Sicherheit wusste war, dass der ganze Untergrund im Südharz hohl ist, weil er aus ausgeschwemmten Gipsfelsen besteht.

Dieses Mal war der Graben voll und Ruth nutzte das schöne Wetter und ging ins Wasser. Fiedel planschte am Rande des Sees und ärgerte sich ein bisschen, dass er nicht schwimmen konnte.

Als die Familie abends nach Hause kam, stand schon eine Gruppe Parteifunktionäre an der Tür.

„Wieso haben Sie noch nicht gewählt? Sind Sie für einen neuen Krieg?", wurden Muh und Ruth in strengem Ton gefragt.

„So was Dummes", entrüstete sich Ruth, „wie kann man für Krieg sein?"

Die beiden wurden aufgeklärt: Die Amerikaner testen seit Monaten Atombomben. Wozu wohl? Natürlich um die Sowjetunion zu überfallen. Auch die Kriegstreiber der Bonner Ultras wollen Krieg, Krieg gegen die junge DDR. Wer nicht für den Frieden stimmt, ist für diese Kriegstreiber.

Das waren schlagende Argumente, die Muh und Ruth sofort überzeugten. Obwohl es schon acht Uhr war, durften sie noch wählen und machten beide ihr Kreuz für den Frieden.

– Axel –

Da sich das Problem der Ernährung noch immer nicht recht lösen ließ, gab Marie den kleinen Axel zu Muh und Ruth nach Rosenberg. „Bis zur Schule", hatte Muh mit Marie ausgemacht. Er hatte noch ein Jahr Zeit.
Der Junge aß vieles nicht und mäkelte an allem herum. Er war das ganze Gegenteil seiner Geschwister, die alles was irgend genießbar war verspeisten, sogar Regenwürmer. Axel dagegen wollte eigentlich nichts anderes als Spiegelei und Salzkartoffeln. Keine Zwiebeln, kein Fleisch, keine Pilze, kein Gemüse. Muh war oft ratlos, zumal alles was sie kochte sowieso grauenhaft schmeckte.
Sonst war der Junge ein verspieltes naives Kind, das Geschichten von kleinen Engelchen, Zwergen und Wichtelmännern liebte. Wenn Fiedel ihn mit auf den Spielplatz nahm, war er wie ein Klotz am Bein und Fiedel ärgerte sich mächtig über ihn. Manchmal spielte er allein stundenlang in irgendeiner Ecke und vergaß alles um sich herum. Das halbe Haus suchte ihn dann, bis man ihn beispielsweise in der Standuhr fand, wo er beobachtete wie sich das Pendel bewegte. Oder er saß im Hühnerstall, wo er den Hühnern unter den Hintern guckte, weil er wissen wollte, wie sie Eier legten.
Er schnitzte Schiffe aus Holzstücken, baute sich im Garten Zelte aus Bettlaken und wollte dort übernachten. Ruth war wütend. „Die schönen Laken", schimpfte sie, „das wird doch alles dreckig. Woher kriegen wir neue, wenn die kaputt gehen?"
Axel vergaß oft Raum und Zeit und war daher selten pünktlich zum Essen da. Dann musste Muh ihn suchen. Spätestens wenn er schrie: „Ich muss mal!", wusste sie wo er war. Doch dann war es meistens schon zu spät und alles in der Hose. „Junge", sagte Muh in solchen Fällen streng, „mit fünf noch in die Hosen scheißen. Du bist doch groß genug!"

Fiedel war davon überzeugt, dass Axel-Ulrich ein Spinner ist. Auch Marie meinte oft, der sei nicht richtig im Kopf, das könne nicht ihr Sohn sein. Ruth meinte später zu Marie: „Mit dem Jungen, das sei kein Wunder. Er war schließlich der Letzte. Da haben die Zutaten nicht mehr gereicht."
Zu Ostern schockierte er alle, als er sämtliche im Garten gefundenen Eier verdrückte. „Zwölf Eier!", rief Ruth entsetzt und beobachtete den Jungen die nächsten Tage argwöhnisch. Aber der überlebte auch die zwölf hart gekochten Ostereier. Nur Muh war noch immer böse, sie hatte wochenlang kein Ei gegessen, damit Ostern genug da seien. Jetzt wollte sie, vergeblich, wie sich zeigte.
Nach Ostern versuchte Axel, den frisch geschlüpften Küken kleine Kunststückchen beizubringen. Im Zirkus in Halle hatte er dressierte Tiere gesehen, er glaubte, mit viel Geduld konnte man auch einem jungen Huhn beibringen, durch einen Ring zu springen. Er war sicher, bei einem der Kücken hatte er gewisse Erfolge mit seinen Bemühungen. Leider war dieses Tierchen ein Hahn. Die Regel war auch auf Muh's Hof: Junge Hähne müssen geschlachtet werden, sie hacken sich sonst gegenseitig tot. Als Axel eines Tages sah, dass sein dressierter Hahn ohne Kopf über die Laube flog, machte er ein riesiges Spektakel und redete drei Tage nicht mit Muh.
Schließlich war das Jahr um und Marie kam, um Axel wieder nach Halle zurück zu holen. Bevor sie fuhren, feierten sie jedoch noch alle gemeinsam in Einzingen. Höfers hatten sie eingeladen, denn Heinz hatte eine Braut gefunden, ein Mädchen aus Beyernaumburg, und Marie sollte zur Trauung in der Kirche singen. Als es anfing zwischen den beiden, hatte es einige kräftige Schlägereien mit den Burschen aus ihrem Dorf gegeben. Heinz hatte gewagt, in deren Revier zu wildern. Aber mit der Zeit hatten sich die Gemüter beruhigt.
Wochen vor dem Fest wurde die alte Kutsche aus der Remise geholt, die war sicher zwanzig Jahre nicht gefahren. Die Tage

zuvor wurde alles repariert und neu gestrichen. Das Gefährt sah wunderbar aus. Die Pferde wurden gestriegelt, die Mähnen geflochten, die Hufe schwarz bemalt, an den Geschirren waren Buchsbaumsträußchen angesteckt. Die Braut war sehr jung und verschüchtert, es schien als wüsste sie noch nicht so recht, wie sie alles überstehen sollte. „Hauptsache, sie sagt ja", meinte Ruth.

Die Kirche war brechend voll. Beide Dörfer waren vollständig angetreten trotz neuer sozialistischer Zeit. Auch die Burschen aus Beyernaumburg, mit denen sich Heinz geprügelt hatte, kamen. Es wurde eine prächtige Feier. Nachdem Braut und Bräutigam laut und hörbar „ja" gesagt hatten, sang Marie. Es war hinreißend feierlich.

Fiedel sorgte für Gelächter, als er das falsche Mädchen für die Braut hielt und ihr das Geschenk von Muh und Ruth übergab. Es war die vierzehnjährige Schwester der Braut, die Fiedel eben hübscher fand. Dennoch wurde er puterrot, als alles um ihn herum anfing zu lachen.

Ruth hatte zur Feier des Tages noch ein Pfund Bohnenkaffee aus Berlin mitgebracht und Frau Höfer damit sehr glücklich gemacht. Das Abendessen begann mit Schweinebraten, Erbsen und Möhren. Da waren Ruth und Marie noch begeistert; endlich mal wieder richtig satt essen. Dann gab's Gänsebraten mit Rotkohl. Marie fing an zu stöhnen. „Das wird gegessen", sagte Bornträger, der Bruder von Frau Höfer belustigt. Den Kalbsbraten mit Blumenkohl schaffte Marie mit größter Not, sogar Ruth fing an zu japsen. Bornträger grinste. Die beiden Frauen liefen auf den Hof und rannten im Schweinsgalopp um den großen Misthaufen. Das Essen sollte sich setzen, damit noch was rein passte. Bornträger ging hinterher und lachte. Am Ende gab es Putenbraten. Marie schaffte nur eine halbe Portion. Ruth aß den ganzen Teller leer.

Danach tranken alle Bier und Schnaps, die Frauen machten noch einen Verdauungsgang durchs Dorf.

Ruth und Fiedel schliefen im Haus in den Ehebetten der alten Frau Höfer. Spät in der Nacht kam jemand ins Zimmer und flüsterte mit Ruth, die sofort aufstand und mit nach draußen ging. Am nächsten Morgen wurde sie neugierig befragt. Ruth grinste zunächst und wiegelte ab. Später dann erzählte sie leise, dass die Braut ohnmächtig geworden sei, weil sie im Leben noch keinen nackten Mann gesehen hatte. Ruth habe ihr einfach die Beine hochgelegt, einen kalten Lappen ins Gesicht getan und ihr, als sie wieder zu sich kam gesagt: „Mädchen das haben Millionen vor dir erlebt. Mach einfach die Beine ordentlich breit und entspann dich!" Dann habe sie dem etwas verwirrten Heinz erlaubt, weiter zu machen.

Die Frauen kicherten. Das Ergebnis dieser aufregenden Nacht kam neun Monate später; ein kleiner Karlheinz, benannt nach Vater und Großvater.

– Maries kleine Idylle –

Richard Horn und seine Schwester hatten in Nordhausen von den Eltern ein Anwesen geerbt. Das Haus war kaputt, es war beim Bombenangriff zerstört worden. Sie verkauften das Grundstück für 3000 Mark, jeder bekam die Hälfte. Richard hatte mit Marie ordentlich eingekauft, endlich mal richtig essen und genug Tabak. Auf dem Schwarzmarkt hatte er horrende Preise bezahlt, aber das war ihm egal. Für den Rest des Geldes kauften sie sich ein kleines Häuschen in Grillenberg, eine halbe Stunde mit dem Rad von Rosenberg entfernt. Der Bus ging fünfmal am Tag. Das Häuschen hatte er für Marie gekauft, weil sie so oft wie möglich von Halle weg wollte. Und für sich. Er brauchte Ruhe für seine Habilitation. Das Häuschen hatte die Gemeinde kurz nach dem Krieg aus fertigen Zementtafeln hingestellt. Ein Behelfsheim für Flüchtlinge. Es hatte nur zwei kleine Zimmer, in einem stand ein Kohlenherd, dort konnte man kochen. Grillenberg lag am Wald, Holz gab es genug, Kohlen konnte man auch organisieren. Es gab dort noch Köhler, die für die Kupferhütten in Mansfeld Holzkohle machten. Marie und Richard lernten schnell Leute im Dorf kennen, das war nützlich für Eier, Obst und Fleisch. Richard dirigierte bald den Gesangverein und schlug sonntags die Orgel. Jeden Sonnabend nach der Schule fuhr er mit dem Zug von Halle nach Rosenberg, dann mit dem Bus in sein Häuschen. Abends war Singstunde, danach saß man bei Michaels im Gasthaus zur Grillenburg.
Das Häuschen der Familie Horn lag am Weg zum kleinen Dorffriedhof. Wenn Marie allein nach Grillenberg fuhr, machte sie immer zuerst noch bei Muh Station und packte dort Brot, Kartoffeln, Marmelade und Kuchen ein. In Grillenberg riss sie als erstes die Fenster auf, damit der Tabaksgestank raus ging. Wenn sie dann alles Bettzeug über den Zaun

zum Lüften hing, wusste das ganze Dorf, dass die Frau Professor da ist.
Gegenüber vom Häuschen stand das Haus von Marta Kälberlach, einer Witwe, deren Mann schon im ersten Krieg geblieben war. Wenn Marie kam, hielt sie als erstes einen Schwatz mit Frau Kälberlach. Die erzählte Marie gleich alles, was im Dorf passiert war.
Der Tagesablauf von der Kälberlach war immer gleich. Abends wurde das Viehzeug gefüttert und die Ziege gemolken. Die Milch stand dann über Nacht, am Morgen kam sie in die Zentrifuge, die Sahne wurde von der Milch getrennt. Anschließend machte sie Ziegenbutter oder Ziegenkäse. Das ganze Haus stank nach Ziege, ein Geruch, den die alte Frau schon selbst angenommen hatte. Am Vormittag machte sie dann Garten- oder Hausarbeit. Sie ging nie weg, nur manchmal in den Laden in der Hauptstraße, wenn sie Zucker, Streichhölzer oder Kerzen brauchte. Alle acht Wochen war große Wäsche, zum Trocknen hing alles auf dem Friedhofszaun. Vorneweg die zwanzig Unaussprechlichen mit riesigem Schlitz im Gesäß.
Wenn Fiedel in Grillenberg war, besuchte er oft die alte Kälberlach. Sie mochte den Kleinen und fragte ihn immer wieder nach seiner Familie aus. Ruth hatte nach dem Krieg ihre offenen Beine behandelt. Als die nicht besser werden wollten, hatte sie der Alten geraten, zu Apotheker Rader nach Rosenberg zu gehen. Ganz aufgeregt war die Frau ob dieser Nachricht, schließlich war sie das letzte Mal vor dem Krieg in der Stadt gewesen. Tagelang konsultierte sie ihre Freundin Meta und bat sie endlich mit ihr zu fahren. Doch zunächst stellten beide fest, dass sie für die Stadt nichts anzuziehen hatten. Daher ließen sie sich aus Stoffen, die sie in irgendeiner alten Truhe fanden vom Dorfschneider Kleider für die große Fahrt nähen. Tagelang studierten sie die Busfahrpläne. Am Sonntag vor der Fahrt gingen sie tatsächlich in die Kirche und bete-

ten. Dann ging es, voll gepackt mit Proviant auf die abenteuerliche Reise.
Beim Apotheker angekommen stellte die alte Frau vorsichtig ein Tütchen Zucker auf den Tresen und erklärte, die Schwester Ruth habe sie zur Untersuchung ihres Zuckers zu ihm geschickt. Rader verzog keine Miene.
Frau Rader erzählte Ruth die Geschichte in der nächsten Bibelstunde. Beide wischten sich die Tränen aus vor lauter Lachen.
Die obere Etage ihres abbruchreifen Hauses hatte die alte Kälberlach für monatliche 5 Mark an eine Familie Schüppel vermietet. Von ihren 40 Mark Rente konnte die Alte kaum leben, geschweige denn Reparaturen bezahlen.
Schüppel hatte gleich nach dem Krieg geheiratet, nichts gelernt, nur vier Schuljahre geschafft, aber zwei Kinder in die Welt gesetzt. Seine Frau, von der Natur irgendwie unvorteilhaft ausgestattet, saß oft, wenn sie nicht arbeiten musste bei Marie und beschwerte sich über ihren Dummkopf von Mann.
„Aber so wie ich aussehe habe ich nun mal keinen anderen gekriegt." klagte sie.
Dennoch hatte Schüppel größere Ambitionen. Er wollte was werden und ging in die Partei. Er stellte seinen Antrag und wurde Kandidat. Da er der einzige im Dorf war, wurde er sofort Vorsitzender. Über die Parteiversammlungen, die er mit sich selbst abhielt, lachte das ganze Dorf. An Frau Kälberlachs Ruine hingen jetzt immer die rote Fahne und Plakate: „VORWERTZ ZUM SIG DES SOTZIALIßMUS". Von Schüppel selbst gemalt. Am ersten Mai zog er mit Fahne und Flüstertüte durchs Dorf und agitierte gegen die kapitalistischen Ausbeuter wie Spiegels, wo seine Frau putzte. Sie schimpfte ihn aus: „Bist du verrückt, ich verdiene dort mein Geld und du nennst sie Kapitalisten."
Die Partei ignorierte Schüppel vollständig und als irgendwann der Schulze vom Schacht Mitglied wurde, war Schüppel als

Vorsitzender passé. Aus lauter Enttäuschung und Verzweiflung beschloss er die radikale Wende und wollte samt Familie und Köter in den Westen abhauen.

Kurz vor der Grenze, der Zaun war schon zu sehen, fing der Hund an zu bellen, die Grenzorgane kamen mit Gewehr im Anschlag. Die Eltern wurden ins Zuchthaus gesteckt und bekamen zwei Jahre wegen versuchter Republikflucht, die Kinder kamen ins Heim.

Richard sprach viel mit Pfarrer Gerhard. Der erzählte ihm alle wichtigen Geschichten der Umgebung. So beispielsweise, dass die Bauern der Umgebung, aufgrund ihrer bereits Jahrhunderte währenden Armut, immer schon Wilderer waren. Nur jene, deren Berg genug Silber hatte, um ihn ordentlich ausbeuten zu können, waren nicht darauf angewiesen.

Auch jetzt hatte sich an dieser Tradition nichts geändert, obwohl es wirklich Probleme geben konnte, wenn das aufflog. Doch Förster Spiegel war diesbezüglich unempfindlich und nahm den Bauern das Wild ab, aß es selbst oder verscherbelte es. Außerdem stand in früheren Zeiten auf Wilderei gar die Todesstrafe, die niemanden aus den Wäldern fernhielt. Selbst die Stolberger und Mansfelder Grafen konnten ihr Wild nicht so gut kontrollieren.

Der größte Wilddieb im Dorf war der Tischler. Er stellte Fallen, denn auch er hatte sein Gewehr längst abgeliefert, da der Gebrauch von Schusswaffen streng untersagt war. Die Fallen waren eigentlich für Hasen und Karnickel gedacht, aber hin und wieder verirrten sich andere Tiere in seine Fallen. Er hatte gerade für Horns Häuschen Betten gebaut, als er eines Morgens im Spätsommer mit einem Dachs im Sack zu Marie kam. Richard war in Halle, die Kinder spielten irgendwo im Dorf.

Marie hatte noch nie Dachs gegessen, geschweige denn gebraten. Und weil ihr auch der normale Hase misslang, hatte sie große Sorge um das Tier.

„Ganz einfach", erklärte der Tischler die Zubereitung eines Dachses, „man muss den ausgenommenen Dachs drei Tage in eine Schüssel mit Buttermilch legen. Dann ist der strenge Dachsgeruch weg und man kann ihn braten. Schmeckt wunderbar, ein bisschen wie Wildschwein."
Marie bedankte sich bei ihm mit einem Schnaps. Der Dorftischler überzeugte sie allerdings, dass der guten Dinge immer drei sind, so dass sie, die Alkohol so früh am Morgen nicht gewohnt war, bereits einen Schwips hatte, als der Tischler wieder ging. Sie bekam, angeheitert wie sie war, Hunger und schnitt sich ein Stück Pflaumenkuchen ab, den die Nachbarin ihr geschenkt hatte. Lachend biss sie hinein, die Wespen, die ebenfalls etwas von dem Kuchen wollten, nicht bemerkend. Maries Lippe schwoll von den Stichen an, wurde dicker und dicker. Als ihre Kinder etwas später nach Hause kamen, fanden sie ihre Mutter beschwipst mit schiefem Maul vor, sie hielt sich noch immer am Türpfosten fest und lachte.

Als sie ihren kleinen Rausch ausgeschlafen hatte, zog sie dem Dachs das Fell über die Ohren, sie hob es auf, vielleicht konnte man daraus noch eine Pelzmütze machen. Dabei lachte sie immer noch. Dunkel erinnerte sie sich daran, dass man für diesen Dachs Buttermilch braucht. Drei Liter von dieser Kostbarkeit zu organisieren war nicht so ganz einfach. Sie probierte es bei einigen Bauern, bis sie schließlich einen im nächsten Dorf fand, der ihr welche geben würde. Die Kinder sollten die Milch am nächsten Tag holen.

In der Nacht hing der ausgenommene Dachs in der Küche am Fensterkreuz und stank bestialisch vor sich hin. Die Hunde im Dorf wurden unruhig und bellten fürchterlich, selbst Füchse hörte man in der Nähe des Häuschens heulen. Die ganze Familie schlief nachts so gut wie nicht. Nachdem am nächsten Vormittag die Kinder mit der Milch kamen, legte Marie das Tier in eine große Tonschüssel.

Nach zwei Tagen holte Marie das Fleisch aus der Milch und wollte es anbraten. Es stank immer noch entsetzlich. In ihrer Not ging sie zu Frau Spiegel und fragte sie, was man gegen den Dachsgestank macht.

„Den müssen sie in Eichenholzasche und Bier legen", erklärte sie fest und sicher.

Also legte sie das Tier erneut für drei Tage ein, diesmal in Eichenholzasche und Bier. Als sie es herausholte, stank es immer noch. ‚Nichtsdestotrotz', dachte sie, ‚vielleicht geht der Geruch ja bei der Zubereitung weg.' Sie zerlegte das Tier, tat einzelne Stücke in einen großen Topf mit Öl und briet es an. Dazu gab sie Zwiebeln, Salz und Gewürze, Suppengrün, auch Teile des Bieres. Doch der Dachs stank! Er stank auch noch, nachdem er zwei Stunden auf dem Herd gestanden hatte.

Als Richard kam, nahm er schon von weitem die merkwürdigen Gerüche wahr und war entsetzt, als er feststellen musste, dass sein Häuschen die Quelle dessen barg. „Das ist das haut gout", erklärte Marie unsicher und gab Richard ein kleines Stückchen Fleisch auf einem Tellerchen. Der biss hinein und spuckte sofort wieder aus.

„Schmeiß das Zeug weg", hustete er seiner Frau zu und machte ein enttäuschtes Gesicht. Schlussendlich fand das arme Tier seine letzte Ruhestätte auf der Wiese hinter dem Haus, wo es von Marie vergraben wurde.

In diesen Wochen war Fiedel oft mit Karli zusammen bei Marie in Grillenberg. Er kam dann Tage später ungewaschen und abgemagert nach Hause, es war aber immer schön.

Neben dem Grillenberger Bad, das von der Gonna gespeist wurde, war ein kleiner Teich mit vielen Fröschen und Fischen. Karli und Fiedel versuchten eines Tages in diesem Teich zu angeln, sie hatten sich eine große Haselrute geschnitten und bei Marie ein langes Stück Garn gestohlen. Den Haken hatten sie aus einem dicken Draht gebogen und auf Frau Kälberlachs Schleifstein angespitzt. Sie suchten nach Regenwürmern, zog einen von den Würmern auf den Haken und setzten sich an den Teich. Zwei Stunden saßen sie. Kein Fisch biss an, sie wollten schon aufgeben als der Dorfpolizist kam und nach dem Angelschein fragte. Die Jungs schauten ihn nur verdattert an. Sie mussten beide mit aufs Wachzimmer. Der Polizist nahm die Personalien auf und brachte sie zu Marie – zehn Mark Strafe. Wegen des Geldes war sie ernsthaft böse, innerlich musste sie aber schrecklich lachen. Dennoch mussten die beiden ab sofort sonntags den Blasebalg der Kirchenorgel treten.

Richard, der den Gesangverein leitete, hatte auch den Orgeldienst in der Kirche übernommen, sofern er in Grillenberg war.

Die Orgel bekam ihren Wind aus einem mechanischen Blasebalg, der von Hilfspersonen bedient werden musste. Der Hebel für den Blasebalg war seitlich am Orgelgehäuse und wurde mit der Hand bewegt. Dort war auch ein Pegel angebracht, der anzeigte, ob sich im Balg genug Luft befand. Wenn der Pegel unter den aufgemalten Strich sank, ging der Orgel die Luft aus.

Den beiden machte die Strafe anfangs einigen Spaß, wurde also nicht besonders schwer empfunden. An einem der Sonntage war jedoch nur Fiedel da, Karli hatte in Halle bleiben wollen. Fiedel war erst sieben und für sein Alter nicht besonders kräftig.

Vor Beginn des Gottesdienstes nahm Fiedel alle seine Kraft zusammen und pumpte den mächtigen Blasebalg bis zum Anschlag voll. Wie stolz er war; der Pegel saß ganz oben in der Skala. Richard begann mit einem Vorspiel, Fiedel pumpte und pumpte, dass ihm die kleinen Ärmchen schmerzten. Dann endlich gab es eine kleine Pause. Erleichterung für Fiedel, jetzt konnte er den Blasebalg wieder füllen. Leider hatte das folgende Eingangslied sieben Strophen. Zu Fiedels Entsetzen sank der Pegel bereits nach der zweiten mehr und mehr, während der Junge ächzend und stöhnend an seinem Hebel arbeitete. Dann geschah das Unglück. Richard hatte alle Register gezogen, der Pegel sank unter den magischen Strich, es gab einen schrecklichen Heuler, die Luft war weg und die Orgel hatte ihre Seele ausgepustet. Richard, war entsetzt, sprang hinter die Orgel und sah seinen Neffen Fiedel bäuchlings auf dem Pumpenschwengel liegen. Er nahm den kleinen Kerl herunter und pumpte bis der Pegel wieder oben war. Rannte auf seine Orgelbank, spielte die nächste Strophe, sprang wieder hinter die Orgel, pumpte und so fort. Marie saß unten und lachte in sich hinein. Doch Fiedel war wegen seines Versagens am Blasebalg noch Tage später todunglücklich.

Sonntags nach der Kirche oder auch an den Abenden traf man sich bei Spiegels. Die Männer saßen zusammen und redeten über Gott und die Welt. Es wurde gegessen, politisiert und philosophiert, hauptsächlich zwischen Richard und Pastor Gerhard, der ein Freund des Försters war. Es gab gemeinsame Herrenabende mit Würstchen, Bier und Kartoffelsalat, manchmal auch Wildschweinbraten mit Pilzen und französischem Rotwein. Und für Richard immer teure Zigarren.

‚Woher der nur diese Köstlichkeiten hatte?' ging es Richard durch den Kopf, ‚Zigarren und Rotwein aus Frankreich – Gerade in diesen Zeiten!' Spiegel hatte vor dem Krieg eine Tochter aus der Halberstädter Bockwurstdynastie geheiratet. Die Familie hatte vor dem Krieg auf großem Fuß gelebt in ihrer riesigen Villa über dem Dorf mit Dienstboten, Reitpferden im Stall und teuren Gemälde an den Wänden. Nach dem Krieg hatten sie noch Hoffnung. „Nachkriegszeiten sind immer schrecklich", meinte Spiegel, „aber irgendwann haben die Kommunisten abgewirtschaftet."

Das neue Regime fing jedoch an, Leute wie Spiegel zu piesacken. Es gab Einladungen zur Polizei und Hausdurchsuchun-

gen, Enteignung wurde angedroht, es gab Vorhaltungen wegen angeblich nicht gezahlter Steuern. Unerlaubter Besitz von Waffen wurde Spiegel vorgeworfen, weil er von seinem Urgroßvater einen preußischen Säbel über dem Kamin hängen hatte. Spiegels hatten nie etwas mit den Nazis am Hut gehabt, sie besaßen auch außer dem großen Grundstück mit der Villa über dem Dorf keine größeren Ländereien. Von dem großen Aktienpaket in Westberlin wusste die neue Obrigkeit nichts, deshalb brachten sie die Familie nie ernsthaft in Bedrängnis. Es gab immer nur kleine Nadelstiche.
Richard erklärte bei diesen Herrenabenden, was er bei seinen Schulungskursen über den Sozialismus gelernt hatte. „Wir stehen", erklärte Richard mit leicht ironischem Blick, „gerade am historischen Scheideweg. Nach dem Kapitalismus kam der Imperialismus, danach der Faschismus. Von Marx exakt nachgewiesen. Eine historische Gesetzmäßigkeit. Jetzt kommt der Sozialismus. Unaufhaltsam. Ihr könnt machen was ihr wollt. Er kommt. In Russland ist er schon da. Das Privateigentum ist dort abgeschafft. Eigentum an Grund und Boden gibt es nicht mehr. Jedem gehört alles."
„Horn, das ist gut", lachte Spiegel, „ausgerechnet Sie wollen uns den Sozialismus erklären. Ausgerechnet Sie! Sie wissen doch nicht mal wie eine Kaffeemühle funktioniert."
Die Herren lachten. „Ja", antwortete Richard, „das ist alles ernst gemeint. Jetzt schaffen wir den neuen Menschen. Der verzichtet auf alles Privateigentum, begnügt sich mit dem was er hat, vergisst alle Religion und huldigt nur noch Väterchen Stalin und dem Genossen Wilhelm Pieck."
Pastor Gerhard blieb sehr ernst. Er fand es nicht angebracht, sich über die neue Gesellschaft lustig zu machen. Viel wusste er selbst noch nicht darüber. Die ersten kirchenfeindlichen Aktionen hatte er jedoch bereits erlebt und war nicht begeistert. Leute von der neuen Parteiführung waren bei ihm gewesen und hatten in seinem Gottesdienst geschnüffelt. Sie woll-

ten ihn ein bisschen nach Gemeindemitgliedern ausfragen. Auch nach Spiegel und seiner Familie. Er hatte sich dumm gestellt, aber jetzt wusste er, es war ernst.

„Ich denke", meinte Pastor Gerhard, der immer an das Gute im Menschen glaubte, „den meisten Religionen ist es tiefstes Anliegen, den Menschen zu läutern, zum Guten zu bewegen. Schon Jesus hat in seiner Bergpredigt von der Menschheit so viel verlangt, dass sie es nie erfüllen kann, nicht einmal annähernd. Würde es aber erfüllt werden, gäbe es keine Kriege mehr, keinen Mord und Todschlag in dieser Welt. Der unbedingte Gehorsam der Nachfolge Jesu oder Gottes ist im Prinzip nichts grundsätzlich anderes als die Forderung nach Nachfolge im Sozialismus. In allen Religionen scheint die Nachfolge wichtigstes Prinzip zu sein. Deshalb ist diese neue Weltanschauung auch nicht grundsätzlich anders als bei anderen Religionen. Nur heißen die neuen Idole Lenin oder Stalin. Welche Blasphemie, es ist fast zum Lachen, die beiden gehören zu den großen Verbrechern des zwanzigsten Jahrhunderts. Niemand weiß, wie viel Menschen Stalin hat umbringen lassen. Es gibt Gerüchte, nach denen steht er Hitler nicht nach."
„Das haben sie aber schön gesagt", sagte Spiegel ironisch.
„Ja", sagte Richard, „man kann natürlich Witze machen. Aber der Pastor hat Recht, das Lachen wird uns vergehen."
Gerhard und Richard waren eher bedächtige Menschen, anders als Spiegel. Der Förster redete sich schnell in Rage. Bei ihm hörte es sich so an, als hätte er schon seine Bocksflinte gepackt und würde am nächsten Tag schnurstracks nach Moskau reisen um den Gangster Stalin umzubringen. Alle seine Äußerungen hätten gereicht, um ihn für ein paar Jahre nach Bautzen zu bringen.
Pastor Gerhard war in Sorge. Hoffentlich gab es nirgends falsche Ohren. Er suchte nach anderen Gesprächsbahnen. Der brave Protestant kam zurück auf die Bibel und begann mit den zehn Geboten. Vom Töten zum Beispiel.

„Du sollst nicht töten. Punkt, aus. Keine Ausnahme, keine Bedingung. Es ist demnach prinzipiell keine Lösung. Trotzdem ist die Bibel voll vom Töten. In kaum einem Buch gibt es so viel tödliche Gewalt wie in der Bibel. Gott selbst tötet reihenweise, er straft, er hat sogar den Völkermord erfunden. Denken Sie an die letzte der zehn Plagen oder an die Sintflut. Aber er verbietet das Töten seinem Volk. Und Jesus wiederholt das Verbot. Er fordert, kriegst du eins auf die eine Wange, halte auch die andere hin. Im neuen Testament gibt es eine einzige Stelle, wo Jesus auf das Töten eingeht. In der Bergpredigt: ‚Wer aber tötet, der soll des Gerichts schuldig sein.' Also etwas anders als das alte Testament: ‚Auge um Auge Zahn um Zahn.' Von Tyrannenmorden ist nirgends die Rede, auch nicht vom Töten aus Rache oder Strafe. Nicht bei Jesus. Man könnte meinen, der hätte sogar was gegen das Töten von Fliegen gehabt. Kann aber nicht sein, beim Abendmahl hat er schließlich Lamm gegessen."
Spiegel war nicht einverstanden. Er, der Forst- und Jägersmann, pflegte eine etwas andere Einstellung zum Töten. Was der Pastor sagte, war ihm viel zu idealistisch und weltfremd. Auch Richard war anderer Meinung. „Schon zum Schutz der Menschheit darf man über Tyrannenmord nachdenken. Das hat schon Schiller getan", meinte Richard, „Schiller, dessen Werke neuerdings zum sozialistischen Kulturerbe gehörten. Wilhelm Tell: ‚Durch diese hohle Gasse muss er kommen.' – Schillers Aufforderung zum Tyrannenmord."
„Verbrecher wie Hitler und Stalin muss man umbringen dürfen. Und das ganze Politbüro dazu ...", rief Spiegel, als ihn seine Frau unterbrach: „Jetzt trinken wir aber noch ein Glas, bevor du mit der Flinte nach Moskau reist. Du würdest dort doch gar nicht erst ankommen. Trinkt noch was. Eine ordentliche Flasche Rotwein zum Beispiel."
„Und eine gute Zigarre", meinte Spiegel. Richard war so frei und nahm sich noch eine.

Manchmal waren bei diesen Abenden auch die Ehefrauen eingeladen. Das heißt Frau Spiegel und Marie, seltener war auch Ruth dabei. Frau Gerhard ging nie zu Veranstaltungen bei denen Wein und Bier getrunken wurde. Die war viel zu fromm. Marie war gern dabei, sie mochte die Augen von Pastor Gerhard. „Dieser warme Blick und dieser schön geformte Kopf", schwärmte sie.

„Verliebt?", fragte Ruth.

„Na ja, ein bisschen."

„Versuchs doch mal. Guck doch dessen Kirchenmaus an, der hat sicher mal Lust auf was Appetitliches."

„Du bist eklig", sagte Marie, „das sind ganz zarte Gefühle".

„Mit denen endet man oft irgendwann im Bett", sagte Ruth weise.

Marie wurde böse: „Du bist widerlich."

Eines Tages geriet das ganze Dorf in Aufruhr, Spiegels waren weg. Die ganze Familie war abgehauen über Berlin mit Sack und Pack, Silber, Schmuck, Gemälden. Die Villa war von der Polizei zur Besichtigung freigegeben worden nach dem Motto, so lebten in unserer Republik die kapitalistischen Parasiten und Blutsauger. Pastor Gerhard war entsetzt, sein Freund Spiegel hatte nie was gesagt. Das war sein Glück, denn der Pastor wurde abgeholt und stundenlang verhört.

– Schwere Zeiten –

Nach einer der Bibelstunden sprach Karius leise Ruth an: „Wir müssen was bereden." Sie gingen raus auf die Straße und noch ein Stück in die nächste Gasse.
„Kreuziger wird in vier Wochen entlassen. Er soll gleich in den Westen. Die Familie will weg. Der Mann muss abgeholt und sofort nach drüben gebracht werden. Die Frau hat Angst, er landet gleich wieder in der Kneipe und versackt. Frieling, der Katechet, soll es machen, aber der ist neu, den kennt Kreuziger nicht. Können Sie mitfahren?"
Ruth dachte nicht lange nach. Karius hatte ihr geholfen, sie würde jetzt ihm helfen.
In einem der nächsten Bibelabende drückte Karius ihr einen Umschlag in die Hand. Eine Fahrkarte für Ruth von Bautzen nach Rosenberg. Die beiden Männer würden mit dem Auto weiter fahren.
Sie sollte freitags am frühen Morgen mit Frieling fahren, Kreuziger am Zuchthaus abholen und Frieling übergeben. Ruth hatte sich bei Erhard frei genommen. Angeblich musste sie nach Leipzig, die Tante sei sehr krank. So was ähnliches erklärte sie auch Muh.
Die Straßen nach Bautzen waren in schrecklichem Zustand, sie mussten viele Umleitungen fahren. In Bautzen fragten sie sich nach dem Zuchthaus durch. Die Leute guckten komisch. An der Pforte erklärte Ruth, sie wolle Kreuziger abholen, sie sei eine Verwandte von ihm.
„Warten Sie", erklärte der Mann an der Pforte, „es dauert noch ein bisschen."
Ruth wartete vor dem Tor, irgendwann erschien Kreuziger. Abgemagert, aber ganz in Ordnung. Er guckte erstaunt als er Ruth sah. Sie ging auf ihn zu, nahm ihn am Arm und zog ihn in Richtung Bahnhof. Er fragte gleich nach seiner Frau: „warum ist sie nicht gekommen?"

„Es ging wegen der Kinder nicht", sagte Ruth, „sie werden sie bald sehen. Sehen Sie den Mann?" Sie zeigte auf Frieling, der im Auto sitzen geblieben war. „Mit dem fahren Sie jetzt. Ihre Familie ist seit gestern in Westberlin und wartet auf Sie. Morgen gehen Sie gemeinsam ins Lager."
Kreuziger wollte protestieren, aber bei den beiden hatte er keine Chance. Frieling zog ihn ins Auto.
Ruth war erst am späten Abend wieder zu Hause. Frieling kam zwei Tage später und war ziemlich nervös und aufgelöst. Er war auf Umwegen nach Ostberlin gefahren. Zum Glück hatte es keine Kontrollen gegeben.
Ruth und Frieling waren ein bisschen stolz auf ihre Aktion. Sie hatten der Obrigkeit ein Schnippchen geschlagen. In der Stadt wusste niemand außer Karius davon. Nicht einmal Ella, der sie sonst alles erzählte.
Den Religionsunterricht im Gemeindehaus hielt Frieling. Der Unterricht war von der Kirche organisiert, alles freiwillig. Viele Kinder kamen jedoch nicht in den Unterricht. Für den weiteren sozialistischen Berufs- und Lebensweg war der Besuch der Religionsstunden nicht von Vorteil.
Die Pastoren hatten bald nach dem Krieg in beiden Kirchengemeinden Jugendgruppen der jungen Gemeinde gegründet. In St. Ulrich war Pfarrer Kalbfuss, in Jakobi der Superintendent Karius dafür verantwortlich. Beide hatten das Talent, junge Leute anzusprechen und für ihre Sache zu interessieren. Die jungen Leute trafen sich in der Woche und waren fast jeden Sonntag gemeinsam unterwegs. Mal mit Fahrrädern, mal zu Fuß, sie machten Picknick oder sie trafen sich bei einem der Mitglieder zu Hause. .Die meisten der jungen Männer waren im Posaunenchor und spielten im ganzen Kirchenkreis.
An einem Nachmittag gab es große Aufregung. Jugendliche in Blauhemden schlugen den Schaukasten am Gemeindehaus ein und beschmierten die Tür.
RELIGION IST OPIUM FÜR DAS VOLK

Sie verprügelten die Jungen aus der Gemeinde, die prügelten mit dem „Schild des Glaubens" und mit ihren Religionsbüchern zurück. Die Kinder aus dem Religionsunterricht standen zufällig dabei, sie hatten noch nie diese Art von Gewalt gesehen, fühlten sich machtlos und bekamen Angst. Frieling ging dazwischen und wollte schlichten, er bekam aber selber Dresche, seine Brille ging in Trümmer. Er wurde später angezeigt, er habe Jugendliche geschlagen. Die Sache ging zum Glück für ihn glimpflich aus.

In der Stadt herrschte blankes Entsetzen.

‚Alles schon mal da gewesen. Wie damals bei der SA.' So dachten viele in der Stadt, manche sagten es auch.

Viele von den jungen Leuten gingen sofort in den Westen, nach Marienfelde ins Lager. Zu Hunderten trafen sich dort die Mitglieder der Jungen Gemeinden der DDR. Andere distanzierten sich und machten um die Kirche große Bögen. Ein kleines Häuflein blieb bei der Kirche und ließ sich nicht beirren. Tischler Frankes Sohn hatte Mut, er blieb und wurde Diakon. Die Kraft der Jungen Gemeinde war dennoch vorbei, obwohl sich eine solche Aktion wegen der schlechten Resonanz nicht wiederholte.

St. Jakobi bekam eine neue Kantorin, Herr Mache schied aus. Frau Ludwig war gerade in Halle mit ihrem Studium fertig geworden. Noch wirkte sie ein bisschen jungmädchenhaft aber sie war sozusagen verheiratet. Mit viel Energie ging sie an die Arbeit. Sie war Vorgesetzte für alle Kantoren im Kirchenkreis. Für eine zweiundzwanzigjährige eine beachtliche Aufgabe. Am meisten freute sie sich aber auf die Hildebrandorgel in St. Jakobi. Ein grandioses Instrument und Kunstwerk. Viele aus der Gemeinde begeisterten sich an ihrem Spiel. Sie lockte Töne aus diesem Instrument, die noch niemand gehört hatte. Fiedel war begeistert. Er entbrannte zwar nicht in Liebe wie bei Fräulein Mache, aber Frau Ludwig machte Musik wie sie ihm gefiel. Er hörte das erste Mal Bachs Kunst der Fuge. Das Stück fand er großartig.

Aber die Orgel, von Hanne-Lore Ludwig geliebt und verehrt, machte viele Sorgen. Seit Jahrzehnten war an dem Instrument nichts gemacht worden. Pfeifen waren kaputt, neue gab es nicht in dem neuen Staat, für die Brüder und Schwestern im Westen waren die Pfeifen ebenfalls sehr teuer. Ein Register nach dem anderen hatte Ausfälle. Zum Glück hatte einer aus der Jungen Gemeinde Orgelbau gelernt, er guckte immer mal wieder nach, stimmte gelegentlich auch. Die hölzernen Gedacktpfeifen und die Windladen ließen sich reparieren, aber nicht die Pfeifen aus Zinn. Ein Jammer bei dieser berühmten Orgel. Bach hatte auf der Orgel gespielt, er hatte sich als junger Mann als Organist beworben, die Ratsherren hätten ihn genommen, aber ein fürstliches Dekret verhinderte die Anstellung. Bach ging dann nach Arnstadt. Ein peinliches und trauriges Kapitel in der Geschichte der Stadt.

Irgendwann nach 1900 hatte man einen elektrischen Blasebalg eingebaut, wenn er in Bewegung gesetzt wurde, pfiff er aus allen Löchern und klang wie eine asthmatische Seekuh. Es gab mehrere undichte Stellen, das Leder war überall schon brüchig.

Frau Ludwig setzte sich gleich in die gesellschaftspolitischen Nesseln. Sie begann damit, Orgelkonzerte zu veranstalten, machte für ihre Konzerte sogar halböffentlich Reklame, indem sie Zettel an Hauswände und Zäune klebte. Das gefiel der Obrigkeit nicht, man warf ihr vor, hier würde versucht, das Opium des Glaubens sozusagen noch angenehm und künstlerisch verpackt unter die Leute zu bringen. Es gab Ärger, man machte ihr Vorhaltungen. Sie erklärte, sie würde nur das kulturelle Erbe pflegen. Bachs Orgelmusik ließe sich nun mal leider nur auf der Orgel spielen. Auch hätte sie hier in der Stadt nur die eine Orgel, eine andere könne ihr die Partei ja wohl nicht zur Verfügung stellen.

Zähneknirschend musste man dieser Logik folgen. Aber das Plakatieren von Zetteln an Hauswände oder Zäune blieb Frau Ludwig untersagt.

– Wir lassen uns nicht unter kriegen –

Fiedels Asthma wurde schlimmer und schlimmer. Sowohl das Singen, wie auch das Flöte spielen fielen ihm immer schwerer. Dr. Erhard meinte, dass der Junge zur Kur müsse, vielleicht war das eine Chance. Die Genehmigung für diese Heilbehandlung dauerte Monate. Im Frühjahr war es dann so weit. Sechs Wochen Bad Salzungen im Thüringer Wald.
Ruth brachte Fiedel hin, der Abschied war schmerzhaft. Der Junge sehnte sich die ersten Tage schrecklich zurück nach Hause. In einem riesigen Gebäude war das Heim untergebracht, das vielleicht hundertzwanzig Kinder gleichzeitig fasste. Immer sechs bis zehn der Kuranten wurden, nach Alter und Geschlecht sortiert, in den einzelnen Räumen untergebracht. Fiedel musste zu den Großen, weil die Zimmer für die Kleinen alle besetzt waren. Da er also der Kleinste war und auch noch stotterte, machten seine Zimmergenossen ihm das Leben schwer. Abends unter der Decke weinte er heimlich.
Die Kurbehandlungen gefielen Fiedel aber trotzdem. Immer wieder ging man durch die Saline und inhalierte. Es gab Wanderungen in der Gegend um Bad Salzungen, Besuche im Schwimmbad, im Salzbergwerk, im Kindertheater oder Vorstellungen im Kino. Aber das Essen! Schlimmer als bei Muh. Manchmal gab es tagelang Porree oder Schwarzwurzeln. Sie hatten wahrscheinlich das Zeug tonnenweise eingekauft und mussten alles verbrauchen.
Die Schikanen der älteren Jungen wurden immer ärger, sie versuchten Fiedel sogar Geld abzupressen. Er war verzweifelt und wusste nicht, was er tun sollte, zu den Heimleitern zu gehen traute er sich nicht. Irgendwann merkte ein älterer Junge aus einem der Nachbarzimmer Fiedels Not. Der Junge hieß Roland, war vierzehn oder fünfzehn und kam aus Schlesien

und war streng katholisch. Er sagte Fiedel, er solle sich keine Sorgen machen, er regle das schon für ihn.
Bei der nächsten Gelegenheit gab es eine kurze Schlägerei und Fiedel hatte seine Ruhe.
In der freien Zeit gab es so genannte gesellschaftliche Abende. Junge Mädchen mit blauen Hemden machten Spiele mit den Kindern, mal Völkerball, mal – wenn das Wetter schlecht war – Mensch ärgere dich nicht. Bei jeder dieser Veranstaltungen wurden nebenher die großen Vorzüge der sozialistischen Gesellschaft erwähnt.
Fiedel hatte sein „Schild des Glaubens" mitgenommen, das er seit einigen Monaten besonders liebte. Eine der Betreuerinnen, gerade zwanzig, fand das Buch bei ihm und machte eine Szene. Das sei die falsche Lektüre in einem sozialistischen Erholungsheim, so was wolle man nie wieder hier sehen. In diesem Moment kam Roland zufällig vorbei. Er schaltete sich ein und erklärte der jungen Frau, dass sie das Buch überhaupt nicht verbieten könne, schließlich sei es in der DDR gedruckt. Auch gestehe dieser Staat laut Verfassung Meinungsfreiheit zu. Diese solle sie einmal lesen.
Fiedel war sehr dankbar. So einen wie Roland als Freund zu Hause. Das wäre prima.
Nach sechs Wochen kam Ruth. Die Kur hatte wirklich geholfen. Das Asthma war weg.
Im Sommer wurde Muh siebzig, Ruth organisierte seit Monaten und besorgte alles, was man zu diesem Fest brauchte. Wally und Liese wollten kommen, dazu die Cousinen aus Leipzig und Köthen. Zusammen würden es ungefähr vierundzwanzig Personen sein, alle wollten zu essen haben.
Eine Woche vor dem Fest wurden alle Kinder nach Grillenberg gebracht, Ruth wollte freie Bahn für die Vorbereitungen haben. Sie putzte das Haus von oben bis unten.
Marie schickte die Jungen zum Friseur. Sie sollten doch zum Jubiläum vernünftig um den Kopf aussehen. Der Dorffriseur

war Gängel an der Ecke zum Häuschen; der schnippelte das Haar noch auf dem Hof neben dem Misthaufen. Karli schnitt er ins Ohr, weil der so zappelte, Fiedel, der ganz still hielt, hatte schließlich einen Haarschnitt wie die russischen Soldaten. Er fand es schrecklich. Axel zappelte so sehr, dass Gängel irgendwann aufgab.
Jeder Kopf kostete fünfzig Pfennige.
Marie sorgte dafür, dass alle Kinder Geschenke brachten. Axel hatte über seinen Aufenthalt im Grillenberg Tagebuch geschrieben, Marie Fotos dazu gemacht.

Aufs AB geh ich ümmer mittachs, da sin die Fliegen so schlapp. Si ergern dann einen nich so. Das Loch beim AB is so gros. Ich habe Angst das ich reinfalle.
Alle musten zum Balwir die Hare schneiden. Dem Karli hat der Gengel fast das Or abgeschnitten.
Fiedel hat heimlich mit Vaters Feife jeraucht. War ihm ganz schlecht.
Im bad haben wir bei den Mächens durchs schlüseloch jeguckt. Der Bademeister ha jeschimpt un hat alles Mutti jesacht.
Karli sacht frösche kann man essen. Habe fünfe jefangen un mit zum kochen nach Hause jebracht. Mutti wollte aber nich. Hat sie wider laufen lassen. Hat dann später Tieles Hund jefressen. Der krichte Durchfall. Die Frösche warn wol zu saftich.
Bei Frau Kälberlach hat die Zieje jejungt. Die kleine Zieje konnte gleich stehen un hat mir die Finger un die Füße jeleckt.

Karli bastelte ein Terrarium. Alles aus Holz und Glas, der Tischler hatte ihm geholfen. Pflanzen und Tiere hatte er in Grillenberg gesammelt. Frösche, Salamander, Hirschkäfer krabbelten überall in der Kiste.
Fiedel sollte schließlich auf der Flöte spielen. Er hatte in Grillenberg tüchtig geübt, aber die Nachbarn hatten Marie gefragt, ob sie eine Katze hätte.
Ruth hatte Lebensmittelkarten gesammelt, sie redete mit Fleischer Adam und Fleischer Große vom Ochsenpalast. Sie bekam Rouladen, hausgemachte Bratwurst, Rot- und Leber-

wurst. Schoten und Möhren gab es im Garten schon, grüne Bohnen auch. Muh hatte im Frühjahr genug gesät. In der Woche vor ihrem Geburtstag fing sie an, einen Kuchen nach dem anderen zu backen. Immer war sie mehlig um die Schnute. Ruth besorgte einen halben Liter Sahne. Muh war begeistert, soviel hatten sie seit Jahren nicht. Am Freitag vor dem großen Ereignis kam Marie mit den Kindern. Wally und Liese waren schon da, Tante Suse aus Leipzig und Gretchen aus Köthen kamen im Laufe des Tages. Sogar Tante Gertrud war gekommen, doch sie fühlte sich wie immer nicht gut. Die Leber drückte, die Nieren zwackten und überall zog es, sie war immer in Sorge, sie könne sich erkälten. Liese war wieder ein bisschen hochnäsig. Schon beim Kaffee am Freitag prüfte sie wie immer mit einem Strich des Zeigefingers unter dem Tellerboden, ob das Porzellan aus Meißen war. Muh, Gertrud und Wally fanden diese Geste schon immer ungehörig, aber sie war Liese eben nicht abzugewöhnen. Das Porzellan war natürlich kein Meissner, das alte von Hanne-Fieke war längst auf alle ihre Kinder verteilt. Liese erzählte von ihren Enkeln, was für tolle Kinder das waren. Niemand sagte was, alle wussten, wie viele Sorgen sie sich um Willy und seine Familie machte. Er war Arbeiter in einer Fabrik in der Nähe von Hannover, nebenbei betreute er Getränkeautomaten und seine Frau bekam ein Kind nach dem anderen. Liese schickte ihm heimlich Geld, nur Hinrich durfte das nicht wissen.

Gleich am Vorabend des Geburtstages fing Liese an, die Kinder der anderen zu erziehen; gerade sitzen, linke Hand auf den Tisch, nicht das Messer in den Mund. Sie wollte die Kinder alle schon abends um halb acht ins Bett stecken. Das reichte Ruth. „Wer wann hier ins Bett geht, bestimmen wir. Sonst niemand!" Liese war den ganzen Abend beleidigt.

Tante Gretchen, das Mauerblümchen, klein, hässlich, mit einer großen Nase und riesigen Nasenlöchern, die so weit nach oben gebogen waren, dass man ihr direkt in die Höhle gu-

cken konnte, saß immer still dabei. Sie hatte nie einen Mann gehabt. Irgendwie war sie lieb, aber schrecklich langweilig. Muh hatte lange überlegt, wo sie Gretchen zum Festessen hinsetzen sollte. Sie roch etwas streng. Es musste jemand sein, dessen Nase nicht so besonders gut war. Die Wahl fiel auf Liese. Auf der anderen Seite saß Gertrud. Die war trotz all ihrer Zipperlein von christlicher Toleranz durchdrungen und würde sicher auch etwas strengere Gerüche tolerieren. Tatsächlich freute sich Gertrud, dass sie ihre Cousine Gretchen nach so vielen Jahren wieder traf. Die beiden hatten sich ewig nicht gesehen, deshalb redeten sie lange und viel miteinander. Am meisten über ihre gemeinsame Cousine Emilie Winkelmann, die erste deutsche Architektin, die gerade ein paar Monate zuvor gestorben war. Um einen Studienplatz als Architektin an der Technischen Hochschule in Hannover zu bekommen, hatte sie sich die Haare abgeschnitten und Hosen angezogen. Frauen war um die Jahrhundertwende der Zugang zu technischen Lehranstalten verwehrt.
Emilie war in den zwanziger Jahren berühmt. Riesige Gebäude hatte sie in Berlin und Umgebung gebaut. In der Nazizeit war dann alles vorbei. Sie ging nicht in die Partei und bekam keine Aufträge mehr. Am Ende hat sie auf einem westfälischen Gut Hühnerställe gebaut.
Vor dem großen Festtag wurden die Kinder alle noch mal inspiziert. Muh machte auf dem Herd Wasser heiß. Drei riesige Töpfe. Die Kinder kamen nacheinander in die Wanne. Karli war der letzte. Das Wasser wurde schwarz wie Jauche. Muh war entsetzt. Wie kann ein Kind so verdreckt sein?
Der eigentliche Jubeltag war an einem Sonnabend. Im Wohnzimmer waren Tische zusammengestellt, eine riesige Tafel. Zum Frühstück wurden alle Geschenke übergeben. Axels Tagebuch war der Renner. Karli maulte enttäuscht, weil er sein Terrarium nicht übergeben konnte, Ruth hatte sich geweigert, den Kasten mit dem Ungeziefer ins Haus zu lassen. Fie-

del versuchte auf der Flöte zu spielen. Vier Takte hörten alle zu, dann schwatzten sie gleich durcheinander. Fiedel hatte Tränen in den Augen. Ruth nahm ihn mit nach draußen und tröstete ihn: „Hab dich nicht so, hast dein bestes gezeigt."
Nach dem Frühstück kamen die Gratulanten. Hilde und Frau Alexander von gegenüber, ebenso Dr. Erhard. Er wollte seiner ersten Patientin gratulieren. Käthe Freywald schenkte ein Büchlein mit Bibelsprüchen und frommen Bildern. Das verschenkte Muh gleich weiter an Gertrud. Als Käthe kam, ging Hilde sofort. Die konnten sich nicht besonders gut leiden. Käthe Freywald ging es schlecht. Sie hatte kurz zuvor ihren Mann verloren. Der war einfach umgekippt und tot. Noch nicht mal fünfzig. Käthe war nun mit Mutter und ihrem kleinen Sohn allein.
Fräulein Möricke, Frau Rader und noch ein paar Frauen aus dem Chor kamen. Sie brachten Muh ein Ständchen. Ruth, Marie und Käthe sangen mit. Muh war gerührt, fragte sich aber ständig, ob der Kuchen wohl reicht.
Anschließend setzte sich Liese ans Klavier, sie wollte Muh auch ein Ständchen bringen. Sie sang und spielte dazu. Die hohen Töne traf sie nicht so genau, es klang entsetzlich. Wie eine Katze der immer wieder auf den Schwanz getreten wird. Alle rollten mit den Augen. Mitten in der Strophe brach sie ab und war wieder beleidigt. „Wenn keiner zuhören will, höre ich eben auf." Niemand war darüber wirklich unglücklich.
Mittags gab es dann das große Menü. Zuerst Hühnersuppe mit Bandnudeln, dann Rouladen in feiner Sahnesauce mit Klößen und Blumenkohl. Muh und Ruth ärgerten sich wieder über Liese, die ließ auf ihren Tellern immer ein kleines Häppchen übrig, ein Anstandshäppchen, wie Liese sagte, das hielt sie für vornehm.
„Das gute Essen kriegen jetzt die Hühner", sagte Ruth leise zu Muh, „den Berlinern scheint es wieder ganz gut zu gehen, dass sie Essen wegwerfen können."

Zum Kaffee kamen dann noch Bruder Johannes aus Ellrich, die Schwestern Hecht und Tante Änne, Muhs Schulfreundin mit ihrem Bruder. Änne Krüger war eine bedauernswerte Frau, der Mann war im ersten Krieg gefallen. Den Sohn hatte sie allein groß gezogen, ein lieber Kerl. Er studierte Theologie, wollte Pfarrer werden, fiel aber im zweiten Krieg. Jahrelang weinte sie täglich. Mit ihrem Bruder lebte sie jetzt zusammen im Haus ihrer Eltern. Der Bruder war pensionierter Förster, wo er ging und stand erzählte er vom ersten Krieg. Er war sicher, der erste Krieg wäre gewonnen, wenn in Kiel die Matrosen nicht gemeutert hätten. Für Wilhelm II. schwärmte er noch immer und war überzeugt, wenn die Kommunisten abgewirtschaftet haben, kommt sie wieder, die Monarchie und damit wieder Zucht und Ordnung ins Vaterland. Jeder schüttelte den Kopf, wenn Krüger politisierte. Seine Schwester rollte mit den Augen, sie konnte die Reden des Bruders schon lange nicht mehr hören.

Änne und ihr Bruder lebten von ihren kleinen Renten, jeder von Ihnen bekam vierzig Mark im Monat. Der Bruder hatte eine Spatzenfalle konstruiert. Er stellte sie aufs Dach und fing jeden Tag ein paar Spatzen. Die aßen die beiden dann. Mehr hatten sie nicht. Muh steckte ihnen immer mal was zu, Obst und Gemüse aus dem Garten. Als Änne und ihr Bruder nach der Feier gingen, steckte Muh ihnen ein Paket mit Kuchen in die Tasche. Muhs Kuchen waren ein Gedicht. Alle!

Johannes, der Steinmetz aus Ellrich, hatte seine Schwestern seit Jahren nicht gesehen. Er musste viel erzählen über seine Familie und übers Geschäft. Er hatte große Probleme, Material zu bekommen. Vor dem Krieg hatte er seine Steine aus Spanien, Italien und Schweden bezogen. Sandstein kam entweder vom Main oder aus dem Pfälzischen. Alle Quellen waren versiegt. Jetzt gab es nur Sandstein von der Elbe, aber meistens bearbeitete er alte Steine von aufgelassenen Gräbern. Ein Glück fürs Geschäft, dass die Leute wenigstens noch starben. Aber die meisten konnten sich keinen ordentlichen Stein mehr leisten.

Nach dem Kaffeetrinken stellte man sich zum großen Gruppenfoto zusammen. Marie hatte ihre alte Kamera mitgebracht. Sigrid war wieder mit ihrem Lieblingshuhn auf dem Bild und steckte die Zunge raus. Onkel Johannes schlug einen Spaziergang zum Friedhof vor. Er wollte allen die Steine zeigen, die Großvater Nikolai gemacht hatte. Fiedel und Karli liefen mit. Sie wussten gar nicht, welche riesigen Denk- und Grabmäler Carl Nikolai gebaut und gearbeitet hatte. Am schönsten fand Fiedel den großen melancholischen Engel aus italienischem Marmor mit Flammenschwert auf Nikolais Grab. Fiedel war zum ersten Mal richtig stolz auf seinen Urgroßvater.

Abends gab es wieder Wurst, Käse und Schinken, dazu Salate, Bier, Saft, Tee und Apfelwein. Die Stimmung wurde ein bisschen trüber, niemand konnte wissen, ob sich alle so noch einmal wieder sehen würden, nicht nur wegen des fortgeschrittenen Alters. Johannes erzählte, wie die Grenze in Ellrich inzwischen ausgebaut war:

„Da kommt niemand mehr rüber. Überall Stacheldraht und Kasernierte mit Gewehren." Damit leitete er das allgemeine Politisieren ein. Man redete über den Ärger, den die Kirche hatte. Was wird mit den Kindern, wenn sie in den Religionsunterricht gehen? Ruth erzählte von den zerschlagenen Schaukästen der Jungen Gemeinde und der Prügelei vor dem Gemeindehaus.

Wie geht es mit Deutschland weiter? Hier wollen sie die Wiedervereinigung, behaupten sie jedenfalls. Doch will sie auch Stalin? Will sie auch der Westen? Adenauer bestimmt nicht. In dieser Stimmung fuhren die meisten am folgenden Tag wieder ab.

– Neue Schulfreunde –

Nach dem Bau der Ostsiedlung wurde es in der Borngassenschule zu eng. Fritzchen und Fiedel kamen in eine neue Schule. Die beiden Jungen wurden in die Goetheschule gesteckt, die auch Ruth und Marie besucht hatten. Fiedel freute sich, endlich war er diese giftige, rote Lehrerin los. Die Klasse in der Goetheschule gefiel Fiedel viel besser. Auch Reinhard Rader und Barbara Schmieder, seine ehemaligen Beschützer aus dem Kindergarten, gehörten dazu. Als Lehrerin bekamen sie das Fräulein Trietchen mit den schief eingeschraubten Beinen. Sie wohnte mit ihrer Mutter zusammen am Ochsendamm. Ruth besprach mit dem Fräulein Fiedels Probleme. Nach einem halben Jahr gehörte er mit Marion Most und Martin Hartwich zu den Besten Schülern der Klasse.

Das Stottern war zwar noch immer nicht weg, dafür hörte er jetzt besser und konzentrierte sich. Ruth fiel ein Stein vom Herzen.

„Aber noch was", sagte Fräulein Trietchen „der Junge will sicher auf die Oberschule?"

Ruth nickte.

„Ohne Pionierhalstuch hat er da keine Chance", meinte sie. Fiedels Mutter seufzte, das hatte sie sich schon gedacht. Fräulein Trietchen gab ihr das Aufnahmeformular. So wurde Fiedel Junger Thälmannpionier. Er tröstete sich damit, dass es Barbara Schmieder, Fritzchen und Reinhard Rader auch nicht anders ging.

Jetzt mussten sie jeden Montagmorgen zum Fahnenappell mit blauem Halstuch. Die Fahne wurde gehisst. Die Pionierleiterin brüllte:

„Seid bereit!"

Und der ganze Schulhof brüllte zurück:

„Immer bereit!"

Als Thälmann-Pioniere bekam man sofort Aufgaben. Sie sollten Wertstoffe sammeln, also Glas, Papier und Buntmetall. Am begehrtesten war Bundmetall. Jeder der Schüler musste im Jahr eine bestimmte Menge abliefern. Bei Papier war das meist kein Problem, bei Buntmetall schon eher. Fiedel schlug Muh vor, den alten Kupferkessel aus der Waschküche abzuliefern. Dann hätte er sein Soll auf Jahre erfüllt. Außerdem hatte der Kessel sowieso ein Loch.

„Du bist wohl nicht recht gescheit", meinte Muh, „der Kessel ist noch aus Großvater Nikolais Zeiten, das ist ein Familienstück, der geht nicht nach Russland, der bleibt hier!"

In der neuen Klasse waren auch Kinder aus der Bande vom Selleriefleckchen. Die Bande hatte ihre eigene Sprache und sogar einen eigenen Bunker. Noch im Krieg war auf dem Selleriefleckchen eine Bunkeranlage gebaut worden. Sie stand leer, war eigentlich verschlossen, aber die Kinder wussten, wie man rein kam. Jeder, der nicht zu ihnen gehörte und sich dennoch dorthin wagte, wurde gnadenlos verprügelt.

Jetzt, da Fiedel mit den Kindern vom Selleriefleckchen in eine Klasse ging, veränderten sich die Verhältnisse für ihn schlagartig. Er konnte zwar nicht Mitglied der Bande werden, dazu hätte er dort wohnen und die Sprache der Bande verstehen müssen. Aber er war geduldet, ebenso wie Reinhard Rader und Martin Hartwich. Sie wurden nicht mehr verprügelt. Man zeigte ihnen auch den Bunker, ein lang gestreckter Gang, vielleicht vierzig bis fünfzig Meter, in dem es noch einige Zeit nach dem Krieg Waffen und Munition gegeben haben soll. Was damit geschehen war, wusste niemand so genau, eines Tages war jedenfalls das Tor aufgebrochen und die Waffen waren verschwunden.

Am meisten verwundert war Fiedel über die Sprache der Kinder vom Selleriefleckchen. Immer wenn sie unter sich waren oder sie von anderen nicht verstanden werden wollten, fielen sie in ihr eigenes Idiom. Es klang ein bisschen exotisch, so

stellte sich Fiedel Suaheli vor. Sie spielten oft an der Bahn auf den Rangiergleisen und stiegen in die Güterzugwagen, wenn dort welche standen. Meistens waren sie leer. Manchmal war aber auch etwas Brauchbares zu finden. Begehrtes Bundmetall zum Beispiel, also Kupfer und Messing. Kleine Teile konnte man unter den Hemden verstecken. Die größeren Teile versteckten die Jungen neben den Bahngleisen im Gebüsch, wenn es dunkel war holte man das Zeug ab. So konnte man als Thälmannpionier sein Sammelsoll erfüllen.
Manchmal verstellten die Jungen sogar die Weichen und liefen schnell auf den Hügel vor dem Brühl, um zu beobachten, was passierte. Die Wagen prallten dann direkt auf einen stehenden Zug. Kohlen oder Steine flogen vom Waggon, einmal entgleiste sogar einer der Wagen. Von Ferne hörte man die Rangierarbeiter fluchen und schreien.
Im Sommer bauten sie sich Raketen aus Unkraut ex. Weil das Zeug nur an Personen über achtzehn verkauft werden durfte, schickten sie eine der ahnungslosen Mütter zur Drogerie Wimmler, die das Zeug besorgen musste. Das Gift lösten sie in Wasser auf, mit der Lösung tränkten sie Löschblätter, die anschließend getrocknet werden mussten. Die trockenen Blätter wurden fest in Packpapier gerollt und mit einer Lunte versehen, auf eine kleine Abschussrampe gelegt und angezündet. Bis zu fünfzig Meter konnte man mit einer fest gerollten Rakete erzielen. Es gab ständig Verbesserungen an diesen Raketen. Die Jungen stellten fest, dass man statt Packpapier auch ein Stück Eisen- oder, noch besser, Aluminiumrohr verwenden konnte. Einer dieser Prototypen flog drei Straßen weiter durch ein Fenster und landete auf einem Küchentisch. Die Familie war gerade beim Abendessen, der Vater rannte sofort aufgeregt zur Polizei. Es folgte eine Untersuchung, zum Glück für die Bande vom Selleriefleckchen ohne eindeutiges Ergebnis.

– In der Gemeinde –

In der Weihnachtszeit hatte Frau Ludwig schon alle ihre Chöre und Gruppen organisiert, am dritten Advent gab es ein Krippenspiel. Mehr als fünfzig Kinder und Jugendliche machten mit, die meisten von ihnen sollten Engel darstellen. Man hatte sie in Bettlaken gehüllt und goldene Sterne ins Haar gesteckt – ein großer Haufen himmlischer Heerscharen. Fiedel spielte einen Hirten, eine Rolle, die über viele Jahre an ihm haften bleiben sollte. Dabei wäre er viel lieber einer der Weisen aus dem Morgenlande gewesen.
Die Hirten waren mit Hüten, alten Stiefeln und Westen versehen. Sie hatten alle Stöcke und Flöten in den Händen und sprangen plötzlich aus dem Dunkel des Seitenschiffs wie eine Horde von Wilden. Obwohl der ganze Ablauf dreimal geprobt wurde, war das ganze Spiel am Ende doch eher ein mittleres Chaos, dies verwunderte jedoch niemanden so recht, bei der großen Anzahl von beteiligten Kindern. Einsätze klappten nicht, Szenenfolgen gingen daneben. Irgendjemand stand immer da wo er nicht stehen sollte. Frau Ludwig war verzweifelt.
Fiedel dachte nur an sein Flötenspiel. Er gab den Einsatz, doch die anderen passten nicht auf. Es folgten schrecklich schiefe Töne, es war blamabel. Nun musste Fiedel vor dem Jesuskind, einer furchtbar hässlichen Stoffpuppe, die während der Proben immer wieder für Belustigung sorgte, auf die Knie sinken. Er sang mit hellem, wunderschönem Sopran „Ich steh an deiner Krippe hier oh Jesu du mein Leben". Damit riss er nach dem fürchterlichen Flötenspiel alles wieder raus. Glücklicherweise musste man vor dem Jesulein den Hut ziehen. In diesem hatte er nämlich den Liedtext versteckt, den er jedoch wegen der schlechten Lichtverhältnisse mehr erriet als lesen konnte. So kam es zu einer recht wunderlichen Neudichtung dieses schönen Liedes.

Heiligabend gab es in jeder der beiden Kirchen zwei Christvespern. Fiedel spielte und sang zur ersten mit dem Kinderchor in Jakobi, Ruth sang zur zweiten im Kirchenchor. Fiedel zur zweiten in Sankt Ulrich. Die beiden trafen sich erst zur Bescherung zu Hause. Zwanzig Pakete aus dem Westen waren gekommen, Kaffee und Kakao gab es in großen Mengen und reichten wieder für das ganze Jahr. „Eigentlich geht's uns ja prima", stellte Ruth fest, „acht Jahre nach dem Krieg und immer noch nicht gehungert." Die meisten Lebensmittelkarten waren inzwischen abgeschafft worden. Im Westen ging zwar alles schneller voran, doch wenn man über die Politik hinwegsah, konnte man es auch hier ganz gut aushalten.
Die Tage um Weihnachten waren friedlich und still, draußen war richtiges Winterwetter. Karli war für ein paar Tage gekommen, Fiedel und Karli rodelten jeden Tag in den Bahnhofsanlagen. An den Abenden kam immer mal Besuch, Frau Hecht mit Schwägerin oder Tante Änne, Muhs Schulfreundin. Kuchen gab es genug, Bohnenkaffee aus dem Westen auch.
Zu Silvester hatte Ruth ein paar Leute vom Chor eingeladen, das Thema des Abends sollte China sein. Das Land ihrer Träume. Sie hatte in der HO, dem staatlichen Konsum, ein Kilo chinesischen Reis ergattert. Muh hatte tagelang aus irgendwelchen Stoffresten Kostüme genäht, Ruth ergatterte etwas Schminke und versuchte vor der Feier mit großer Mühe allen Schlitzaugen zu schminken.
Die ganze Wohnung war mit gelben Forsythien aus dem Garten geschmückt. Das Wohnzimmer wurde mit den Resten der Fallschirmseide aus dem Munitionszug dekoriert. Das war sicher nicht typisch chinesisch, aber irgendwie fremd sah es aus. Ruth hatte aus alten Zeitungen chinesische Rezepte heraus gekramt und versuchte sie nachzukochen. Das war schwierig, weil die speziellen Gewürze fehlten. Alles schmeckte irgendwie thüringisch nur mit Reis. Einer der Gäste hatte ein Grammphon und eine Schallplatte mit chinesischer Musik

mitgebracht. Darauf piepste eine chinesische Frauenstimme irgendwelche Melodien, dazu quietschte ein Saiteninstrument. Nach dem dritten Lied wurde das Gerät für den weiteren Abend ausgeschaltet. Das reichte an chinesischer Musik. Trotz dieser Bemühungen und dem Spaß, den alle miteinander hatten, über China redete den ganzen Abend niemand, nur immer wieder über die Probleme mit der Kirche. Was wird wohl mit den Kindern, wenn sie weiter sonntags zur Kirche gehen? Frau Rader erzählte von ihrer ältesten Tochter. Das Mädchen stand vor dem Abitur, aber es gab keine Aussicht auf einen Studienplatz. Die Schulleitung hatte ihr offen ins Gesicht gesagt, wer in die Kirche geht, hat in unserem Land keine Chance.

Dann ging man dazu über, einige Mitglieder der Gemeinde zu besprechen. Einige hatten sich wieder über das sonnige Trudchen geärgert. Charmant wie ein Trampeltier hatte sie das Talent jeden Fettnapf zu finden und hinein zu treten. Sie war die Person in St. Jakobi, die dort alles regelte. Als Kirchenälteste hatte sie die ganze Gemeinde voll im Griff. Doch sie manipulierte gerne, nur bei Karius traute sie sich nicht. Als Frau Ludwig kam, gab es schon nach ein paar Wochen großen Krach. Trudchen wollte bestimmen, wann, was und wo der Chor singt. Frau Ludwig ließ die Termine platzen.

Zu Höchstform lief das sonnige Trudchen auf, wenn junge Hilfspfarrer in die Gemeinde kamen und dort ihre obligatorischen Hospitationen machten. Die jungen Männer bekamen ein Zimmer im Gemeindehaus auf der Promenade zugeteilt. Kaum eingezogen erschien das sonnige Trudchen und inspizierte die Räume. Sie bot sich an, die Wäsche zu waschen und prüfte, ob die Unterhosen und sie Socken regelmäßig gewechselt wurden. Sie gab gute Ratschläge wo man was in der Stadt bekommt. Die Hilfspfarrer waren alle vorher gewarnt. Manche machten gute Miene zu bösem Spiel, andere warfen Trudchen einfach raus und riskierten eine Intervention bei Karius, die aber immer ohne Ergebnis blieb. Sie hatte sich in den Kopf gesetzt, das Fräulein Rehfuß, die Leiterin der Kindergottesdienste – Anfang zwanzig ohne den geringsten interessanten Flecken in ihrer Vergangenheit – mit einem der angehenden Pastoren zu verheiraten und arrangierte Kaffeekränzchen oder zufällige Begegnungen. In den theologischen Seminaren der Republik hatte sich diese Kuppelei herumgesprochen, es kamen nur noch in dieser speziellen Sicht abgehärtete Pfarramtskandidaten in die Stadt. Und keiner biss an. Alle waren sich am Ende der Tratscherei einig, dass es ein wunderbarer Abend gewesen sei. Nur darüber, was das neue Jahr wohl bringen werde, war man sich nicht im Klaren.

Fräulein Trietchens Klasse

– Praxis Dr. Erhard –

In der Stadt gingen Gerüchte über Stalin umher. Er soll sehr krank sein, flüsterte man. Ruth und Muh hatten noch immer kein Radio, es hätte jedoch auch wenig genutzt. Die Westsender waren so gestört, dass man nichts hören konnte. Maleton fuhr immer noch regelmäßig nach Berlin, er brachte die neuesten Nachrichten mit. „Lange macht der Gauner nicht mehr", berichtete er.
Anfang März gab es nur noch getragene Musik in allen Sendern der Republik. Zum ersten Mal hörte man eine offizielle Verlautbarung über Stalins Gesundheitszustand. Eigentlich war er da schon tot. Als er dann auch amtlich tot war, wurden überall die Sirenen zum Heulen gebracht. In der Schule gab es Schweigeminuten und verordnete Trauer. Eine Minute Stillstehen war für die meisten der Kinder, gerade für die Jungen eine Tortur. Reinhard wackelte mit den Ohren und machte heimlich Faxen, alle die hinter ihm standen, kicherten.
In der Stadt gab es so genannte spontane Demonstrationen und einen offiziellen Trauermarsch für den geliebten Genossen Stalin, der von Schulen und Betrieben angeordnet war. Die Demonstranten liefen durch die Straßen mit riesigen Stalinbildern, schwarzen Fahnen und dummen Gesichtern. Vorneweg Parteifrauen und zwei Lehrerinnen aus der Borngassenschule; in Schwarz jammernd wie sizilianische Klageweiber. Sie wischten sich die Tränen aus den Augen.
„Guck dir doch nur mal diese Heuchler an", sagte Ruth zu Ella, die beide den Zug von Ferne beobachteten.
Im Rathaus lagen Kondolenzlisten aus, in der „Freiheit", der örtlichen Zeitung, gab es riesige Anzeigen mit schwarzen Rändern von den verschiedenen Betrieben. Ein Genosse von der Parteileitung tauchte in der Praxis Dr. Erhard auf. Er for-

derte Ruth und Ella auf, sich in das Kondolenzbuch im Rathaus einzutragen.

Ella verschwand sofort im Kabuff, Ruth erklärte dem Mann naiv: „Aber ich habe den Genossen Stalin doch gar nicht gekannt, wieso soll ich kondolieren?" Der Parteifunktionär erklärte ihr: „Alle Menschen, die guten Willens sind und unserer Republik positiv gegenüber stehen, müssen kondolieren. Das sind wir dem toten Genossen Stalin einfach schuldig."

Ruth guckte so dumm und verständnislos, dass der Mann bald wieder verschwand. Als Ella aus ihrem Versteck herauskam, lachte sie sich halb schief über Ruths Reaktion auf den Genossen.

Auch Dr. Erhard ging nicht zur Kondolenz ins Rathaus und so ist der Genosse Stalin ohne das Beileid der Praxis Dr. Erhard in die Ewigkeit entschwunden.

Die Arbeit in der Praxis wurde immer zeitintensiver, jede Woche waren sie mehr als fünfzig Stunden auf den Beinen. Im Quartal gab es manchmal bis zu dreitausend Patienten, während ein normaler Doktor maximal tausend hatte. Nebenbei übernahmen sie auch einen großen Teil des Notdienstes im Kreis. Das Krankenhaus hatte nur einen Krankenwagen, die meisten anderen Ärzte in der Stadt hatten keinen fahrbaren Untersatz. Das hieß, Erhard musste raus bei Unfällen und Geburten. Egal ob Tag oder Nacht.

An einem Sonntagabend im späten Herbst stand er vor Muhs Haus. „Ich brauche Sie!" wandte er sich an Ruth, „Wir müssen zu einem Unfall an der Bahn, ein Rangierer ist unter einen Waggon gerutscht." Um zu der Unfallstelle, etwas außerhalb des Bahnhofs war, zu gelangen, mussten sie über Gleise und Schotter laufen. Die Bahner hatten schon Lampen aufgestellt, alle standen ungefähr fünf Meter weg von dem armen Mann, sie trauten sich nicht weiter ran. Ruth krabbelte unter den Zug und band erstmal die Wunden ab. Erhard prüfte den Kreislauf. Er holte sich einen der Bahner, der sollte eine Bahre und Verbandsmaterial aus der benachbarten Poliklinik besorgen.

„Aber Herr Doktor, die ist doch zu, da komm ich nicht rein."

„Dann schlagen Sie die Tür ein", brüllte Erhard „oder wollen Sie dass der Kollege verblutet?"

Der Bahner lief mit drei Kollegen weg. Sie schlugen tatsächlich die Tür ein.

Das Bein steckte zur Hälfte unter einem Rad. Der Zug musste ein paar Zentimeter bewegt werden, anders war das Bein nicht zu befreien. Erhard sprach mit den Bahnern. Keiner wollte; schließlich erklärte sich ein Freund des Verunglückten dazu bereit, die Aufgabe zu übernehmen. Ein Kollege gab ihm Zeichen. Als er die Maschine in Bereitschaft brachte, hielt alles den Atem an. Dann fuhr er an. Millimeterweise. Die Bahner am Unfallort riefen laute Kommandos. Einen Zentimeter, noch einen, dann konnte Ruth das Bein befreien. Alle waren erleichtert. Am folgenden Tag ging es wie ein Lauffeuer durch die Stadt, dass Erhard und seine Schwester schon wieder ein Leben gerettet hatten. Es stand sogar in der Zeitung. Die Praxis Dr. Erhard war bei den Leuten in der Stadt überaus populär.

Trotz allem – oder gerade deshalb – tauchte seit Stalins Tod in der Praxis wiederholt einer dieser unscheinbaren grauen Männer auf. Angeblich hatten sie hier ein Wehwehchen, da ein Zipperlein. In Wirklichkeit hatten sie jedoch nichts. Ella und Ruth hegten schnell einen Verdacht. Sicher war aktenkundig geworden, dass das Ableben Väterchen Stalins vom Personal der Praxis Dr. Erhard gänzlich ignoriert worden war. Mittwochs und sonnabends hielten sie noch immer in Grillenberg Praxis. Erhard hatte dort mittlerweile zwei Räume angemietet. Frau Kälberlach kam eines Tages leichenblass in die Praxis, beide Hände auf den Bauch gedrückt. Sie jammerte so schrecklich, dass Erhard sie gleich dran nahm. Schreckliche Magenschmerzen habe sie, klagte sie dem Doktor ihr

Leid. Dieser verschrieb ihr ein Mittel, das sie einnehmen und sich dann je fünf Minuten auf beide Seiten des Körpers legen solle, damit die Magenwände ordentlich benetzt werden. Frau Kälberlach verstand den Doktor aber offensichtlich falsch. Als sie nach vier Wochen wiederkam, stellte sich heraus, dass sie sich die Arznei ins Bett kippte und darin hin und her wälzte. Geholfen hatte es wohl aber dennoch. Ruth, die dabei gestanden hatte, verschwand sofort nach draußen und lachte bis ihr alles wehtat.

Anne Schauder wurde vom Doktor sofort ins Krankenhaus geschickt. Ihre Leber war kaputt. Zu viel Holunderschnaps und Weinsuppe. Dazu hatte sie noch Zucker, man musste ihr ein Bein abnehmen. Als sie wieder nach Hause entlassen wurde, kam der Doktor fast jeden Tag zu ihr und sorgte erst einmal dafür, dass ihre vielen Katzen woanders unter kamen. Eines Tages musste er feststellen, dass die alte Frau nicht nur unter Leberzirrhose litt. Das noch vorhandene Bein war geschwollen, voller Wasser, die Augen trüb und gelblich. Erhard untersuchte sie und tastete den Bauch ab. „Hier", sagte er plötzlich zu Ruth, „tasten Sie mal." Ruth drückte und guckte Erhard an. „Metastasen", sagte sie leise, „und Wanzenstiche." Ruth sah sich genauer im Zimmer um. Es war voller Wanzen und in der Küche sprangen die Mäuse auf dem Tisch herum.

„Haben Sie Schmerzen?", fragte Erhard Anne Schauder
„Ja", sagte sie, „hier an der Seite drückt es mächtig." Sie sah Erhard durchdringend an. „Es ist das Ende", fügte sie leise hinzu, „ich sehe, es ist das Ende. Doktor", sie versuchte sich aufzurichten, „sie werden einen anderen Ort aufsuchen, ich sehe es."

„Ich sehe mal zu, was wir machen können" versuchte Erhard sie zu beruhigen und ging mit Ruth hinaus.

„Die hat Krebs", sagte Ruth bedrückt, „im letzten Stadium. Sie wird wohl nicht mehr lange machen."

„Ein bisschen verrückt ist sie auch, fantasiert schon. Was tun wir?" fragte Erhard.
„Sie scheint ziemlich Schmerzen zu haben. Wie wäre es mit Morphium?"
Erhard seufzte: „Ja gut, dann also Morphium – und den Kammerjäger."
Ruth organisierte über die Kirche eine Sitzwache. Jemand musste Tag und Nacht bei ihr sein, sie füttern, waschen und trocken legen. Es dauerte nur ein paar Tage, dann starb Anne Schauder.
Noch eine traurige Nachricht gab es in diesen Wochen. Änne Krüger und ihr Bruder hatten sich beide im Dachstuhl erhängt. Sie hinterließen nicht viel, nur einen kleinen Abschiedsbrief Mit den Worten: „Wir konnten dieses elende Leben nicht mehr ertragen!"
Ruth und Doktor Erhard waren hingefahren und hatten mit einem Polizisten die beiden vom Gebälk geholt. Als Ruth Stunden später wieder nach Hause kam, stand sie noch immer unter dem Eindruck der Ereignisse und war schockiert als Muh auf ihren Bericht hin äußerte, die Beiden seien ja alt genug gewesen.
Die Arbeit in der Praxis nahm so überhand, dass Ruth kaum noch Freizeit hatte und das immer noch für zweihundertfünfzig im Monat. Sie sprach mit Erhard und erklärte ihm, sie wolle mehr Geld, im Krankenhaus sei der Tarif bei Dreihundertfünfzig. Erhard fing an zu pokern und hielt Ruth hin. Ruth machte einen Termin mit Dr. von der Tann aus dem Krankenhaus. Der wollte sie sofort haben. Am nächsten Tag teilte sie Erhard mit, dass sie zum nächsten Ersten im Krankenhaus anfangen könne. Sofort sagte er ihr die Gehaltserhöhung zu. Doch der Segen hing nach dieser Diskussion schief in der Praxis und richtete sich nie wieder ganz.

– Gefährliche Zeiten –

Im Westen der Stadt entstand ein neues Baugebiet. Der Schacht war fertig, die Kumpel brauchten Unterkünfte. Es war schönes fruchtbares Land. Die Erde dort war tiefschwarz, wenn gepflügt wurde, glänzten die Schollen, als seien sie voller Fett. Niemand von den Eigentümern wurde gefragt, ob sie einverstanden waren. Die Äcker wurden ihnen abgenommen, daran war nichts zu ändern.
Andererseits gab es plötzlich viel Arbeit. Viele junge Familien standen Schlange am Rathaus. Wer beim Bau mit half, bekam schneller eine von den neuen Wohnungen. An den Wochenenden sah man überall junge Leute, die, Sand schippten und Wände strichen.
Maleton brachte beunruhigende Nachrichten aus Berlin. Irgendwas braute sich zusammen. Die Arbeiter in der Stalinallee, dem größten Neubauprojekt der jungen Republik, streikten, sie hatten die Arbeit niedergelegt und waren geschlossen zur Regierung marschiert. Die Normen waren wohl erhöht worden, alle sollten mehr arbeiten. Man hörte von Schießereien unter den Linden und von Dutzenden Toten. Es hieß, Ulbricht und Grotewohl sind vielleicht schon in Moskau.
Plötzlich gab es auch in der Stadt Streiks. Zuerst im Schacht, dann zogen die Kumpel zur Maschinenfabrik, später kamen die Arbeiter aus der MIFA Fahrradfabrik und von den Baustellen dazu. Die Tore vom Gefängnis am Amtsgericht wurden gestürmt, alle Gefangenen kamen frei, auch die gewöhnlichen Kriminellen. Junge Leute in Blauhemden waren dabei und solidarisierten sich. Sie ließen sich nicht von den Arbeitern nach Hause schicken.
Rathaus und Kreishaus waren geschlossen, die Genossen aus der Parteizentrale verschwunden. Überall standen Menschen

zusammen. An den Schulen hatte man schon die sozialistischen Parolen von den Fassaden gerissen. Fritzchen, Fiedel, Martin Hartwich und Reinhard Rader liefen nach der Schule über den Markt und diskutierten die politische Lage und erzählten sich alles was sie gehört hatten. Männer kamen zu ihnen. „Kinder geht nach Hause", sagten sie, „das ist nichts für euch. Ihr seid doch noch nass hinter den Ohren und wollt schon politisieren?"
Tags darauf wurde der Ausnahmezustand ausgerufen. Überall an den Bäumen und Häusern hingen Zettel vom Rat des Bezirks Halle, auf denen zu lesen war, dass von zwanzig bis sechs Uhr Ausgangssperre bestand, Zusammenrottungen verboten waren und bei jedem Verstoß gegen diese Anordnungen geschossen werden könne.
Wieder war Panzergeratter zu hören. Alle blieben in den Häusern, die Straßen waren leer, kein Fahrrad, kein Auto, kein Hund war zu sehen. Die Panzer waren schon von weitem zu hören. Ruth, Muh und Fiedel standen im Wohnzimmer und guckten in Richtung Gonnabrücke. Plötzlich ruckte ein riesiges Panzerrohr um die Ecke. Das Haus begann zu wackeln. Es war ein sowjetischer Typ, aus dessen Luke ein junger Rotarmist guckte. Vor dem Bahnhof blieb das riesige Ungetüm stehen, drehte sich um die eigene Achse und zielte nun genau mitten in die Stadt.
Sechs dieser Gefährte kamen und stellten sich an die strategisch wichtigen Stellen, dazu Mannschaftswagen und weitere gepanzerte Fahrzeuge. Der Tross fuhr in die Mogkstraße zur sowjetischen Kommandantur, die Straße wurde bald zum riesigen Heerlager. Die ganze Straße war gesperrt, an beiden Eingängen zur Straße standen sowjetische Soldaten und ließen nur solche Personen ein, die dort wohnten.
Mit Stahlhelm und Kalaschnikow wurden sie über die ganze Stadt verteilt, an allen öffentlichen Gebäuden und vor den Fabriken standen sie Tag und Nacht. Fiedel wollte sich die beiden

Rotarmisten, die am SED-Parteihaus gegenüber standen, genauer begucken, aber Ruth holte ihn gleich wieder ins Haus. Die Arbeiter wurden aufgefordert, die Arbeit wieder aufzunehmen. Wer der Anordnung folgt, hat nichts zu befürchten, sagte man. Die meisten taten es. Einige der Anführer, auch einige der Schüler, die am Gefängnis dabei waren, verschwanden sofort in Richtung Westberlin, sie rechneten sich ein paar Jahre Bautzen aus.
Die Panzer blieben vier, fünf Tage, die Soldaten in der Mogkstraße mehrere Wochen. Es waren junge Kerle, achtzehn, zwanzig Jahre alt, alle kahl geschoren. Sie langweilten sich, schliefen, rauchten, knackten Läuse, bohrten in der Nase. Es gab keinen Wodka, den hatte die Armee verboten. In der Straße waren Zelte aufgebaut, unmittelbar an Muhs Garten standen drei davon und mehrere Mannschaftswagen. Die Soldaten lagen zeitweise im Gras vorm Gartentor, wer dann in den Garten wollte, musste über sie hinweg steigen.
Die Kinder und Jugendlichen aus der Nachbarschaft waren neugierig und gingen immer wieder zu den Soldaten. Ein Mädchen, ein bisschen jünger noch als Fiedel, war jeden Tag bei den Soldaten und rutschte von einem Schoß zum anderen. Nach sechs Wochen sprach die Kleine beinahe fließend russisch. Die Soldaten zeigten den größeren Jungen wie man in Russland Zigaretten dreht. Aus der Brusttasche holten sie Päckchen von Prawdapapier in der Größe von Zigarettenpapier gefaltet und scharf geknickt, aus der Hosentasche die gehackten Blattnerven der Tabakblätter. Ein Stück Papier von dem Päckchen gerissen, der Länge nach gekickt, eine kleine Hand voll Tabak in den Knick gestreut, eine Seite des Papiers mit viel Spucke angeleckt, zugedrückt und angezündet. Manche von den Soldaten verstanden sogar die Kunst, sich die Zigaretten in der Hosentasche zu drehen.
Sie schenkten den größeren Jungen Papier und Tabak, damit die es selbst probieren konnten. Vom Qualm mussten sie je-

doch schrecklich husten und gleich aufs Klo. Der größere von Schlauchs war immer dabei. Seine Mutter beschwerte sich oft bei Muh, dass der Junge nicht hört.

„Immer wieder habe ich ihn erwischt, wie er geraucht hat", sagte sie, „und Schnaps hat er auch schon bei den Russen getrunken. Dabei ist er erst vierzehn. Aber er hat vom Vater mächtig Dresche gekriegt."

Ruth war erschüttert als sie davon erfuhr. Im Hause Nikolai hatte es nie Prügel gegeben.

Die Russen zogen nach einigen Wochen ab, aber die Nachwehen des Aufstandes waren noch lange zu spüren. Immer wieder gab es Verhaftungen in der Stadt. Menschen verschwanden, entweder im Gefängnis oder in den Westen. Schüler aus der Oberschule wurden verhört, einige kamen tagelang nicht zurück. Manche wurden ausgefragt über ihre Eltern, Spitzel wurden angeworben, es gab Misstrauen jeder gegen jeden. Tante Suses Tochter aus Leipzig ging nach Westberlin, der Mann wurde gesucht, er war angeblich Rädelsführer gewesen. In der Stadt verschwanden mehrere Lehrer. Wer verhaftet wurde, kam, wie in der Stadt geflüstert wurde, in den berüchtigten Roten Ochsen nach Halle. Dort hatten schon die Nazis ihre Gegner eingesperrt.

Kissler, der ehemalige Möbelfabrikant, wurde verhaftet. Am helllichten Tage schleiften sie den alten Mann in Handschellen durch die ganze Stadt, ein schreckliches Schauspiel. Angeblich wegen Steuerhinterziehung, Unterschlagungen und Horten von wirtschaftswichtigem Material. In seinem ehemaligen Laden gegenüber der Kirche hatten sie die unterschlagenen Gegenstände ausgestellt. Es handelte sich ausschließlich um Gegenstände, die in jeder Möbelfabrik gebraucht wurden. Dafür bekam Kissler vier Jahre Zuchthaus. Die Revolte in Berlin war ein geeigneter Anlass, gewisse Exempel an kapitalistischen Blutsaugern zu statuieren. Kissler, der alte Nationalsozialist, war dafür am besten geeignet.

In der Stadt ging die Angst um, besonders bei den Handwerkern und kleinen Kaufleuten. Jetzt war die Zeit der Abrechnung gekommen. Die Fleischer hatten die größten Sorgen. Nicht alles Fleisch, das über die Ladentische ging, stammte aus den Anteilen, die die Bauern abliefern mussten. Aus Angst und weil die Perspektiven fehlten gab es immer wieder neue Nachrichten von Selbsttötungen.

In diesen Tagen kam Frieling bei einer der Bibelstunden zu Ruth und sprach sie an: „Wir müssen Bauer Kilian helfen. Der will nicht mehr. Er soll in die neue LPG oder mehr abliefern. Das schafft er nicht und wahrscheinlich hat er auch Angst, dass der Rat des Kreises die Bücher kontrolliert. Hier und da hat er wohl ein bisschen gemogelt. Die beiden Kinder sind schon drüben. Es ist ein komplizierter Fall. Die beiden wollen am liebsten gleich weg, aber da ist noch das Viehzeug und einige kostbare Sachen, die auch nach drüben sollen."

Da Kilians zu den aktiven Kirchgängern gehörte, trafen Frieling und Ruth sie gleich am Abend vor einer Chorprobe im Gemeindehaus. Man besprach die Einzelheiten: Frieling und Ruth wollten sich am nächsten Morgen melden. Die ganze Aktion sollte in der Nacht darauf durchgezogen werden. Zuerst sollte Kilian mit seiner Frau weg, dann das Familienvermögen hinterher gebracht werden. Ruth wollte sich um das Viehzeug bis Kilians im Westen waren.

Ruth und Frieling waren ziemlich kühl und nüchtern, Kilians dagegen schrecklich aufgeregt, sie sahen sich schon im Zuchthaus oder schlimmer noch in Sibirien verschwinden. Dem großen Kerl zitterten die Hände, auch seine Frau war ganz aufgelöst.

„Die beiden sind ein Risiko", warnte Ruth später, „besonders die Frau." Frieling nickte: „Ich frage mal Karius, ob der sie begleiten kann. Vielleicht gibt es ja ein Auto."

Ruth ging gleich nach dem Chor noch zu Kilians und ließ sich im Stall und im Haus alles zeigen. Man vereinbarte, dass

Kilians alle Wertsachen verpacken sollten, Frieling und sie würden den ganzen Kram auf der Gummikarre abfahren. Kilian wollte die beiden bezahlen. Sie weigerten sich, behielten am Ende aber doch ein paar Sachen, die sich schlecht transportieren ließen.

Am nächsten Mittag fuhren Kilians mit Karius in einem geliehenen Wagen nach Berlin. Als sie dort waren, gab Karius eine verschlüsselte Meldung per Telefon an seine Frau. Ruth ging am Nachmittag zu Kilians auf den Hof und molk alle Kühe. Vierundzwanzig Stück. Dazu fütterte sie alle Tiere. Kühe, Hühner, Gänse und Schweine. Eine Heidenarbeit. Frieling hatte in der Zwischenzeit die Kisten und Schachteln verladen und Ruth beim Füttern geholfen. Später fuhren sie mit der Karre in der Dunkelheit zu Ruth. Sie mussten mehrmals fahren und nahmen am Ende noch ein paar Zentner Weizen und Kartoffeln mit. Die Wertsachen brachten sie auf Ruths Dachboden.

Nachts um eins war alles vorbei. Ruth schlief ein paar Stunden, als sie am nächsten Morgen aufwachte, war sie wie gerädert. Erst als am darauf folgenden Tag die Kühe vor Hunger brüllten, merkten die Nachbarn, dass Kilians nicht mehr da waren.

Zwei Wochen nach der geglückten Flucht brachten Ruth und Frieling die Wertsachen mit einem geborgten Auto in ein Pfarrhaus nahe Potsdam, wo sie zwei Nächte blieben. Am Tage fuhren sie unabhängig voneinander mehrmals mit der S-Bahn in den Westen. Am meisten hatte Ruth Angst wegen des Geldes und der Aktien. Sie band sich die Aktien auf den Bauch, stopfte sich das Geld in den Busen und nahm allen Mut zusammen. In Westberlin hatten sie eine Adresse in der Nähe vom Bahnhof Zoo, eine Familie, die mit Kilians befreundet war und ohne irgendwelche Fragen die Gegenstände bei sich aufnahm. Als sie ihre Transporte erledigt hatten, konnten sie es kaum fassen, wie glatt alles über die Bühne gegangen war, nicht einmal wurden sie angehalten oder kontrolliert.

Die sperrigen Sachen, die nicht transportiert werden konnten, blieben bei Ruth. So kam diese endlich zu einem Radio. Als Ruth Kilians Schätze in der Nacht nach der Melkerei auf den Boden gebracht hatte, war ihr aufgefallen, dass dort allerlei stand was da nicht hin gehörte. Säcke mit Raps, Mohn, Senf, Spiegel, Gemälde und ein kostbarer Sekretär. Sie fragte Maleton, was das für Sachen seien. Der reagierte etwas verlegen.
„Das muss alles weg", sagte Ruth nervös, „wenn es jemand findet, sind wir alle dran." Maleton hatte verstanden und am folgenden Tag war der Boden wieder leer. Woher die Sachen kamen, hatte er zwar nicht erklärt, doch Ruth wollte es auch lieber gar nicht so genau wissen.
Zwei Wochen später waren auch Maletons weg. Die ganze Familie war in der Nacht nach dem Westen abgehauen. Alles hatten sie mitgenommen, nur leere Schränke, alte Kleidung und angebrochene Nahrungsmittel hatten sie zurück gelassen.
Ruth und Muh waren sprachlos. Es musste in der Nacht zwischen zwölf und fünf gewesen sein. Ruth war um halb zwölf noch wach gewesen, Muh war kurz nach fünf aufs Klo gegangen. Niemand hatte was gemerkt. Immer wieder überlegten sie, wie die das nur gemacht haben? Als dann auch noch das Fräulein Pfister verschwand, lachte die ganze Stadt: „Maleton hat sogar seine Hure mit in den Westen genommen."
Ein paar Wochen nach Maletons Verschwinden standen an einem Morgen um sechs drei Männer vor der Haustür, sie wollten zu Ruth und nahmen sie gleich mit.
‚Jetzt ist es vorbei', dachte sie, ‚zwei, drei Jahre Bautzen für Mithilfe zur Republikflucht, wenn ich Glück habe. Aber was wird mit Fiedel?'
Auf der Polizei fragten sie Ruth über alles Mögliche aus, besonders über Maleton. Wer bei ihm ein und ausgegangen ist und ähnliches.
„Er hat geschoben, das wussten Sie doch?"

„Ich?", fragte Ruth unschuldig und machte ein dummes Gesicht. „Wieso soll ich was gewusst haben?"
„Na, so was kriegt man doch mit."
„Ich weiß nicht was Sie mit ‚so was' meinen. Ich habe jedenfalls nichts mitgekriegt. Ich weiß auch nicht, was Sie unter Schieben verstehen, mir war lediglich bekannt, dass er in irgendeiner Firma arbeitete, die mit landwirtschaftlichen Produkten zu tun hatte"
„Welche Firma war denn das?"
„Keine Ahnung, irgendwo im Kreis."
„Nie danach gefragt?"
Ruth machte das dümmste Gesicht, zu dem sie fähig war und zuckte mit den Schultern: „Nein, das hat mich nie interessiert."
„Und was war mit Fräulein Pfister?"
„Was soll mit der gewesen sein?"
„Sie betrieb gewerbsmäßige Unzucht! Wussten Sie das nicht? So etwas ist in unserem Staat illegal."
Ruth tat überrascht: „Was ist denn das? Gewerbsmäßige Unzucht?"
„Nun ja", antwortete der Polizist etwas verlegen, „wenn man für Liebe Geld nimmt."
„Ach du liebe Zeit", entrüstete sich Ruth, „dass es so was bei uns gibt! Nein, also davon weiß ich nichts. Aber, junger Mann, wenn Sie das wissen, warum fragen Sie mich dann?"
Die Polizisten wechselten plötzlich das Thema: „Was wissen sie vom Bauern Kilian."
Ruth wurde warm, dann heiß, auf der Stirn bildeten sich kleine Schweißperlen. „Die sind doch weg", sagte sie schließlich ein bisschen naiv.
„Seit wann wissen Sie das?"
„Vielleicht vier, fünf Wochen."
„Geht's ein bisschen genauer?"
„Nein."

„Vom wem wissen sie es?"
„Da muss ich überlegen." Sie dachte einen Augenblick nach und gab sich Mühe, ihren dümmlicher Blick zu erhalten, dann sagte sie sehr langsam und nachdenklich: „Wahrscheinlich von irgendwem aus der Praxis."
„Von wem genau?"
„Keine Ahnung mehr wer es gesagt hat. Vielleicht ein Patient, vielleicht Dr. Erhard."
„Trifft es zu, dass Sie Bauer Kilian mit seiner Frau im Gemeindehaus in der Riestedter Straße getroffen haben?"
Ruth wurde ganz anders. „Kann sein", sagte sie leise, „ich bin ja immer zum Chor dort. Vielleicht waren wir auch mal gleichzeitig da. Kilian ging ja öfter in die Kirche. Keine Ahnung."
Schließlich ließ man sie laufen. Ihr fiel ein riesiger Stein vom Herzen, so erleichtert war sie, dennoch waren Tage nötig, um diesen Schock zu verarbeiten.
Als Ruth am folgenden Tag in der Praxis Ella die ganze Geschichte mit allen Details berichtete, sagte diese:
„Es hat dich also jemand aus deinem Chor verpfiffen. Guck mal einer an! Denk mal nach. Wer von den Sängern macht solche Freundlichkeiten?"
Ella hatte recht, woher wusste die Polizei, dass sie Kilian im Gemeindehaus getroffen hatte? Nur eine halbe Stunde später war Chor gewesen. Als Kilian ging, waren die ersten Sänger schon da gewesen.
Es war beunruhigend. Doch Ruth wollte niemanden verdächtigen, sie käme sich wie eine Verräterin vor. Schließlich waren alle gemeinsam im Chor. Wichtig war jetzt, aufpassen. Keine politischen oder andere Äußerungen oder Gespräche, auch im Chor nicht. Ruth verlor fast den Spaß am Chor.
Ein paar Tage später traf sie sich mit Frieling und unterrichtete ihn von ihrem Entschluss. Frieling verstand. Er wollte selber nicht mehr.

Ein halbes Jahr später verschwand auch er samt Familie in den Westen.

Als nützlichste Errungenschaft aus der Aktion Kilian erwies sich das Radio. Endlich konnte man Musik hören, wenn auch verzerrt, weil das Gerät noch keine Ultrakurzwelle hatte. Auch die Insulaner im RIAS konnte man hören, oft gestört, aber das meiste konnte man verstehen. Muh war begeistert von der Sendung, am liebsten hörte sie Professor Quatschnich. Das Wichtigste waren jedoch die Nachrichten. In diesen Tagen war zu hören, dass die letzten Soldaten aus russischer Gefangenschaft entlassen würden. Adenauer war in Moskau gewesen und hatte mit den dortigen Regierenden die Rückkehr der letzten Gefangenen vereinbart. In der „Freiheit" stand, die Freilassung der Gefangenen habe man dem Genossen Ulbricht zu verdanken. In der Stadt redeten manche offen über die Lügen der Parteibonzen.

In diesen Wochen kamen tatsächlich immer mal zerlumpte, abgemagerte Gestalten vom Bahnhof in die Stadt, meistens zu zweit oder zu dritt. Sie drückten sich an den Häusern entlang und guckten sich immer wieder ängstlich um. Frau Witzel, die die ganzen Jahre auf ihren vermissten Mann gehofft und gewartet hatte, schlief nächtelang nicht. Immer wieder ging sie zum Bahnhof und erkundigte sich nach den Zügen. Wenn sie einen von diesen zerlumpten Männern sah, sprach sie ihn an und fragte ihn aus, woher er kam, wie viele noch bei ihm gewesen waren. Nächtelang saß sie am offenen Fenster, wartete und hoffte, aber mit jedem Tag schwand die Hoffnung ein Stück. Schließlich war klar, er kam nicht mehr. Erst Jahre später erfuhr sie, dass er bereits kurz nach dem Krieg in Workuta umgekommen war.

Vom Wohnungsamt wurden neue Mieter in Muh's Haus geschickt. Ein Ehepaar Winkler, er, ehemals Hilfspolizist, war jetzt Genosse und der Hausmeister vom Parteihaus gegenüber.

„Ach du je", sagte Ruth, „die Spitzel sind jetzt im Haus."

Die Westsender wurden jetzt nur noch ganz, ganz leise gehört. Und immer, wenn man das Radio abschaltete, musste man den Senderknopf auf Radio DDR stellen.

– Unangenehm –

Winkler war von Natur aus ein gemütlicher und doch strebsamer und engagierter Mensch mit gewissen Prinzipien. Seine Frau im Gegensatz dazu, eine nervige, ständig aktive Person, war von gesellschaftlichem Ehrgeiz besessen. Sie wollte mehr sein als nur die Frau eines Hausmeisters. Diese Position konnte für ihren Mann nur eine Zwischenstation auf dem Wege nach oben sein. Winkler selbst träumte heimlich davon, ordentlicher Volkspolizist wie der Freund Knorbin, der städtische Sheriff, zu werden, später vielleicht noch mehr. Er und seine Frau waren absolut sicher, dass seine Stunde noch kommt in diesem Arbeiter- und Bauernstaat, auch wenn er nie richtig lesen und schreiben gelernt hatte. Dafür nahm er regelmäßig an Parteischulungen in Halle teil. Wenn er wieder kam, lief er mit bedeutendem Gesicht herum.
Seine Mängel in Bezug auf die deutsche Sprache suchte die Ehefrau auszugleichen, indem sie täglich Diktate mit ihm übte oder sich von ihm aus der örtlichen Parteizeitung „Freiheit" vorlesen lies.
Wie bei allen Parteimitgliedern hatte Winkler auch bestimmte Aufträge, die er in seinem Ehrgeiz besonders gewissenhaft ausführte. Dazu gehörten solche wichtigen Bereiche wie Agitation und Kundschafterwesen.
Unter Agitation verstand er eine Art missionarischen Eifer wie er auch von Priestern bei den Wilden in Afrika bekannt ist. Immer mal besuchte er Ruth und Muh und versuchte sein neu erworbenes Wissen überzeugend an die Frau zu bringen. Ganz stolz war er, als er sah, welch dumme Gesichter die beiden machten, wenn er im breitesten nordthüringischen Dialekt über seine neu erworbenen Kenntnisse der Gesetzmäßigkeiten des dialektischen Materialismus oder der Expropriation im Kapitalismus dozierte. Die Äußerungen von Muh und

Ruth beschränkten sich auf erhellende Kommentare wie „oh" und „ah", oder „das ist ja wohl nicht möglich". Hatten die beiden keine Lust mehr, dem Kauderwelsch von Herrn Winkler zu zuhören, verschwanden sie nacheinander unter Entschuldigungen aufs Klo und ließen ihn am Ende im Wohnzimmer sitzen.

Immer wieder ließ er seine guten Beziehungen zu den Spitzen von Partei und Regierung durchblicken, machte vertrauliche Andeutungen über irgendwelche Vorsitzenden oder Präsidenten. „Also wenn Sie ein Problem haben", sagte er vertraulich zu Ruth, „kann man mit dem Zuständigen für das Gesundheitswesen beim Bezirk reden, kein Problem für mich, ein Anruf genügt. Oder mit dem Zuständigen in der Volkskammer, den kenn' ich seit Jahren."

Unter seinen Fenstern im zweiten Stock brachte er immer neue, selbst gemalte Plakate an, die den Sieg des Sozialismus forderten.

In seinem Eifer war er unermüdlich und erfinderisch. Es ärgerte ihn, dass die Schrifttafeln, die am Parteihaus hingen, in der Dunkelheit nicht zu lesen waren. Deshalb besorgte er sich von seinen Genossen aus den Betrieben elektrische Fassungen und verschiedenfarbige Glühbirnen. In den dunklen Abendstunden erstrahlte nun das ganze Haus einschließlich der Schrifttafeln in vielen Farben. Winkler steigerte diesen Effekt dadurch, dass er mit Hilfe eines elektrischen Unterbrechers die Glühbirnen zu Blinklichtern machte. Die Wirkung war kolossal, irgendwie erinnerte diese Art der aufreizenden Beleuchtung an ein Freudenhaus der ganz besonderen Art.

Doch die Pracht währte nicht lange. Der Verschleiß an volkswirtschaftlich wichtigen Glühbirnen war riesig und die Stromkosten so hoch, dass der Parteivorsitzende diese Art der Propaganda bald untersagte.

Unangenehmer als der missionarische Eifer waren die Schnüffeleien, zu denen sich Winkler berufen fühlte, um die Fein-

de des Sozialismus zu erkennen und unschädlich zu machen. Auf allen ihren Gängen zwischen Wohnung und Haustür blieb er immer noch eine Weile vor der Esszimmertür stehen, um zu lauschen was da zu hören war. Meistens natürlich nichts, denn Muh und Ruth hörten immer alle Schritte auf den Treppen. Dann griff Muh gerne nach der Bibel und las Ausschnitte aus den Testamenten vor. Über die Wohltaten von Jesus, die Zöllner und Sünder oder die zehn Plagen. Manchmal riss Ruth die Tür auf und vor ihr stand Winkler, manchmal auch seine Frau.
Da Ruth und Muh immer wieder auch Post aus dem kapitalistischen Deutschland bekamen, hielt Winkler, im Sinne des Schutzes der Republik, eine permanente Kontrolle möglicher subversiver Tätigkeiten für erforderlich. Ruth hatte den Verdacht, dass er einzelne Briefe gar über Wasserdampf zu öffnen versuchte, konnte es aber nicht beweisen.
Diese Machenschaften der Familie Winkler vergifteten die Atmosphäre im Hause.

Zugute kam ihm bei seinen Schnüffeleien, dass die Wohnung in der *Belle Etage* nur zum Teil abzuschließen war. Neben der Küche und dem Bad, die zwar Verdächtiges wie Speisen und Zutaten aus dem westlichen Ausland, aber nichts wirklich Anrüchiges enthielten, konnte er auch den Speicher betreten. Die Dinge dort waren schon wesentlich interessanter. Dort gab es noch alte Schränke mit Briefen, Noten, alten Geschäftsunterlagen und Büchern. Winkler war ganz aufgeregt, als er zum ersten Mal diese Schätze sah. Die Noten waren weniger interessant, die konnte er sowieso nicht lesen. Aber wozu braucht der Mensch Noten? Noten für Klavier und Cello? Interessant waren Briefe aus der Kaiserzeit. Leider konnte er auch die alte Schrift nicht besonders gut lesen, deshalb schleppte er sie mit ins Parteihaus. Dort stellte man schließlich fest, dass es sich hauptsächlich um Koch- und Backre-

zepte handelte, die Hanne-Fieke von ihrer Mutter und ihren Schwestern bekommen hatte.
Es fanden sich Geschäftsunterlagen von Carl Nikolai., teilweise mehr als sechzig Jahre alt. Endlich hielt er Nachweise in den Händen, dass diese Familie zu den kapitalistischen Blutsaugern gehört hatte. Aber irgendwas Nützliches für Denunziationen war nicht dabei.
Eines Tages hatte Winkler Glück. Muh hatte vergessen, die Tür zum Wohnzimmer abzuschließen. Endlich konnte er nach Herzenslust schnüffeln. Er war so richtig in seinem Element, als plötzlich die Tür aufging und Ruth und Benjamin im Zimmer standen.
Winkler wurde immer kleiner, er, der Parteigenosse und Funktionär wurde von Ruth, die alle Register zog, mächtig zusammengestaucht. Tagelang hatte er Angst, dass sie ihn wegen Hausfriedensbruchs anzeigt. Es hätte wahrscheinlich schon gereicht, ihn bei der Parteileitung anzuschwärzen. Er bat und bettelte, schwor Stein und Bein, das würde nie wieder passieren.
In der Praxis berichtete Ruth Ella den Vorfall. Beide schüttelten die Köpfe. „Pass auf", sagte Ella daraufhin, „am Ende bespitzelt noch der Spitzel den bespitzelten Oberspitzel."

– Kummer und Freude –

Eines Tages sprach Erhard Ruth auf den Sprachfehler ihres Sohnes an: „Diese Stotterei von Benjamin, geht so nicht weiter. Der Junge ist nicht dumm, aber in der Schule lachen sie ihn aus. Was soll werden, wenn es mit den Mädchen losgeht? Was später, wenn er studieren will? Selbst wenn er nur einen normalen Beruf erlernt, muss er sich ordentlich verständigen können. Da muss was gemacht werden. Fahrt mal zu Isegrimm, dem Neurologen nach Nordhausen."
Ruth war einverstanden, machte sie sich doch seit Jahren Sorgen um den Jungen. Ella machte für sie telefonisch einen Termin. Morgens um halb neun standen sie vor der Praxis.
Isegrimm war der typische Neurologe, er guckte Fiedel ein, zwei Minuten an wie man sich einen Affen im Zoo betrachtet. Der wusste gar nicht wo er hingucken sollte. Dann stellte er Fiedel ein paar Fragen.
„Wie hoch ist der Brocken?"
„Wie viel Einwohner hat deine Heimatstadt?"
„Wie viel Jünger hatte Jesus?"
„Wie viel sind sechs Mal zwölf."
Am liebsten hätte er gesagt dreihundertvierundzwanzig. So blöd fand er diese Fragerei.
Isegrimm prüfte noch die Reflexe an Knie und Fußsohlen. Dann fragte er noch nach Krankheiten in der Familie, Kinderkrankheiten, sonstigen Auffälligkeiten. Das war's, er streckte Ruth die Hand hin und wollte sich verabschieden.
„Halt", sagte Ruth, „was ist denn nun?"
„Das werde ich Dr. Erhard in meinem Bericht mitteilen."
„Das können Sie mir auch gleich sagen. Ich bin Dr. Erhards Schwester, Ihren Brief lese ich sowieso als erste."
Isegrimm guckte Ruth genau so dumm an wie er eingangs Fiedel angeguckt hatte.

„Wir wollen uns doch wohl an die Spielregeln halten", sagte er und verschwand ohne Ruth die Hand zu geben.
„Idiot", fluchte Ruth leise.
Erst zwei Wochen später kam der fachärztliche Bericht: „Das Kind ist normal entwickelt, ihm fehlt eine Lidfalte wie bei Mongoloiden, aber er hat augenscheinlich normale Intelligenz. Zu empfehlen ist die Behandlung bei einem Sprachheillehrer. Zum Beispiel bei Fräulein Kopf in Nordhausen auf dem Taschenberg 20. Und die Einnahme eines bestimmten Vitaminpräparates."
Nach weiteren zwei Wochen hatte Ruth einen Termin bei Fräulein Kopf und fuhr zusammen mit Frau Schlauch, deren Einar auch Sprachprobleme hatte, erneut nach Nordhausen.
Das ältliche Fräulein Kopf hatte eine lange Nase, graues Haar und graue Haut und war vielleicht Mitte fünfzig. Sie saß im Rollstuhl wegen eines schlecht verheilten Schenkelhalsbruchs, wie sie später mal erwähnte. Fräulein Kopf war eigentlich Stimmbildnerin, sie gab auch Gesangsunterricht und lehrte alles was irgendwie mit Stimme, mit reden oder singen zu tun hatte. Sie fragte die beiden Mütter über die Kinder aus, über irgendwelche tragischen Ereignisse in der frühen Kindheit, Nahrungsmängel, Erbkrankheiten oder abnorme Familienverhältnisse. Es war ein langes eher unangenehmes Gespräch. Ruth hatte schon bald ein ungutes Gefühl.
Fiedel fuhr in den nächsten Monaten zweimal wöchentlich nachmittags nach Nordhausen, manchmal allein, manchmal mit Einar. Die Nachmittage dort waren schrecklich langweilig, Fiedel nahm sich meistens die Schulbücher mit. Wenigstens lernen wollte er. Fräulein Kopf war immer miesepetrig und meckerte über alles Mögliche. Und immer eine Stunde lang ohne Unterbrechung be ba bi bo bu oder mjam mjem mjim mjom mjum. Die Ergebnisse nach einem halben Jahr waren niederschmetternd, „du musst üben, du übst nicht",

Fräulein Kopf schrieb einen Brief an Ruth: „Der Junge übt nicht. So wird das nichts."
Ruth übte mit Fiedel jeden Abend. Wenn er entspannt war, ging's manchmal, dann wieder nicht. Ruth fing an nach ein paar Wochen zu rätseln, ob das wohl das Richtige sei. Aber jetzt musste man erstmal durchhalten.
Durch das Vitaminpräparat wurde Fiedel nur dicker und dicker. Er brauchte neue Hosen und hatte Backen wie ein Schweinchen. Im Turnen wurde er immer schlechter. Nach einem halben Jahr hatte er eine Fünf in Sport. Ruth war deprimiert, zumal sie feststellte, dass sich auch durch das Präparat nichts an der Stotterei änderte. Nach einem halben Jahr setzte sie das Medikament ab.
Dabei fiel ihr zum ersten Mal auf, das der Junge immer größer wurde und sie beschloss: „Schluss mit Fiedel, ab heute bist du Benjamin!"
Die Kinder in der Schule nannten ihn sowieso seit Jahren schon Benni.
Sie hatten jetzt ein neues Unterrichtsfach; Russisch. Da es für die Anfangsklassen keinen Lehrer gab, sollte Fräulein Trietchen unterrichten. Sie musste die Sprache selbst erst lernen und war immer nur zwei Lektionen voraus. Das schwierigste war die andere Schrift, manche quälten sich mächtig damit. In der ersten Lektion gab es ganz einfache Wörter aus dem Leben der Werktätigen.
„Nina, Nina, tam kartina, eto traktor i motor", lernten sie wie alle Kinder der Republik.
Nach vier Monaten Russischunterricht versuchte der dicke Neumann seinen ersten eigenen russischen Satz zu bilden.
„Anton leschit na Nina", sagte er leise zu seinen Nachbarn.
Was so viel heißen sollte wie: Anton liegt auf Nina. Doch das Fräulein Trietchen hatte gute Ohren, sie hörte diesen dummen Satz und holte Neumann gleich nach vorn.

„Wiederhole das mal bitte", sagte sie streng. Neumann wurde puterrot und stammelte leise den Satz erneut.
„Erstens, Neumann, ist das eine Schweinerei und zweitens ist es falsch. Es heißt na Ninje! Hörst du! Na Ninje! Merk dir das. So liegt der Anton falsch auf der Nina."
Die Klasse lachte, Neumann wäre am liebsten im Boden versunken.
Nach zwei Jahren Sprechunterricht kam erneut ein Brief von Fräulein Kopf: „Es hat keinen Sinn, entweder der Junge übt nicht oder ist unheilbar krank."
Ruth ging zu Frau Schlauch und zeigte ihr den Brief. Bei Einar war es dasselbe. Ruth antwortete Fräulein Kopf schließlich: „Wir lassen es, der Junge kommt nicht mehr!" Benjamin war hocherfreut.

Als Frau Ludwig erfuhr, dass Benjamin nicht mehr nach Nordhausen fuhr, sprach sie ihn an, ob er Lust habe in den Posaunenchor zu gehen. Das war seit langem Benjamins heimlicher Traum, er wollte unbedingt ein Instrument lernen, hatte aber wegen des Sprachunterrichts keine Zeit gehabt. Gleich zwei Tage später stand er im Übungsraum der Kirche.
Frau Ludwig holte ein kleines Althorn in E aus dem großen Instrumentenschrank. Sie ließ ihn so lange tuten bis ordentliche Töne aus dem Instrument kamen und zeigte ihm, wie man durch Lippenspannung unterschiedliche Tonhöhen erzeugte. Schon nach zehn Minuten blies er in Quarten „Kartoffelsupp, Kartoffelsupp heute gibt's Kartoffelsupp". Das klang wie die Feuerwehr. Stolz ging er mit seinem Instrument nach Hause und führte Ruth und Muh sein Können vor. Der rote Winkler von oben sprang wie von der Viper gebissen nach unten, schimpfte und beschwerte sich über den Krach, er werde die Polizei rufen und so weiter.
„Na, na", sagte Ruth daraufhin, „es ist doch grade erst halb acht."

Sie vereinbarten mit Winkler feste Probezeiten. Das passte ihm zwar nicht, aber es half nichts.

Benjamin übte täglich auf seinem Horn und fand selbst heraus, dass man mit den Ventilen die Tonhöhe regulieren konnte. Schon drei Tage später konnte er „Hänschen klein" und „Alle meine Entchen spielen". In der nächsten Stunde zeigte er alles Frau Ludwig, die ihm gleich ein Notenbuch mitgab, in dem sie einige Lieder angekreuzt hatte, immer die zweite Stimme. Vier Wochen später konnte er bereits im Posaunenchor mitspielen. Frau Ludwig war begeistert und erstaunt. „Das gab's noch nie!", sagte sie zu allen, die sie nach ihrem neuen Schüler fragten.

tatsächlich

Benjamin war im Posaunenchor der Jüngste, freundete sich aber schnell mit den Älteren an, mit Witzel, Schulze und den Brüdern Hrabal. All' diese Jungen waren ohne Väter. Entweder waren sie tot oder von den Müttern geschieden.

Er traf sich mit seinen neuen Freunden bald fast jeden Sonntag. Der Junge blühte auf, wurde wieder schlank, die Zensuren wurden besser. In Sport hatte er plötzlich eine zwei. Besonders in Leichtathletik hatte er sich stark verbessert. Sportlehrer Michel war ganz glücklich, Er ließ den Jungen bei den Schulmeisterschaften in der 100-Meter-Staffel mitlaufen. Bennis Staffel wurde Zweite.

Benjamin hatte endlich auch wieder Zeit für seine Singerei. Er probte im großen Chor mit. Auf dem Programm stand Bachs Weihnachtsoratorium. Für den einfachen Laienchor war die Musik sehr schwer aber sie war wunderbar. Wochenlang wurde im Gemeindehaus geübt.

Kurz vor Weihnachten waren die letzten Proben mit dem gesamten Orchester. Die Musiker kamen aus Halle, Eisleben oder Nordhausen, die meisten hatten mit Frau Ludwig studiert. Benjamin hatte noch nie in einem solchen Konzert mitgesungen und war sehr aufgeregt. Benjamin gab alles. Was konnte dieser Bengel mit seiner Stimme alles machen.

Er stand direkt hinter den Solisten, die sich erstaunt und entzückt umdrehten. Dann kamen die Arien. Das war ein Traum für Benjamin, vielleicht würde er ja auch einmal so singen können.

Es war erstaunlich, sobald der Junge sang, war von seinem Stottern nicht das Geringste zu bemerken. Irgendwie musste es mit dem Atemfluss zusammenhängen. Wenn er zu jemandem sprach, hatte er auch immer das Gefühl der totalen Unterlegenheit. Beim Singen war das nicht so. Wenn er zum Beispiel in der Schule vor der Klasse allein sang, hatte er immer ein bisschen Lampenfieber. Aber nicht so viel wie beim Sprechen. Vielleicht musste er einfach nur sicherer werden. Sicherer im Auftreten, sicherer in der Schule. Das ging ihm immer wieder durch den Kopf, nur die Umsetzung bereitete ihm Schwierigkeiten.

Am Montag nach dem vierten Advent war in der Schule wieder grauer Alltag. Im Musikunterricht erzählte Benjamin enthusiastisch vom Konzert. Die Musiklehrerin wechselte sofort das Thema, es gebe auch noch andere Musik als kirchliche Oratorien. Benjamin war wie vor den Kopf gestoßen.

Doch er ließ sich nicht beirren und ging nach dem Unterricht zum Buchhändler Alban Hess, der Bassstütze im Chor. Benjamin fragte nach Büchern über Bach, er wollte alles lesen. Viel war nicht da, nur das Buch von Albert Schweitzer. Jeden Tag ging er wieder zu Alban Hess, saß halbe Nachmittage im Laden und las. Nicht nur Albert Schweitzer, sondern alles was ihn interessierte.

– Arbeit am neuen Menschen –

Durch die Dörfer fuhren Lautsprecherwagen und machten Propaganda für die neuen landwirtschaftlichen Produktionsgenossenschaften. Die Verantwortlichen der Kreise, Parteiagitatoren und junge Leute in Blauhemden waren dabei. Die meisten kamen von irgendwoher und wollten die Bauern davon überzeugen, dass die Kollektivierung der Landwirtschaft der beste Weg in eine sonnige gesellschaftliche Zukunft ist. Zuerst mit sanfter Überzeugung, am Ende mit massivem Druck. In der Stadt merkte man wenig davon, auf dem Land dafür umso mehr.
In der Schule mussten sie Gedichte zum Thema sozialistische Landwirtschaft lernen.
„Mein Liebling ist der Traktor,
er hat sein Soll erfüllt.
Er ist ein wicht'ger Faktor
in unserm Wirtschaftsbild."
Röschen Schmidt erzählte Muh, dass sie auch bei ihm gewesen waren. Er sollte den Acker an der Darre für die neue Produktionsgenossenschaft abgeben. „Diese Krepel, jetzt klauen sie uns auch noch das Land!", schimpfte er, „Ich hab sie zu Ihnen geschickt, mir gehört der Acker ja nicht."
Tatsächlich bekam Muh ein paar Tage später Besuch vom Verantwortlichen des Rates des Kreises. Der redete eine halbe Stunde um den heißen Brei. Über die Vorzüge der Kollektivierung, dass dann alle Bauern ihren Achtstundentag und Anspruch auf Urlaub haben und so fort. Muh nickte bei allem was der Mensch sagte. Schließlich unterbrach sie ihn: „Großartig, aber nun sagen Sie mir doch mal, was sie eigentlich wollen."
„Also wir wollen, dass Sie mit diesem Acker Mitglied der neuen Genossenschaft werden. Da Sie ja wohl nicht mehr täglich

arbeiten wollen, können Sie stiller Teilhaber in der Genossenschaft werden."
„Haben sie mal ins Grundbuch gesehen?", fragte Muh.
Der Mann war überrascht. Er hielt von solchen bürokratischen Formalitäten nicht viel.
„Also wenn Sie meinen, dass das alles gut und nicht zu umgehen ist, kann ich's auch nicht ändern. Aber sie brauchen das Einvernehmen meiner Geschwister, der übrigen Eigentümer, das sind Frau Tauber, Frau Heider, Frau Popp und Herr Nikolai."
Der Mann vom Kreis ließ sich die Adressen geben und kam nie wieder. Das Land wurde von der LPG bewirtschaftet, die zahlte sogar jedes Jahr pünktlich Pacht.
Die Nachrichten vom Land waren erschreckend. Irgendwann hatte man die meisten Bauern weich geklopft. Aber die wenigen Standhaften wurden so heftig drangsaliert, dass sie entweder nach dem Westen gingen oder sich den Strick nahmen. Von der leichteren Seite nahmen es die Bauern in den Harzdörfern. Die meisten hatten nur ein paar Morgen, das Land war schlecht und steinig, die Landschaft war zu bergig, sie war mit großen Maschinen nicht zu bearbeiten. Der Plan, in den Dörfern LPGs einzurichten, wurde zwar durchgeführt, damit war auch das gesellschaftspolitische Ziel erreicht, aber geschert hat sich niemand groß um diese Genossenschaften. Für die meisten kleinen Bauern im Harz waren diese sogar von Vorteil, immerhin bekamen sie jetzt technisches Gerät und Saatgut vom Staat zugeteilt und konnten weiter auf ihren kleinen Feldern ackern.
Die Funktionärsgruppe, die die Bauern in Grillenberg und in den Nachbardörfern auf den rechten genossenschaftlichen Weg bringen sollte, hatte im „Gasthaus zur Grillenburg" Quartier bezogen. Es waren junge Leute aus Halle. Jeden Abend saßen sie in der Kneipe und tranken mit den Bauern. Die machten gern mit, denn zu den jungen Leuten gehörten einige appetitliche Mädchen. Es gab auch bald Gerüchte im

Dorf, dass die jungen Leute aus der Agitprop-Gruppe es mit der Moral nicht allzu genau nehmen würden. Es hieß, nachts sei in der Grillenburg mächtig was los.

Tatsächlich kam auch eines Tages eine der jungen Damen, die aufgrund ihres üppigen Vorbaus bereits Ortsgespräch war, in die Praxis von Dr. Erhard. Es jucke sie arg an einer intimen Stelle, klagte sie. „Filzläuse", diagnostizierte der Doktor und behandelte die junge Dame streng und unwirsch. Er guckte lange in sein pharmazeutisches Buch, denn Filzläuse waren ihm in seiner medizinischen Praxis seit Jahren nicht unter gekommen. Dann schrieb er der jungen Frau ein Rezept aus und schickte sie zum Apotheker Rader nach Rosenberg.

„Kein Verkehr mehr", sagte er laut und deutlich zu der jungen Dame bevor er sie entließ.

Es dauerte nur ein paar Tage, als zwei junge Männer aus der Agitprop-Gruppe zu Ehrhard in die Praxis kamen mit genau dem gleichen Leiden, wie die gut ausgestattete junge Frau.

„Fehlt nur noch, dass da ein paar von den Bauern kommen", schimpfte Erhard, nachdem er die Männer entlassen hatte, „dann ist hier im Dorf der Deibel los." Glücklicherweise kam in den nächsten Wochen niemand mehr mit juckenden Geschlechtsteilen.

Zuerst hatte man nur die größeren Bauern aufgefordert, der neuen LPG „Roter Harz" bei zu treten. Siebenhühner und Kaltenborn, zwei der größeren Bauern aus Grillenberg, hatten sich zwar nicht freiwillig gemeldet, aber es hatte keiner größeren Überredungskünste zum Eintritt in die Genossenschaft bedurft. Beide hatten genug Sorgen mit der Bewirtschaftung ihrer Höfe. Sie hätten ihre Betriebe ohne weitere Hilfe über kurz oder lang aufgeben müssen.

Frau Kälberlach war von der Agitationsgruppe nicht gefragt worden, ob sie eintreten wolle. Zunächst jedenfalls nicht. Ein bisschen war sie darüber enttäuscht. Immerhin hatte sie auch ein paar Morgen Land.

Irgendwann wurde sie doch noch gefragt, und nachdem man sie vom besseren Leben in der Genossenschaft überzeugt hatte, trat sie schließlich als stille Teilhaberin ein. Für sie war dieser Schritt tatsächlich von einigem Vorteil. Bei der LPG gab es Baumaterial und genug Saatgut für das kleine Äckerchen, das sie immer noch bewirtschaftete. Jedenfalls gelang es ihr bald, mit Hilfe der LPG wenigstens die gröbsten Schäden an ihrem kleinen Hof reparieren zu lassen. Sie ließ ihr altes baufälliges Haus mit den Ritzen in den Wänden wieder in Stand setzen. Nachdem die gröbsten Schäden an ihrem Haus beseitigt waren und der Klempner aus der Stadt ein Wasserklo eingebaut hatte, vermietete sie im Sommer Zimmer an Sommerfrischler oder an junge Mädchen, die in der Grillenburg bedienten. Nur ihre Ziege band sie immer noch zum Ärger der übrigen Dorfbewohner auf dem Friedhof an.

Nach der Gründung der Genossenschaft veranstalteten die Mitglieder jährlich im Spätherbst eine größere Versammlung, bei der die Probleme und die Planungen für das kommende Jahr beredet wurden. Für diese Anlässe ließ sich Frau Kälberlach jedes Jahr ein neues Kleid vom Dorfschneider machen. Das halbe Dorf lachte über sie, aber sie ließ sich nicht beirren. Irgendwann kam sie sogar auf die Idee, ihr schadhaftes Gebiss sei mit ihrem Stand als ordentliches Mitglied in der Genossenschaft „Roter Harz" nicht mehr vereinbar. Da kam es ihr doch sehr entgegen, dass die Reparatur schadhafter Gebisse zu den Wohltaten dieser Republik gehörte, also keinen Pfennig kostete. Sie entschloss sich also zu einem Zahnarztbesuch und lies so auch sich selbst wieder in Stand setzen. Allerdings dauerte die Behandlung ein paar Monate. Am Ende der Prozedur hatte Frau Kälberlach tatsächlich ein funkelnagelneues Gebiss, das sie jedoch meistens in der Tasche ihrer Kittelschürze trug, um es zu schonen. Nur bei den Versammlungen der Genossenschaft oder bei Hochzeiten und Leichenfeiern steckte sie es sich in den Mund.

– Neue Lehrer –

Schlimme Nachrichten kamen aus Ungarn. Die westlichen Radiosender waren wieder heftig gestört, so dass man nichts hören konnte. Erhard gab täglich die neuesten Nachrichten weiter, die er über irgendwelche dunklen Kanäle bezog. Benjamin saß ganze Nachmittage am Radio und hörte Kurzwelle. Plötzlich hatte er den freien ungarischen Sender und hörte Appelle und Hilferufe der Aufständischen in allen europäischen Sprachen. Ganz klar war die Stimme zu hören. Jeden Morgen gab er seinen Bericht auf dem Schulhof an Fritzchen, Hartwich und Rader weiter.
Herr Droschke, der neue Klassenlehrer kam dahinter und gab eine ganz allgemeine Erklärung in der Klasse ab: „Wir sind hier um zu lernen, nicht um zu politisieren." Sofort hatten alle verstanden, dass er das wohl sagen musste. Viele Eltern standen diesem jungen Mann, als er seine Stelle antrat, skeptisch gegenüber. Parteimitglied war er und richtig gelernt hatte er diesen Beruf doch wohl auch nicht, außerdem war er noch so jung. Doch bald sahen sie ein, dass er gut mit den Kindern umgehen konnte und achteten ihn.
Auch in Ungarn kamen nun die Panzer. Genauso wie am siebzehnten Juni in Berlin. Das ganze Land wurde platt gemacht. Tausende von Flüchtlingen zogen nach Österreich und weiter in den Westen.
Aus der Stadt gingen wieder Leute weg, weil sie alle Hoffnung verloren hatten.
In die Schule kam ein neuer Lehrer für die Fächer Kunst und Geschichte. Herr Rufus, ein junger Mann, immer mit Baskenmütze und ein wenig rundlich. Das Parteiabzeichen war sichtbar, aber – so stellte sich bald heraus – ähnlich wie Droschke war er kein verbohrter Funktionär. Herr Rufus, war gescheit, begabt und von großer humanitärer Gesinnung. Muh

nannte ihn einen Edelkommunisten. Benjamin hatte plötzlich Spaß an der Kunst, er stellte fest, dass er richtig gut zeichnen und malen konnte. Rufus' erste Aufgabe an die Schüler bestand darin, mit Bleistift ein Gesicht zu zeichnen. Marion Most musste Modell sitzen. Rufus zeigte den Kindern ein paar Kniffe wie man Portraits zeichnet Rufus stand mit einem Stück Kreide an der Tafel und zeigte den Kindern, wie sie es machen sollten. Husch, husch, husch, sagte er bei jedem Strich, den er machte. Und die Striche saßen!
Benjamin zeichnete zu Hause gleich weiter. Muh musste still halten. Das Kunstwerk sah am Ende richtig nach Muh aus. In der nächsten Zeichenstunde zeigte Benjamin das Portrait seinem Lehrer, der ein bisschen ungläubig fragte, ob Benjamin es allein gemacht habe, glaubte aber seinen Beteuerungen.
Benjamin wurde ganz wild aufs Zeichnen. Jeder musste ran, sogar Marie, als sie mal zu Besuch kam.
Benjamin machte fast nichts anderes mehr außer sein Althorn blasen, singen und zeichnen, sonst war ihm die Schule noch immer langweilig genug. Die interessanteste Abwechslung waren die stets wechselnden und wieder auftretenden neuen Lehrer. Zumeist waren es junge Absolventen von der Universität, die ihre erste Stelle antraten, ein halbes oder ein ganzes Jahr blieben bis sie wieder verschwunden waren. Entweder sie in den Westen geflüchtet oder sie mussten an anderer Stelle Lücken füllen. Nur Fräulein Trietchen, Herr Droschke, der Sportlehrer Michel und Rufus blieben.
Einer der neuen Lehrer war Konrad Ries, der sehr schnell von den meisten Schülern Conny genannt wurde. Er war nicht verheiratet, manchmal lud er Schüler zu sich nach Hause auf die alte Promenade ein. Aber nur die Zuverlässigsten. Sie hörten Jazzplatten, tauschten Micky-Mouse-Hefte, rauchten, schwärmten von Marilyn Monroe und James Dean. Sie spielten Siebzehn und Vier oder pokerten. Ries verlor immer, weil sich in seinen Brillengläsern die Karten spiegelten. Conny redete öfter

mit Benjamin über seinen Sprachfehler und gab ihm den Rat: „Stell dir mal dein Gegenüber in Unterhosen vor. Nur in Unterhosen. Den Rektor Ohlendorf in Unterhosen. Bei dem rutscht die Hose sowieso immer." So dusselig der Vorschlag im ersten Moment klang, ganz verkehrt schien er Benjamin nicht. Er kam sich oft so klein und nichtig gegenüber den anderen vor, obwohl er sich nicht erklären konnte, wieso das so war.
Die Jungs hatten viel Spaß an diesen Abenden bei Conny Ries. Der redete mit ihnen über alles, sogar über Mädchen. Sie kamen sich so erwachsen vor bei ihm. Plötzlich bekam ihr Lehrer jedoch Ärger. Vielleicht hatte jemand über die Nachmittage bei ihm geplappert, obwohl alle wussten, dass sie geheim bleiben mussten. Schon einen Tag nachdem er sie über die Probleme mit der Schulleitung informiert hatte, war er weg.
Schulleiter Ohlendorf kam später in die Klasse und erklärte, der Lehrer Ries sei politisch nicht gefestigt gewesen. Die Jungen grinsten. Das hatten sie schon lange gewusst.
Das wichtigste Fach war jetzt Staatsbürgerkunde bei Lehrer Droschke. Bisher war die Geschichte mit dem Sozialismus erklärt worden wie im Märchenbuch. Es gab die Wölfe, das waren die bösen Kapitalisten oder die noch böseren Faschisten und die sieben Geißlein oder Rotkäppchen. Das waren unsere friedfertigen Werktätigen. Es gab inzwischen auch Bücher über den wissenschaftlichen Marxismus und Zusammenfassungen des KAPITALS für die Grundschule. Droschke hatte das ganze Zeug wahrscheinlich mit einiger Mühe in sich hinein gestopft. Meistens stand er vor der Klasse und dozierte, die Kinder guckten ihn an, langweilten sich oder dösten vor sich hin. Die Stunde drauf wurde dann abgefragt. Grotum, ein Lulatsch mit fast nur Vieren und Fünfen, als eines der wenigen Arbeiterkinder jedoch immer mitgeschleppt, zitterte vor jeder Stunde. Wenn er dran kam, war

die ganze Klasse in höchster Aufmerksamkeit. Grotum und Staatsbürgerkunde – das war nie langweilig.

Droschke guckte ins Klassenbuch, dann machte er ein sorgenvolles Gesicht und sagte: „Grotum."

Grotum stand auf und guckte genauso sorgenvoll wie Droschke.

„Na, was war in der letzten Stunde dran?", fragte Droschke vorsichtig. Grotum überlegte, grub in den hintersten Winkeln seines Gedächtnisses und begann: „Also ..."

„Man fängt nicht mit ‚also' an", meinte Droschke.

„Na ja, mit der Ausbeutung." Pause.

„Was ist mit der Ausbeutung?", fragte Droschke.

Hinter Grotum saß Böhnhard und flüsterte: „Im Kapitalismus wird der Mensch ..."

„Böhnhard", sagte Droschke streng, „du weißt was passiert, wenn du vorsagst. Grotum, komm mal nach vorn."

Grotum schlich vor an die Tafel.

„Noch einmal", sagte Droschke, „in der letzten Stunde hatten wir eine gesellschaftliche Gesetzmäßigkeit festgestellt. Wie war das mit der Gesetzmäßigkeit?"

Grotum dachte lange nach. Dann sagte er schließlich: „Der Mensch wird durch den Menschen ausgebeutet." Er war erleichtert, als er diese Weisheit von sich gegeben hatte.

„Na ja", meinte Droschke, „das hatten wir eigentlich schon vor einem halben Jahr. Welche Gesetzmäßigkeiten gibt es denn noch?"

Grotum dachte nach bis ihm eine Erleuchtung kam: „Mein Vater sagt immer, die Gesetzmäßigkeiten werden in der Volkskammer gemacht."

Droschke gab's auf, Grotum bekam seine Vier. Wenigstens eine Vier. Der Junge durfte nicht sitzen bleiben. Sein Vater war auf dem Schacht bei der Gewerkschaft.

Die anderen Kinder freuten sich, die halbe Stunde war rum und keiner kam mehr dran.

In dieser Zeit bemerkte Benjamin gewisse Veränderungen in seinem Wesen, die ihn doch etwas irritierten. Er kam nicht mehr zum dreigestrichenen D und fand plötzlich, dass die Mädchen doch gar nicht so doof sind wie alle immer meinten. Manche fand er ganz niedlich und fing an, heimlich für sie zu schwärmen. In den Pausen redeten plötzlich die meisten Jungen von den Mädchen.
Benjamin fühlte sich irgendwie nicht mehr wohl in seiner Haut. Jeden Tag konnte er weniger singen, die Stimme rutschte einfach nach unten. Ausgerechnet jetzt bekamen sie wieder eine neue Lehrerin in Musik. Ein Fräulein Piskobeit, jung, unverheiratet und schwungvoll. Es war ihre erste Stelle nach dem Studium in Halle. Sie stammte aus Ostpreußen. Ihre Eltern und Geschwister waren sämtlich im Krieg geblieben oder auf der Flucht umgekommen.
Jetzt hatte man sie nach Rosenberg geschickt. Auf der Suche nach Anschluss landete sie im Kirchenchor. Dies war nach Auffassung der Schulleitung jedoch kein geeigneter Umgang. Obwohl sie mutterseelenallein war und schreckliches erlebt haben musste, war sie alles andere als ein Kind von Traurigkeit. Immer traf man sie fröhlich und mit lustigen Sprüchen auf den Lippen.
Als erstes mussten die Kinder bei ihr im Musikunterricht vorsingen. Sie hatte von der Schulleitung den Auftrag, einen Chor zu gründen. Doch die Sache ging nicht ganz so schnell, weshalb sie zunächst für die Abschlussveranstaltung am Ende des Schuljahres mit den besten Sängern der Klasse ein Stück aus der „Zauberflöte" probte. Benjamin sollte mit anderen Jungen die Arie der drei Knaben singen. Martin Hartwich und der kleine Bönhard sangen Sopran. Benjamin musste Alt singen, worüber er etwas betrübt war, hatte er doch früher immer die höchste Stimme. Aufregend war es dennoch mit den beiden anderen Jungen auf der Bühne im Terzett zu singen. Der Applaus und die lobenden Worte von

verschiedenen Seiten nach der Feier ließ die Brust der kleinen Sänger mächtig schwellen.

Kurz vor den Sommerferien organisierte Fräulein Piskobeit eine Klassenfahrt in die Oper nach Halle zum „Freischütz" bei freiwilliger Teilnahme. Es meldeten sich nur acht Kinder, fünf Mädchen und drei Jungen. Für Fräulein Piskobeit war das sehr angenehm, die Horde Halbwüchsiger war überschaubar. Sie waren ganz aufgeregt, die meisten von ihnen waren das erste Mal ohne Eltern von zu Hause weg. Den Tag in Halle verbrachten sie mit Wandern und einer Bootspartie auf der Saale. Alles lachte und kreischte, Fräulein Piskobeit war ständig in Sorge, dass der Kahn kippt. Dann am Abend „Der Freischütz". Es war wunderbar aufregend und für alle Kinder die erste Opernaufführung. Beim Gießen der Zauberkugel blitzte, knallte und zischte es gewaltig. „Magnesium", flüsterte Hartwich leise.

Fräulein Piskobeit wurde nach der Fahrt von den Kindern hoch verehrt, sie hatte bei allen einen dicken Stein im Brett. Sie blieb ein gutes halbes Jahr. Dann an einem Montag war auch sie plötzlich nicht mehr da. Wieder eine, die in den Westen gegangen war.

Für Benjamin wurden die ungeklärten Verhältnisse zu den Mädchen immer rätselhafter. Einige von ihnen mochte er, das stand fest. Doch merkwürdigerweise schwärmten die für ganz andere. Auch das Verhältnis zu Ruth änderte sich. Bisher war sie die einzige Frau in seinem Leben gewesen, jetzt wollte er nicht mal mehr mit ihr schmusen, was er immer so gern gemacht hatte. Schließlich bekam er auch noch Pickel im Gesicht und fand sich hässlich. Wochenlang trug er im Gesicht dicke Pflaster und Verbände um den Hals. Die meisten Mädchen aus seiner Klasse ekelten sich vor ihm und betrachteten ihn mit Widerwillen.

– Frau Professor –

Richards Arbeit war endlich fertig und verteidigt. Erneut versuchte er in Halle oder Leipzig einen Lehrstuhl zu bekommen, doch wieder ohne Erfolg. Schließlich bewarb er sich an der Universität Greifswald. Dort war eine Stelle für eine außerordentliche Professur vakant, Schwerpunkt Französisch. Richard bekam diese Stelle, fuhr sofort hin und fand auch eine Wohnung in der Mitte der Stadt. Ein riesiges Haus, vielleicht hundert Jahre alt, innen schrecklich düster und direkt an einer lauten Hauptstraße, Marie würde entsetzt sein, aber das war erst einmal nicht zu ändern.
Marie war hin und her gerissen. Einerseits kam sie endlich aus dem so verhassten Halle heraus, sogar bis an die See. Andererseits war Greifswald sehr weit von Rosenberg und ihrer Mutter entfernt. Den Umzug mit Kindern und riesiger Bibliothek musste sie fast allein machen, Richard hatte keine Zeit, er war wie immer beschäftigt.
Die Wohnung beglückte Marie zunächst gar nicht, wie Richard befürchtet hatte, auch kannte sie niemanden in der neuen Stadt. Niemand war da, mit dem sie sich unterhalten konnte. Daher ging sie sofort in den Domchor, der ihr eine Offenbarung wurde. Der Dirigent war der Kantor Flugbeil. Er hatte nur noch einen Arm. In diesem steckte jedoch mehr Musik als bei hundert anderen in beiden Händen. Er war ein Tyrann und Despot; schrie herum und tobte in seinen Proben. Beschwerte sich aber jemand über seinen rabiaten Ton, wurde er ganz weich. „Ach Kinderchen", sagte er dann, „ihr wisst doch, das ist alles nicht so gemeint."
Nachdem Marie die erste Johannespassion mitgesungen und Fräulein Mache als junge Pfarrfrau wieder traf, wusste sie, dass sie endlich ein neues Zuhause gefunden hatte.

Richard lud Kollegen ein, es gab Herrenabende, aber auch Abende mit Damen. Sein neuer Kollege Neuber war immer dabei. Neuber war ebenfalls am Lehrstuhl, er war Honorarprofessor mit Schwerpunkt Italienisch. Er war ein paar Monate länger am Institut als Richard, geschickt im Umgang mit allerlei bürokratischen und politischen Hürden, eloquent bis zur Schmierigkeit. Immer jovial und verbindlich zu Richard, doch der spürte bereits förmlich das Messer im Rücken. Neuber war sein absoluter Konkurrent.
Auf der Straße nach Wolgast wurde um diese Zeit gerade ein Haus frei, das von polnischen Arbeitern gebaut war. Viele rissen sich um dieses Haus. Resigniert musste Richard feststellen, dass zu diesen auch Neuber gehörte. Als dieser auch noch in die Partei ging, sah Richard endgültig seine Felle davon schwimmen. Erst die Professur, dann das Haus und wieder überlegte er, ob er nicht doch in den Westen gehen sollte. Als er eines Tages in Berlin zu tun hatte, fühlte er noch einmal vor. Er fuhr nach Westberlin, redete mit den Kollegen an der Freien Universität und erfuhr zu seiner Überraschung, dass die Chancen plötzlich deutlich besser waren als vor Jahren. In Marburg war ein Lehrstuhl vakant. Dank Viktor Goldstein hätte Richard im Westen sicher einige Chancen, wenn nicht an der Universität, dann vielleicht vorübergehend an einem Gymnasium. Er war sprachlos, als er hörte, was ein Oberstudienrat im Westen verdiente und überlegte tagelang, was er machen sollte. Am Ende schlug er Marie vor, dass er vielleicht erstmal in den Westen geht, die Familie sollte dann nachkommen, wenn eine Wohnung gefunden war. Marie sollte in der Zwischenzeit seine Bücher irgendwie nach Westberlin bringen.
Als er diesen Vorschlag machte, hatte sie zufällig einen Teller Suppe in der Hand. Die Suppe landete sofort in seinem Gesicht, der Teller an der Wand.
„Du bist wohl verrückt", schrie Marie, „wie soll ich denn die Kinder ernähren?"

Ein paar Wochen nach diesem häuslichen Krach gab es riesige Aufregung am Lehrstuhl. Neuber war abgehauen. Wie sich zeigte, hatte er seinen Lebenslauf hinsichtlich der Nazizeit ein bisschen frisiert. Jetzt war Richards Stunde gekommen. Nichts sollte und durfte mehr schief gehen. In den nächsten Tagen und Wochen hatte er viele Gespräche mit dem Rektor und der Parteileitung der Universität. Er verstärkte seine Aktivität bei den Liberalen und wurde Schriftführer in der örtlichen Parteisektion. Alle Wege wurden fein und sorgfältig geebnet. Schließlich erhielt er den Ruf – und das Wunschhaus obendrein.
Die ganze Familie atmete auf, endlich war es geschafft.
Sigrid kam auf die Oberschule, der Vater hatte intensiv nachgeholfen. In der neunten Klasse gab sie jedoch auf, sie verstand Latein und Mathe nicht. Nächtelang hatte Richard mit ihr Latein gepaukt, gebracht hatte es nichts. Ähnlich wie Benjamin schien sie Probleme mit der Veränderung ihres Körpers und dem ganzen Pipapo zu haben. Während andere Mädchen in ihrem Alter nach den Jungen guckten, interessierte sie sich noch immer nur für Hunde, Katzen und Meerschweinchen. Daher schickten die Eltern das Mädchen in eine Lehre an das zoologische Institut der Universität. Das war nichts anderes als Tierpflege. Nach einem halben Jahr brach sie ab. Tiere waren ihr zwar wichtig, doch ihr heimlicher Traum war Musikerin zu werden. Das Cello, das Muh's Mann gehörte und das diese ihr geschenkt hatte, spielte sie mittlerweile richtig gut. Sie übte viel und sorgfältig. Doch Richard, der sich eigentlich nie wirklich um die Berufswünsche seiner Tochter kümmerte, war gegen eine solche Karriere. Sie sollte einen ordentlichen Beruf lernen. Also wurde sie Krankenschwester.
Karli hatte den Stimmbruch unterdessen hinter sich, auch er ging in den Domchor und sang im Tenor. Er hatte ebenfalls einen Platz auf der Oberschule bekommen, das war gar kein Problem. Er war ein guter Schüler, und als Richard der Schul-

behörde zwischendurch einen kurzen Besuch abstattete, war die Aufnahme beschlossene Sache.
Axel-Ulrich sang ebenfalls im Chor mit, im Sopran. Doch obwohl er alles richtig sang, klang seine Stimme immer irgendwie blechern. Marie war trotzdem stolz auf ihre Kinder, besonders weil sie so musikalisch waren.
Richard wurde Mitglied der internationalen Dante-Gesellschaft und der Gesellschaft zur Erhaltung der provenzalischen Sprache. In beiden Organisationen war er das einzige Mitglied der DDR. Er fuhr immer mal nach Avignon oder nach Bologna. In Bologna war er Gast bei einem Professor, der gleichzeitig Funktionär der kommunistischen Partei Italiens war. Der schwärmte über die Zustände im neuen sozialistischen Deutschland: „Ach Signor Ricardo, was aben Sie für fortuna? Ich muss lebben in diese verrottete Italia, Sie in Paradiso."
Richard biss sich auf die Zunge wenn er sowas hörte. Wenn der Italiener nach Greifswald kam, freute sich Marie. Dann konnte sie endlich wieder einmal ein wenig italienisch sprechen. Am liebsten hatte sie es, wenn der Professor auf Italienisch fluchte. Das fand sie zu schön. Außerdem hatte der Professor so schöne dunkle Augen.
Nach Greifswald kamen gelegentlich auch andere Gäste aus dem Ausland, die meisten aus den sozialistischen Ländern. Man kannte Richards Arbeiten, sie waren nach Meinung der Forscher auf höchstem wissenschaftlichem Niveau! Seine neue Übersetzung des Rolandliedes wurde in allen internationalen Fachzeitschriften besprochen. Die DDR wurde, so wollte es die sozialistische Propaganda, zum Zentrum der Forschung des Altfranzösischen. Hinsichtlich des Provenzalischen waren seine Forschungen über die Erhaltung von Dialekten unterdrückter Volksgruppen bahnbrechend.
Richard hatte erreicht was er erreichen wollte. Er bekam für die Verhältnisse in der DDR ein horrendes Gehalt. Trotzdem

war bei Horns immer das Geld knapp. Richard fuhr nur erste Klasse im Zug, nie mit dem Omnibus, immer mit der Taxe. Er rauchte jetzt die teuersten Zigarren, die es in der DDR gab. Er fuhr sogar einmal nach Kuba, und brachte eine ganze Kiste Zigarren zurück. Danach schwärmte er, zu Maries Ärgernis, eine ganze Zeit von glutäugigen, großbrüstigen Frauen mit riesigem Hintern und langem schwarzen Haar.
Karlis Konfirmation sollte groß gefeiert werden. Muh, Ruth und Benjamin waren eingeladen, aber Ruth konnte nicht, sie musste arbeiten. Dafür wurde Benjamin eine Woche von seiner Schule beurlaubt und fuhr mit seiner Großmutter nach Greifswald. Sie fuhren über Berlin und besuchten Wally in Hohen Neuendorf und anschließend Taubers in Westberlin. Dort kauften sie noch ein wenig ein, Benjamin brauchte noch Schuhe für die Feierlichkeiten. Tante Liese begleitete sie und wollte beraten.
In Greifswald war Muh die ganzen Tage vor der Konfirmation damit beschäftigt, Kuchen zu backen. Alles andere besorgte eine Köchin, die extra für die Konfirmation eingestellt worden war. Marie war glücklich, sie musste sich tagelang nicht um die Küche kümmern und ging lieber in die Singstunden zu Flugbeil. Man übte gerade Bachkantaten.
Es waren die ersten warmen Tage im Jahr, manchmal war es windig, aber das Meer mit der frischen Luft und den heftigen Wellen war wunderschön. Fast jeden Tag fuhren sie mit den Rädern nach Wieck ans Wasser und liefen am Strand entlang. Im Nachbarhaus von Horns wohnte ein Mädchen aus Karlis Schule. Es hatte blonde Haare, einen Pferdeschwanz und ein ziemlich blasses, aber doch ganz hübsches Gesicht und guckte immer, wenn die beiden Jungen vor die Tür gingen. Benjamin fand das Mädchen irgendwie interessant, wusste aber nicht so recht, warum es immer zu ihnen hinüber sah.
„Die guckt zu dir", sagte Karli zu Benni. Der wollte das nicht so recht glauben.

„Meinst du wirklich, die guckt zu mir?"
„Klar, die hat deine Schuhe und deine Hosen gesehen. So was hat keiner hier in der Stadt. Davon redet schon die halbe Schule."
Benjamin war ziemlich durcheinander. Er wusste nicht was er machen sollte.
„Warum machst du nichts mit der?", fragte Benni.
Karli winkte ab: „Die ist viel zu dünn, guck doch mal was die für eine Brust hat, da ist doch nichts dran."
Das verstand Benjamin nicht so richtig. Wieso musste ein Mädchen eine Brust haben, an der was dran war?
„Wenn du mit der was machen willst, arrangieren wir das", versicherte Karli.
Am nächsten Tag verließen die beiden Jungen zufällig das Haus als auch Karin auf die Straße ging.
Karli ging zu ihr: „Na Karin, hier das ist mein Vetter aus dem Harz, der ist zu Besuch, wegen meiner Konfirmation."
Karin stand da mit rotem Kopf. Sie wusste nicht so recht was sie sagen sollte.
„Wir gehen an den Ryck, vielleicht bis nach Wieck, Schiffe gucken", fuhr Karli einladend fort.
Karin gewann die Sprache wieder: „Na ja heute nicht, ich hab' noch was vor, vielleicht morgen."
„Gut, dann morgen", sagte Karli, „vielleicht zur selben Zeit?"
„Müssen mal sehen, was wir für die Schule auf haben."
Am nächsten Nachmittag schickte Karli seinen Vetter allein los. „Ihr braucht ja wohl keinen Wachhund", sagte er.
Benjamin bekam weiche Knie: „Nein, nein, das kann ich nicht!"
„Du gehst jetzt. Sei kein Feigling. Die wartet auf dich."
Und tatsächlich, Benjamin guckte aus dem Wohnzimmerfenster und sah im anderen Haus Karin. Sie winkte.
Benjamin hatte also keine Chance, er musste gehen.
Er trat aus dem Haus, Karin ebenfalls. Dann sah sie, dass Benjamin allein war.

„Wo ist Karli?", fragte sie.
„Der kann nicht, muss was für seine Konfirmation erledigen."
Benjamin sah, dass auch sie unsicher wurde. „Komm", sagte er zu ihr, „gehen wir zum Ryck."
Sie überlegte kurz, dann kam sie mit.
Eine Weile wussten beide nicht so recht was sie sagen sollten. Dann fing Benjamin an zu erzählen. Vom Posaunenchor, vom Harz, von seiner Schule.
Sie schwieg die ganze Zeit, wunderte sich vielleicht über seine Stotterei, dann sagte sie plötzlich: „Du hast so tolle Schuhe."
„Och ja", meinte Benjamin beiläufig, „die haben wir gerade in Westberlin gekauft."
„In Westberlin?", fragte sie ungläubig.
„Klar, wo denn sonst? Hier gibt's die nicht. Warst du noch nicht in Westberlin?"
„Nein, ich war noch nie dort. Da darf man doch eigentlich gar nicht hin."
„Wieso nicht? Ist doch nicht verboten."
„Aber wenn das die Schule erfährt?"
„Eigentlich können sie nichts machen. Ist nur nicht sehr gut, wenn man auf die Oberschule will. Aber die müssen es ja nicht erfahren. Du wirst mich wohl nicht verpetzen, oder?"
„Natürlich nicht!"
Viel hatten sich die beiden nicht mehr zu sagen, und als sie wieder zu Hause waren, schienen sie beide ein bisschen erleichtert. In den nächsten Tagen grüßten sie sich nur freundlich, wenn sie sich sahen. Mehr war nicht.
Die Konfirmation war im Dom. Über hundert Kinder waren dabei. Eine große Veranstaltung mit Bischof und Domchor. Bei der Feier am Abend bei Horns kamen Kantor Flugbeil mit Frau und der Pfarrer. Sie redeten lange über den neuen Kirchenkampf. Alle waren davon überzeugt, dass dies wohl eine der letzten großen Konfirmationen gewesen sei.

„Es gibt Hinweise", sagte der Pfarrer, „dass Kinder ohne Jugendweihe nicht mehr auf die Oberschulen aufgenommen werden. Das bedeutet Kampf. Völlig überflüssig und gegen die Verfassung."
Karli und Benni verdrückten sich an den Ryck, rauchten heimlich und sprachen über Mädchen und Zukunftspläne.
„Jetzt gehe ich auf die Oberschule", sagte Karli, dann studiere ich Medizin. Auf jeden Fall Medizin. Eine Praxis wie bei Dr. Erhard will ich haben; der erste Arzt in der Stadt sein, das wär' was!"
„Und der Studienplatz?", fragte Benjamin, „So einer wie ich bekäme nicht so einfach einen Studienplatz in Medizin."
„Ich hab' schon viel Glück", meinte Karli, „bei Vaters Stellung ist das gar nicht so schwierig. Wenn ich nicht durchs Abi falle, gibt's keine Probleme."
Benjamin dachte daran, dass er mit seiner Mutter diesbezüglich nicht mit viel rechnen konnte.
„Du musst eben gesellschaftlich ein bisschen mehr mitmachen", riet ihm Karli, „dann hast du sicher auch mal eine Chance."
Mitmachen? In dieser Gesellschaft? Das waren nicht unbedingt Aussichten, die Benjamin glücklich machten.
„Ich weiß aber gar nicht, ob ich Arzt werden will", sagte er zu Karli, „eine Praxis wie Erhard will ich auch nicht haben. Es reicht mir, was ich jeden Tag bei meiner Mutter sehe. Nie einen Achtstundentag. Und nie sonnabends zu Hause."

– Harter Kampf –

Benjamin sollte, wenn es nach der Pionierleiterin gegangen wäre, in die Vorbereitungsstunden für die Jugendweihe gehen. Ruth redete sofort mit Droschke.
„Mein Sohn wird konfirmiert, er kommt nicht in die Vorbereitungsstunden."
„Das ist mir bekannt und ich kann Sie nicht daran hindern", sagte er, „aber denken Sie daran, in unserem Staat werden die Menschen, die sich dem Kollektiv anschließen, besonders gefördert."
„Mit anderen Worten", sagte Ruth, „wir riskieren, dass er nicht auf die Oberschule kommt."
„Das will ich nicht sagen…"
„Dürfen Sie auch nicht sagen, wir haben in der Verfassung Religionsfreiheit, Meinungsfreiheit. Das müssen Sie mal lesen, das ist sehr interessant."
Ruth war verärgert. Das Gespräch war nicht sehr erbaulich, doch sie wusste, dass Droschke daran keine Schuld traf.
Benjamin ging weiter in den Konfirmandenunterricht von Karius. Dieser hatte immer wieder mit den Eltern geredet und sie gewarnt, die Kinder zur Jugendweihe zu schicken. Die Kirchenleitung in Berlin hatte die Gemeinden angewiesen, nur solche Kinder zu konfirmieren, die nicht an der Jugendweihe teilgenommen hatten. Das bedeutete offenen Kampf.
Karius vertrat zwar öffentlich die Meinung der Kirchenleitung, im kleinen Kreis schimpfte er jedoch auf die Berliner.
„Die sitzen in Westberlin und unsere Kinder hier müssen deren Streit mit dem Regime ausbaden. Dieser Dibelius! Was soll ich denn mit den Kindern machen, die nach der Konfirmation zur Jugendweihe gehen? Soll ich denen die Konfirmation wieder aberkennen?"

Noch waren alle Kinder dabei. Beinahe hundert Konfirmanden waren es in der Stadt. Nur Kinder wie Marion Most oder Felix Kamp waren nicht dabei. Deren Väter waren Fabrikleiter und konnten sich das nicht erlauben.
Auch Ruth hatte für die Konfirmation ihres einzigen Sohnes wieder ein großes Fest geplant. Doch die Gäste waren nicht mehr so zahlreich wie noch zu Muh's Geburtstag. Taubers und Tante Suse kamen nicht, Wally und Walter auch nicht. Tante Gretchen mit den großen Nasenlöchern war schon gestorben. Lotte Hecht reiste aus dem Westen an und kam mit ihrer Mutter. Familie Horn kam natürlich auch, jedoch ohne Richard. Der musste wieder einmal so viel arbeiten.
Benjamin bekam einen neuen Anzug. Direkt von Schneider Hartwich, dem Herrenausstatter von der Ecke zum Rathaus. Dazu ein weißes Hemd und eine Krawatte. Beides hatte Muh ein paar Wochen vorher aus Westberlin mitgebracht. Der Junge sah chic aus.
Im Harz ist es üblich, dass die Konfirmanden den Weg bis zur Kirche streuen. Zwei Tage vor dem Fest liefen Benjamin und Fritzchen in den Wald und schnitten Tannenzweige. Dazu holten sie Ata, weil der Sand in der Umgebung viel zu lehmig und daher nicht zu gebrauchen war. Zwei Pakete Scheuersand mussten für Benni reichen, Fritzchen brauchte fünf, der hatte mindestens hundert Meter zu streuen.
Drei Tage vor dem großen Fest wurden die ersten Geschenke abgegeben. Von seinen Patinnen bekam Benjamin eine Uhr, von Tante Käthe zusätzlich ein Gesangbuch. Muh und die Leipziger schenkten ihm etwas Geld.
Am Morgen vor dem Gottesdienst kamen Sand und Tannengrün zum Einsatz. Benjamin streute die Straße bis zu Fritzchen, Fritzchen weiter bis zu Carla. Um acht waren alle Wege fertig. Noch nie hatte es in der Gemeinde so viele Konfirmanden gegeben. Die jungen Mädchen sahen zum Teil zauberhaft aus. Die Kinder gingen immer paarweise zum Altar, Ben-

jamin ging mit Fritzchen. Der war immer noch einen halben Kopf kleiner und nicht im Stimmbruch. Als Karius seinen Segen sprach, bekam Benjamin erhabene Gefühle, endlich war er ein vollwertiges Mitglied der Gemeinde, endlich war er ein Stückchen erwachsen geworden.
Traurig war der Anblick der armen Carla Fischer. Carla hatte sich im Sommer zuvor im Pionierlager mit Kinderlähmung angesteckt und ging an Krücken. Sie humpelte mit ihren Krücken ganz allein zum Altar. Man spürte, wie die ganze Kirche den Atem anhielt, als sie sich mit viel Mühe und der Hilfe von Karius auf das Polster vor dem Altar kniete.
Es wurde eine wunderbare Feier mit Kirchen- und Posaunenchor. Mittags gab es ein großes Essen, das Ruth schon am Tag zuvor zubereitet hatte. Eine Frau aus dem Chor hatte das Kommando in der Küche übernommen, machte alles warm und servierte im Wohnzimmer, wo Ruth eine riesige Tafel aufgebaut hatte. Es gab unter anderem Krebsschwänze aus Kamtschatka, die ihr Frau Schmok ‚unter dem Ladentisch' verkaufte. Ruth hatte nach Krebskonserven gefragt, im Laden waren noch andere Kunden, da sagte Frau Schmok laut: „Fisch gibt's nicht, Ruth, aber ich habe hier noch eine alte Strickjacke für deine Mutter, die kann sie auftrudeln und was neues stricken." Daraufhin reichte sie ihr einen Beutel, in dem tatsächlich eine Jacke lag – und sorgfältig darin eingewickelt, die Krebsschwänze.
Nach dem Kaffeetrinken folgte ein kleiner Spaziergang in den Garten, ein Stück durch die Stadt bis zum Rosarium. Das Essen musste doch verdaut werden.
Abends gab es noch ein ordentliches Abendessen. Alles stöhnte, aber gegessen wurde trotzdem anständig.
In den nächsten Tagen ging Benjamin mit seinem Konfirmandengeld wieder einmal zum Buchhändler Alban Hess und suchte nach Büchern, die er sich für seine dreißig Mark kaufen könnte. Benjamin stöberte stundenlang im Laden und kaufte am Ende einen großen Atlas und eine Bibel, eine Über-

richtig!

setzung von Dr. Hermann Menge, ehemals Rektor und Lehrer für alte Sprachen am hiesigen Gymnasium. Mit dieser Auswahl war er sehr zufrieden.

Nach Ostern kamen die Abschlussprüfungen der Grundschule. Drei schriftliche Arbeiten, andere Fächer wurden mündlich geprüft. Für Benjamin gab es keine Probleme, er verbesserte sich sogar noch in Deutsch und Geschichte. Sechs Einsen standen schließlich auf seinem Abschlusszeugnis, nur Marion Most hatte mehr.

Benjamin wollte auf die Oberschule, was anderes kam für ihn gar nicht in Frage. Vielleicht wollte er doch Arzt werden oder Künstler, vielleicht Musiker oder Architekt. Auf jeden Fall studieren! Bei dem Zeugnis konnte eigentlich nicht viel passieren. Droschke war davon überzeugt, der Junge gehört auf die Oberschule. Riet jedoch er solle in die FDJ gehen, da er sonst keine Chance hat. Daraufhin kaufte Ruth ein blaues FDJ-Hemd und meldete Benjamin auf der Oberschule an.

Keine zwei Wochen später kam die Ablehnung:

Die Noten seien zwar gut, aber in der hiesigen Geschwister-Scholl-Oberschule ist nicht genügend Platz, es besteht die Möglichkeit, in den Internaten von Schulpforta oder Querfurt nachzufragen, ob es dort Möglichkeiten gäbe.

Den gleichen Brief hatten Hartwichs, Raders und die Eltern von der kleinen Lang bekommen. Sie trafen sich sofort und vereinbarten einen Termin, um gemeinsam nach Schulpforta und nach Querfurt zu fahren. Alle Eltern waren wütend, Schulpforta galt als sozialistische Kaderschmiede. Wütend auch deshalb, weil Kinder wie die von Kamp natürlich auf die Oberschule aufgenommen wurden, obwohl sie schlechtere Noten hatten.

Ein paar Tage überlegte Ruth, dann stand ihre Entscheidung fest; der Junge kommt auf die Oberschule oder sie gehen.

Beim Rat des Kreises wollte sie den Schulrat sprechen. Die Sekretärin versuchte sie abzuwimmeln: „Da könnte ja jeder kommen ..."

„Sagen Sie dem Herrn Schulrat", sagte Ruth der Sekretärin empört, „wenn mein Sohn nicht auf die Oberschule kommt, gehen wir."
„Wohin denn?" Die Sekretärin verstand offenbar nicht ganz.
„Blöde Frage. Nach drüben. Und zwar legal. Mit Ausreiseantrag!" Ruth rauschte hinaus und knallte die Tür zu.
In den nächsten Tagen passierte nichts.
Zwei Wochen später wurde in der Praxis ein Herr von Dr. Erhard ins Behandlungszimmer geführt, dem er laut an Ruth gewandt Kochsalz und Traubenzucker verordnete. Ruth war verwundert. Wozu diese Spritzen, laut Karteikarte hatte der Mann nichts? Dann fiel ihr Blick auf den Namen – es war der Schulrat.
Ruth zog eine Spritze auf. Der arme Kerl zitterte.
„Soll's wehtun Herr Schulrat oder nicht so sehr?", fragte sie arglistig.
Der Schulrat stöhnte. Offensichtlich hatte er verstanden, wer ihn da spritzen sollte. „Also gut", flüsterte er, „Ihr Sohn wird aufgenommen."
Ruth war dankbar, spritzte so sanft, wie sie nur konnte und Benjamin kam auf die Geschwister-Scholl-Oberschule.

– Verwirrungen –

Nach zwei Jahren im Posaunenchor wechselte Benjamin vom kleinen Horn zur Posaune und bewährte sich auch in diesem Instrument prächtig. In der Stadt gab es einige ältere Damen, die insbesondere für die Posaunisten ein Herz hatten. Sie spendeten Geld oder auch mal ein Abendessen für die hungrigen jungen Leute. Zu ihnen gehörte auch Frau Gawenda, Mitglied des Kirchenchores. Wenn sie Geburtstag hatte, brachten die Bläser ihr ein Ständchen.
Als Benjamin nun das erste Mal bei Frau Gawenda war, wusste er nichts Näheres über sie. Auch nicht, dass sie eine Enkelin mit Namen Heidi hatte, die ein bisschen älter war als er. Zur Geburtstagsfeier war Heidi auch da. Blond, mit Pferdeschwanz und Ponyfrisur, Petticoat und einem unbeschreiblich aufregenden kleinen Silberblick.
Die Bläser alberten viel herum, machten Sprüche, neckten Heidi und – als sie merkten, dass Benjamin und Heidi immer wieder heiße Blicke tauschten – natürlich auch Benjamin. Dieser war irritiert, da Heidi die erste war, welche ihm Blicke schenkte, die ihn bis ins Mark trafen. Auch sie besuchte die Goetheschule, aber schon die neunte Klasse. Gleich am nächsten Tag sah Benjamin sie in der Pause. Er scharwenzelte so nah um sie herum, dass sie ihn sehen musste. Sie nickte beiläufig den Kopf als würde sie ihn nur flüchtig kennen.
Er war maßlos enttäuscht. Wieso hatte sie ihm gestern so heftige Blicke geschenkt? Und heute tat sie so als kenne sie ihn kaum.
Am Freitag drauf war Chorprobe. Benjamin sang jetzt Bass mit einer kleinen, weichen Stimme, nicht besonders beeindruckend oder kräftig, aber er sang. Als er ins Gemeindehaus kam und den Probenraum betrat, stand dort Heidi mit ihrer

Großmutter. Heidi tat ganz aufgekratzt, nahm Benjamin ein bisschen zur Seite und entschuldigte sich wegen ihres Verhaltens in der Schule. „Die Mädchen aus meiner Klasse müssen nicht wissen, dass wir uns kennen", sagte sie.
Benjamin antwortete nichts darauf. Die Mädchen sollte verstehen wer wollte, er tat es jedenfalls nicht.
Benjamin war trotzdem in diesen Tagen in bester Stimmung, da die Grundschule fast vorbei war. Er war in die Oberschule aufgenommen und am letzten Wochenende vor den großen Ferien fand in Beyernaumburg das Chorfest des Kirchenkreises statt. Eine große Veranstaltung mit mehreren Chören, Posaunenchor, Flötenchor, Superintendent und mehreren Pastoren.
Frau Ludwig war in ihrem Element. Organisieren und Musik machen.
Sie leitete auf dem Fest das große Nachmittagskonzert, bei dem die Chöre sangen und sie selbst die Orgel spielte.
Das Instrument in Beyernaumburg hatte riesige Blasebälge, sie standen im Kirchturm über der Orgel und mussten mit den Füßen bedient werden. Benjamin meldete sich freiwillig zum Treten der Blasebälge. Kaum hatte er sich gemeldet, wollte Heidi auch Blasebalg treten. Benjamin war überrascht, doch glücklich.
Beide stiegen vor dem Konzert in den Turm und probierten schon mal wie das geht. Sie waren beide ganz euphorisch, er erzählte von der Oberschule und von der Fahrt, die er im Sommer mit seiner Mutter machen wollte. Auch von seinen Orgelerfahrungen in Grillenberg. Heidi und er lachten herzlich. Das Mädchen wirkte irgendwie aufgekratzt, beide berührten sich immer wieder zufällig. Nach dem ersten Klingelton traten sie mit voller Energie die Bälge, beim nächsten hörten sie auf. Wieder redeten sie und kamen sich noch näher. Sie hatten viele Pausen in denen sie herum schäkerten und alberten. Plötzlich lagen Heidis Arme um Benjamins Hals. Er hatte Sorge, dass sie

vom Gerüst fiel, weshalb er sie mit beiden Armen festhielt. Dann wusste er auch nicht wie ihm geschah, aber er küsste sie plötzlich. Zuerst auf ihre Wange, dann auf den Mund und sie küsste mit. Es war wunderbar. Sie hörten gar nicht mehr auf mit der Küsserei und überhörten so das Klingeln von Frau Ludwig.
Plötzlich wurde die Tür aufgerissen, Frau Ludwig fuhr wie ein Donnergott dazwischen und schrie: „Ich brauche Luft für meine Toccata!"
Auf dem Weg nach Hause beguckten sich die beiden mit verklärten Blicken. Benjamin brachte Heidi nach Hause. An der Haustür gab es leider nur noch ein kleines Küsschen auf die Wangen.
Benjamin war total aus dem Häuschen, er schwebte auf Wolken und wollte gar nicht nach Hause, am liebsten hätte er ihren Namen in die Welt geschrieen.
Gleich am nächsten Tag wollte er sie wieder treffen. Er trieb sich auch in der Nähe ihres Hauses herum, traute sich aber nicht zu klingeln. Keine Heidi. Auch an den nächsten Tagen nicht. Irgendwann in diesen Tagen traf er ihre Großmutter.
„Heidi ist an der Ostsee", sagte die alte Frau, „hat sie dir das nicht erzählt?"
Nein, hatte sie nicht. Benjamin war traurig. Nun würde er sie wochenlang nicht sehen. Eine Ewigkeit.

– Ausflug zum Klassenfeind –

Tante Gertrud und Onkel Otto hatten Ruth für die Sommerferien in den Westen nach Hilchenbach eingeladen. „Besuch uns, so lange es noch geht", hatten sie geschrieben. Diese Einladung hatte sie einige Überwindung gekostet, denn sie hatten keine Kinder und wollten anfangs, dass Benjamin zu Hause bleibt. Tante Gertrud war Kinder nicht gewohnt und hatte Bedenken wegen der vermeintlichen Unruhe, die so ein Junge ins Haus bringt. Ruth schrieb zurück: „Ich komme gern, aber nur mit Sohn. Ihr könnt sicher sein, mit dem habt Ihr keine Probleme." Tante Gertrud war schließlich einverstanden. Ruth ging mit der Einladung zur Polizei und beantragte ein Interzonen-Visum für den Westen. Sie bekam es ohne irgendwelche Probleme und wunderte sich ein bisschen darüber. ‚Vielleicht wollen die, dass wir gehen', dachte sie.
Ein paar Tage später fuhren sie los. Die Fahrt war von der Entfernung nicht groß. Aber der Zug fuhr im Schneckentempo und hielt an jeder kleinen Station. Nachts um drei an der Grenze in Bebra hatte er zwei Stunden Aufenthalt. Alles wurde kontrolliert, zum Teil mussten die Leute aussteigen, Koffer öffnen. Manche wurden mitgenommen und kamen erst nach einer Stunde mit blassen Gesichtern wieder. Das Ziel Hilchenbach, ein kleiner Ort nördlich von Siegen, erreichten sie schließlich irgendwann am späten Vormittag. Onkel Otto holte die beiden ab, hatte aber kein Auto. Er guckte auf das Gepäck und war ein bisschen ratlos: „Wir müssen jetzt noch zwei Kilometer laufen. Mit den Koffern schaffen wir das nicht." Es gab weder Bus noch Taxen am Bahnhof. Schließlich stellten sie die Koffer bei einem Apotheker in der Nähe unter – Onkel Otto wollte am Nachmittag mit einem Karren wieder kommen – und machten sich auf den Weg. Dieser fiel auch ohne Koffer schwer, denn die Reisenden waren müde und hungrig.

Der Vorort, in dem Heiders – das waren Tante Gertrud, Onkel Otto und Ottos fromme Schwester Lina – in ihrem kleinen Zweifamilienhaus wohnten, war noch ein Dorf, das sich mehr als fünf Kilometer entlang der Landstraße bis zum Stadtrand zog. Die Häuser standen in der Landschaft wie hingekleckert, es gab kein Zentrum, kein Laden, nur Wiesen mit Kühen, Wälder, zwischendurch ein paar Felder. Die Einheimischen waren Bauern, die meisten betrieben ihre Wirtschaften nebenher, in der Mehrzahl arbeiteten sie als Handwerker oder als Arbeiter in der Eisenindustrie des Siegerlandes.
Otto Heider war Romanist wie Richard Horn und Doktor der Philologie, jedoch schon seit langem im Ruhestand. Er genoss auf täglichen Wanderungen die Natur und an den Abenden seine umfangreiche Bibliothek. Es kam vor, dass Tante Gertrud ihn im Morgengrauen schlafend mit einem Buch in der Hand in seinem Sessel fand.
Lina tat alles für das Seelenheil ihres Bruders und dessen Frau. Manchmal war sie am Boden zerstört, wenn sie feststellte, dass ihr Bruder nun doch schon wieder allzu weltliche Literatur wie Flaubert oder Balzac gelesen hatte.
Onkel Otto machte sich bei solchen Gelegenheiten lustig über seine Schwester und trieb sie damit zur Weißglut. Tante Gertrud musste zwischen beiden immer wieder Frieden stiften. Wegen der einzigen modischen Anwandlung, die Tante Lina je gehabt hatte – in den Zwanzigern hatte sie sich ihren klassischen Haarknoten zu einem Bubikopf schneiden lassen – wurde sie von ihrem Bruder ‚Muhme Bubi', oder nur ‚Bubi' genannt. Tante Gertrud hatte, zur Betonung der Geschlechtslosigkeit ihrer Schwägerin, diesen Namen übernommen und war die einzige, die ihn ohne irgendwelche Zornesausbrüche verwenden durfte.
Muhme Bubi war alles Männliche zutiefst zuwider. Sie verbannte jede dahingehende Symbolik aus ihrem Gesichtskreis. Das ging so weit, dass sie sogar bestimmte Vorlieben und Ab-

neigungen für verschiedene Speisen entwickelte. So waren Karotten, Spargel und Gurken für sie ein absolutes Tabu. Auch aß sie offiziell niemals Wurst oder Fleisch. Einerseits wegen der unanständigen Form in ersterem Fall, andererseits wegen der Tötung von unschuldigen Gottesgeschöpfen. Den rätselhaften Schwund von Wurst und Schinken aus der Speisekammer erklärte sie zum übernatürlichen Phänomen, nachdem alles vergeblich nach Mäusen abgesucht wurde. Onkel Otto sagte, damit sei wohl der Beweis erbracht, dass es immer noch Wunder gibt auf dieser Welt.
Lina und Otto hatten noch drei ältere Brüder, die alle Pastoren geworden waren. Die Schwester hatte zunächst versucht, in den jeweiligen Pfarrhäusern unterzukommen, wurde jedoch immer wieder hinausgeschmissen. Irgendwann platzte den Schwägerinnen regelmäßig der Kragen. Bei Otto war es ihr schließlich geglückt, sich in den kinderlosen Haushalt wie eine Made im Speck einzunisten.
Mittags waren Ruth und Benjamin endlich bei Heiders. Vor und nach Tisch wurde gebetet, das war Linas Aufgabe, die sie besonders wichtig nahm. Sie suchte immer mal wieder nach neuen Tischgebeten, dichtete auch gelegentlich selbst welche. Eines ihrer eigenen Tischgebete lautete: Oh Jesu lieber Wandersmann, sitz an den Tisch und ruck mit ran.
Benjamin wäre vor Lachen beinahe vom Stuhl gefallen, aber er nahm sich zusammen.
Das erste, was sich Benjamin bei Heiders mit großer Neugier griff, war ein Stoß Illustrierte, der im Wohnzimmer lag. Westliche Illustrierte! Er fing an zu blättern, wunderte sich aber sofort, dass auf vielen Seiten Bilder, genauer gesagt, Teile von Bildern ausgeschnitten waren. Es waren ausnahmslos Fotos von jüngeren Frauen, die auf diese Weise beschnitten waren. Tante Gertrud erzählte, dass Lina diese Zeitschriften im Abonnement einem jungen Mann an der Haustür abgenommen habe, ohne sich über den Inhalt zu informieren. Jetzt fing sie

jeden Morgen den Postboten ab und schnitt die Damen mit zu waghalsigem Décolleté oder zu kurzem Rock heraus. Alles um ihren Bruder zu schützen, der ja wohl nicht ohne Grund Pädagoge statt Pastor geworden ist. Das war für Benjamin was ganz Neues. Bei Alban Hess im Laden hatte er schon viel dollere Sachen gesehen und gelesen.
In den nächsten Wochen gelang es ihm, den Briefträger schon vor Linas Eingreifen abzupassen. Er schnitt die verruchtesten Bilder selber aus der Illustrierten. Marilyn Monroe zum Beispiel, den Busen rausgestreckt über die ganze Seite. Diese Bilder wollte er für sein Zimmer zu Hause. Da würde Karli staunen.
In dieser Illustrierten waren auch immer mal Noten abgedruckt, Negermusik, wie Muhme Bubi erklärte. Benjamin schnitt sie sich alle aus.
Beim Abendessen, zu dem es neben Schweizer Käse und westfälischer Salami auch Bananen gab, stellte Benjamin fest, dass die Wurst zu Hause doch besser schmeckte. Aber Tomaten, Schweizer Käse, frische Gurken und Bananen waren Überraschungen die es zu Hause nicht oder noch nicht gab. Auch das Brot war anders. Leider gab es keine Coca-Cola im Haus, die hätte er gern mal getrunken. Stattdessen gab es jeden Abend schrecklichen Kräutertee.
Ruth und Benjamin übernachteten in einem Gartenhäuschen, das Heiders in die hinterste Ecke des Grundstücks hatten bauen lassen. Dort gab es einen großen Raum und eine Veranda. Ruth wusch sich im Haus, Benjamin auf der Veranda, so richtig sauber war er in diesen Wochen wohl nie.
Am nächsten Morgen saßen sie gegen neun alle in der Küche, das Fenster nach Süden, in der Nähe die Gleise. Täglich kamen sechs Bummelzüge vorbei, dazu morgens und abends jeweils noch ein Eilzug.
Zwanzig nach neun hörte man den Eilzug oben auf dem Berge, der in Richtung Hilchenbach fuhr.

„Der Eilzug kommt, der Eilzug kommt, der Eilzug ist schon da ...", sagte Onkel Otto so ganz nebenbei und nahm sich ein Stück Brot.
Muhme Bubi reagierte sofort entnervt und zeterte: „Seit wir hier wohnen, jeden Morgen dieser Spruch. Jetzt haben wir Gäste und trotzdem wieder dieser Spruch. Du, Doktor der Philologie, angeblich ein gebildeter Mensch, schämst du dich nicht..."
Onkel Otto guckte auf seinen Teller und lachte in sich hinein, Tante Gertrud legte bald ihre Hand auf Bubis Arm und sagte beschwichtigend: „Nun lass es mal gut sein, Lina, du weißt doch, wie er es meint. Fällst aber auch immer wieder drauf rein."
Am nächsten Morgen das gleiche Spiel. Onkel Otto brachte sein Sprüchlein, Lina wurde wütend und beschimpfte ihren Bruder, bis Tante Gertrud besänftigend eingriff.
Benjamin hatte das Prinzip begriffen. Als am dritten Morgen alle am Tisch saßen, die ersten Geräusche vom Eilzug zu hören waren, sagte Benjamin plötzlich:
„Der Eilzug kommt, der Eilzug kommt, der Eilzug ist schon da ..."
Onkel Otto platzte fast vor Lachen. Er hatte offensichtlich in Benjamin einen Bruder im Geiste gefunden.
Jeden Tag machten Ruth und Benjamin Gänge in die Stadt. Beinahe täglich musste eingekauft werden, zuerst war Onkel Otto immer dabei, er zeigte den beiden die Läden, später gingen Ruth und Benjamin allein. Jeden Tag gab es einen Einkaufszettel von Tante Gertrud und genaue Anweisungen, wo welcher Käse zu besorgen sei, und dass der Schinken möglichst aus Italien kommen soll. Ruth wunderte sich, welche Sorgen man hier hatte. Als ob es keine anderen Probleme auf der Welt gibt als die Herkunft von Käse- oder Schinkensorten.
Bei diesen Gängen nach Hilchenbach besuchten sie auch immer mal einen kleinen Buchladen. Endlich alles lesen kön-

nen, was es gab, nicht nur Zensiertes. Benjamin hatte ein bisschen Ostgeld mitgebracht, das wollte er tauschen. Ein Taschenbuch würde er sich kaufen können. Er suchte lange herum bis er sich für ‚das Tagebuch der Anne Frank' entschieden hatte. Onkel Otto schenkte ihm zu seiner großen Freude noch Hemingways ‚Der alte Mann und das Meer'. ‚Das Tagebuch der Anne Frank' las er an zwei Abenden durch und war erschüttert. In der Schule hatten sie wohl die Zeit des Faschismus durchgenommen, besonders den heldenhaften Kampf der Sowjetarmee und die Befreiung Deutschlands vom Hitlerfaschismus. Sie hatten auch über die Konzentrationslager geredet, über Buchenwald und Auschwitz. Aber dieses Tagebuch aus dem Verlies eines Amsterdamer Hinterhauses war viel lebendiger als alles, was in den in Schulbüchern stand. Abends, wenn Benjamin im Bett lag, dachte er immer wieder an Heidi. Was sollte er ihr mitbringen? Ein Buch? Er hatte keine Ahnung was so ein Mädchen liest. Ruth sollte auch nicht mitkriegen, dass er einem Mädchen was mitbringen wollte. Am Ende kaufte er eine Tafel Schokolade. Das war sicher nicht ganz verkehrt.

In Onkel Ottos Bibliothek fand Benjamin ein Buch über die Verbrechen während der Stalinzeit. Der Autor war ein ehemaliger deutscher Kommunist, der den Krieg in Russland überlebt hatte. Es war schrecklich, was Benjamin beim Lesen erfuhr. Von Lagern in Sibirien und am Polarkreis, von zig Millionen Toten. Der Autor behauptete, Stalin stünde Hitler an Grausamkeiten nicht nach. Das war kaum zu glauben. Benjamin vermutete Propaganda und ärgerte sich, dass es im Westen die gleichen Methoden gab wie zu Hause. Er versuchte mit Onkel Otto zu reden. Der behauptete tatsächlich, das an diesen Grausamkeiten was dran sei. Benjamin versuchte weiteres darüber zu erfahren, er fragte bei dem Buchhändler nach, ob es irgendwas in dieser Richtung zu lesen gab. Tatsächlich fand er weitere Bücher zum Thema. Er saß stun-

denlang im Laden, las und konnte einfach nicht fassen, dass es solche schrecklichen Verbrechen auch nach dem Krieg in der Sowjetunion gegeben hat.
Sonntags gingen alle gemeinsam in die Kirche, anschließend kamen einige Verwandte, die neugierig wegen des Besuchs waren, man wollte wissen, wie es in der Zone zuging. Einer von Ottos Brüdern kam mit seiner Frau, die in Frömmigkeit und Dummheit Lina noch einiges voraushatte. Sie guckte ein bisschen mitleidig, beinahe abfällig auf den Zonenbesuch. Benjamin machte brav einen Diener und begrüßte das Ehepaar.
„Nanu", sagte die Pfarrfrau, „der Junge spricht ja deutsch. Wir dachten immer, in der Ostzone wird jetzt nur noch russisch geredet. Ha ha ha. Na, hungern müssen Sie doch wohl nicht, jedenfalls sieht der Junge nicht so aus."
Ruth dachte sich ihren Teil, Benjamin wohl auch.
„Wir schicken jedes Jahr viele Pakete in den Osten in unsere Patengemeinde, wir wissen wie nötig unsere Hilfe dort ist", plapperte die Pfarrfrau ungestört weiter.
„Dafür sind die Ihnen sicher auch sehr dankbar", sagte Ruth, „wir hungern zwar nicht, aber manches gibt es eben bei uns doch nicht. Doch unsere Wurst schmeckt besser als die hiesige."
Die Pfarrfrau reagierte nicht, sie verstand wahrscheinlich nichts. Ihr Mann übrigens auch nicht, er schwieg die ganze Zeit, wahrscheinlich war ihm der Auftritt peinlich.
Zufällig kam man auf das Tagebuch der Anne Frank zu sprechen, es war in aller Munde. In den Zeitungen stand immer wieder was über Naziprozesse. „Das Ganze wird doch ziemlich aufgebauscht, die Kommunisten sind viel schlimmer", behauptete der Pastor, „wenn Hitler im Frühjahr in Russland losgelegt hätte, wäre der Krieg zu gewinnen gewesen. So war es schon Winter, als es richtig losging. Da ist der Diesel in den Motoren eingefroren. Und jetzt wird immer alles wieder aufgerührt. Alte Geschichten sollte man ruhen lassen."

Onkel Otto war peinlich berührt. Er ärgerte sich über den Bruder und wollte von ihm wissen, ob er denn den Krieg und das Morden auch gut gefunden hatte.

„Nun, das ist doch Vergangenheit und wem nutzt es, alles so aufzubauschen?", antwortete der. „Es sind schreckliche Fehler gemacht worden damals. Zum Beispiel mit den Juden. Das hätte der Führer nicht machen sollen. Aber das Tagebuch dieses jungen Mädchens war doch wahrscheinlich eine Fälschung. Diesen Juden ist alles zuzutrauen. Habt ihr das noch nicht gemerkt? Das Buch ist bei Fischer in Frankfurt erschienen. Natürlich in einem Judenverlag."

Onkel Otto beendete das Gespräch und damit den Besuch. Man sah Otto an, wie peinlich ihm sein Bruder und dessen Frau waren. Ruth und Benjamin waren sprachlos und entsetzt über diese Meinung eines evangelischen Pastors.

Abends las Muhme Bubi meistens fromme Geschichten vor oder sie spielte Kirchenlieder auf der Blockflöte. Sie spielte furchtbar. Alle taten so als hörten sie aufmerksam zu, warteten aber eher darauf, dass sie wieder aufhörte. Nach den Vorführungen von Tante Lina gab es immer wieder lange Gespräche darüber, wie es weiter gehen soll. Welche Zukunft haben wir drüben? Was ist mit Benjamin? Die Schule schafft er sicher, aber was danach?

„Erkundige dich, welche Möglichkeiten es hier gibt", meinte Tante Gertrud, „Fragen wird man ja stellen können. In Hilchenbach gibt es ein kleineres Krankenhaus, das von der Kirche geführt wird. Geh da mal hin." Sie ging gemeinsam mit Otto, der kannte den Verwaltungsleiter.

Rosig waren die Aussichten nicht. In Hilchenbach gab es auch auf absehbare Zeit keine Möglichkeit, aber der kirchliche Träger hatte noch andere Häuser. Vielleicht gab es da Gelegenheiten, an Arbeit zu kommen. Man müsse etwas Geduld haben. Die Bezahlung klang für Ruths Ohren nicht schlecht.

Um die vierhundert DM im Monat als normale Krankenschwester. Dazu Kindergeld.
Im Dorf gab es mehrere Kinder in Benjamins Alter. Die meisten von ihnen mussten jetzt im Sommer aber bei der Ernte helfen und hatten kaum Zeit für etwas anderes. Manche hatten einfach auch kein Interesse an dem Neuling und so blieb Benjamin den größten Teil der Zeit für sich
Viel mehr Spaß als alle Kontakte mit den Einheimischen machten ohnehin die beinahe täglichen Ausflüge in die Wälder um Hilchenbach. Mit Onkel Otto machten sie jede Woche eine größere Wanderung. Dieser, sonst schweigsam, fing auf jenen Wanderungen an zu reden. Er wollte wissen, wie es so im anderen Deutschland zuging. Ruth und Benjamin erzählten ihm alles.
Benjamin und Onkel Otto waren mittlerweile richtig dicke Freunde. Ständig alberten sie rum und machten sich über Tante Lina lustig, die, sobald sie etwas merkte, immer von neuem in Zorn ausbrach. Onkel Otto saß dann nur da und lachte still in sich hinein.
In diesen Tagen gab es Veranstaltungen für die Wahl zum Bundestag. Adenauer war wieder Kanzlerkandidat für die CDU. In Siegen war eine große Kundgebung mit Minister Erhard angesagt. Onkel Otto fuhr mit Ruth und Benjamin in der Eisenbahn nach Siegen. Vor der Veranstaltung kauften sie noch in der Stadt ein Kostüm für Ruth. Das Geld hatte ihr Tante Gertrud geschenkt. Den ganzen Vormittag guckten sie sich Läden an. Diese Pracht! Warum gab es zu Hause immer nur Mangel und diese Popeligkeit? Später standen sie in riesiger Menschenmenge stundenlang auf dem Markt bis der große Mercedes und die ganze Eskorte kam. Der dicke Erhard mit riesiger Zigarre, die letzten zwanzig Meter lief er qualmend durch die Menge. Die Massen klatschten, andere pfiffen und trillerten. Erhard versprach: „Weiter so wie bisher, keine Experimente, keine Stimme den Sozis, den vaterlands-

losen Gesellen. Wenn die dran kommen, dann gute Nacht Deutschland, dann haben wir gleich die Russen am Rhein." Pfiffe von der linken Seite.
„Wir halten die Treue zu Amerika, anders als die Sozis, diese umgekrempelten Kommunisten. Adenauer ist der Garant für Frieden und Wiedervereinigung, Erhard die Garantie für Aufstieg und Wohlstand. Beistand und Mitgefühl für die Brüder und Schwestern in der Zone, sie sind die eigentlichen Verlierer des Krieges."
Ruth und Benjamin waren tief berührt und mitgetragen von der Euphorie der Veranstaltung. Sie genossen das Gefühl, dass es Menschen gibt, die uns noch nicht vergessen haben. Es dauerte nicht lange bis die ersten Zweifel kamen.
Benjamin hatte ein kleines Stückchen Alltag im Westen gesehen. Er beneidete die Menschen in diesem Land ein bisschen. Keine Partei, keine FDJ, keine Plakate, kein Ärger mit Pionierleitern oder marxistischen Lehrern. Vor allen Dingen nicht diese tägliche Heuchelei. Am Ende der Reise kamen immer wieder die Gedanken, fahren oder bleiben? Benjamin war hin und her gerissen. Er wäre manchmal am liebsten geblieben und glaubte, irgendwie würden es Mutter und er auch schaffen. Dann dachte er an Heidi und die neue Schule. Als der Termin der Rückreise schließlich näher kam, freute er sich mehr und mehr. Endlich würde er wieder bei Heidi sein.
Ruth ging es ähnlich. Sie hatte oft die Nase voll von der ewigen Kämpferei. Außerdem diese nun schon Jahre währenden dummen Auseinandersetzungen wegen Benjamin. Die ständige Mangelwirtschaft. Zu Essen gab es zwar mittlerweile genug, aber die vielen Dinge, die man sonst zum Leben brauchte. Anständige Schuhe, ordentliche Kleidung oder ein Paket Nägel. Doch sie konnte Muh nicht allein lassen. Dr. Erhard auch nicht. Das würde sich ihm gegenüber nicht gehören.
Beim Abschied auf dem Bahnhof war nur Onkel Otto dabei.

Am Ende ihrer Fahrt besuchten sie noch für ein zwei Tage Lotte Hecht in der Nähe von Lübeck. Lottes Mann Eduard, der ehemalige Lehrer von der Ordensburg hatte sich jahrelang durchgewurstelt. Für ihn hatte es lange keine Stelle als Lehrer gegeben. Nicht mit dieser Vergangenheit. Dann hatte es irgendwann doch geklappt, die Behörden oben im Norden guckten nicht so sehr auf die Vergangenheit ihrer Beamten. Eduard hatte sich als Rektor an einer Grundschule in einem kleinen Städtchen beworben, er hatte diese Stelle sofort bekommen. Als er von dem Ausmaß der Naziverbrechen hörte, hatte sich sein Wesen verwandelt. Zuerst wollte er die Schrecklichkeiten nicht glauben, dann war er fromm geworden und half inzwischen sogar im Kirchenvorstand. Und er bekannte sich offen zu seinen Irrtümern. Gleichgültig ob es jemand hören wollte oder nicht, immer wieder schlug er sich reumütig, manchmal öffentlich an die Brust und bekannte sich zu seinen Sünden.

Jetzt lebte die Familie seit einigen Jahren im Norden, die jüngeren Kinder besuchten das Gymnasium, die beiden Älteren studierten Medizin und Jura. Sie bauten sich ein kleines Häuschen, das sie gerade bezogen hatten.

Lotte und ihre Familie empfing die beiden mit großer Herzlichkeit.

Gleich zum Abendessen hatte Ruth plötzlich wieder das Gefühl der unendlichen Vertrautheit zwischen ihr und ihrer Freundin Lotte. Sie redeten beide ziemlich durcheinander, erzählten sich alles, was ihnen gerade in den Sinn kam. Es war wirklich wieder ein bisschen wie früher in ihrer Schulzeit in Rosenberg, als sie fast jede Minute zusammen waren.

Ein knappes Jahr nach dieser Fahrt kam ein Telegramm: „Onkel Otto tot. Schlaganfall."

– Die neue Schule –

Einen Tag nach ihrer Rückkehr ging es in die neue Schule „Geschwister Scholl". Gleich um acht fand mit den neuen Schülern Fahnenappell vor der Schule statt. Alle Schüler waren im Blauhemd angetreten, danach gab es eine Versammlung in der Aula. Fräulein Loewenstein, die Direktorin, hielt eine kurze Rede:
„Ihr Schüler seid mit dem Privileg des Besuchs der Erweiterten Oberschule ausgezeichnet, deshalb habt ihr immer Vorbild zu sein und gesellschaftlich herausragende Haltung zu zeigen. Fleiß, Ordnung und Pflichterfüllung für unsere neue Gesellschaft."
Sie stand da, eine ältere Frau in viel zu kurzem Rock, mit weißen Kniestrümpfen, Bolero und Bubikopf, wie eine gütige Großmutti, die ihren Enkeln Geschichtchen erzählt. Wer sie genauer kannte, wusste, dass sie mit dem Besen der sozialistischen Disziplin diese Schule von allem reinigte, was ihrer Meinung nach nicht in eine solche Bildungsanstalt gehörte.
Es gab nur zwei neunte Klassen, eine neusprachliche und eine naturwissenschaftliche. Benjamin kam zu den Neusprachlern, wieder mit Reinhard Rader. Die beiden vermissten Martin Hartwich. Die Mehrzahl der Schüler kam von außerhalb, die meisten waren Kinder von Bauern, Lehrern oder Ärzten.
Benjamin stellte enttäuscht fest, dass die hübscheren Mädchen in der anderen Klasse waren. Aber man sah sich oft genug. Der Klassenlehrer war zu Benjamins freudiger Überraschung sein alter Kunstlehrer Rufus, der ebenfalls auf die Oberschule gewechselt war.
Vor der ersten großen Pause guckte Benjamin zufällig aus dem Fenster in den Park vor der Schule und sah dort Ruth und Ella Geert. Beide fuchtelten mit den Armen. Benjamin wunderte sich, die beiden sollten doch in der Praxis sein. Als es

klingelte rannte Benjamin sofort zu den beiden. Die waren ganz aufgeregt; Erhard war weg, die ganze Familie abgehauen. Die Praxis zu, der Kuckuck klebt auf der Tür. „Und Hartwichs auch", sagte Ella, „der Laden ist dicht, verrammelt und verriegelt. Die ganze Einrichtung, die ganze Ware haben sie stehen und liegen gelassen."
„Ja", meinte Ruth, „ihr braucht nicht auf den Martin zu warten."
Benjamin machte Mund und Nase auf. Er brauchte einige Zeit bis er verstand, was das hieß. Mutter hatte plötzlich keine Arbeit mehr. Benjamin dachte bis zum Ende des Unterrichts an nichts anderes als den Weggang von Erhard – und natürlich an Heidi. Endlich nach so vielen Wochen wollte er sie heute wieder treffen.
Nach der Schule lief er gleich mit seiner Tafel Schokolade zu Heidis Haus und wartete auf der anderen Straßenseite, dass sie käme. Als es dann soweit war, hatte er unerhörtes Herzklopfen. Er wollte zu ihr über die Straße, doch sie winkte ihm nur kurz zu, dann war sie schon in der Tür verschwunden. Benjamin war maßlos enttäuscht und hätte heulen können. Niedergeschlagen lief er nach Hause, in dem Bemühen, Ruth seinen Zustand nicht merken zu lassen.
Glücklicherweise gab es in der Schule ein paar Lichtblicke, er freute sich, dass er mit Reinhard Rader in einer Bank saß. Hinter ihnen saß Butze Baier.
Die Lehrer waren alle unbekannt bis auf Rufus. Der Mathelehrer Dr. Strauch kam gerade frisch von der Uni und war nur ein paar Jahre älter als die Schüler. Er schien freundlich, korrekt aber ziemlich streng zu sein. Der junge Mann war klein mit feinem und ebenmäßigem Gesicht, immer gut gekleidet und schon in den ersten Tagen Gesprächsthema bei den Mädchen.
Die Deutschlehrerin Fräulein Baum, um die fünfzig und etwas exaltiert, legte auf das „Fräulein" großen Wert. Die älte-

ren Schüler nannten sie Bäumchen. Mit grau durchwirkten blonden Locken, die ihr bis auf die Schultern hingen und schmalem Gesicht wirkte sie wie ein etwas angestaubter Barockengel. Sie sprach druckreif und feucht.

In den nächsten Tagen lernten sie auch die anderen Lehrer kennen. Mr. Pipe, in der Freizeit immer mit Pfeife, jung, schlank und dynamisch in Englisch, die Giessing in Russisch, Gottschalk gab Erdkunde, der kannte auch die kleinsten Nebenflüsse des Amazonas im tiefsten Urwald oder irgendwelche Oasen in der Sahara. Über Länder konnte er reden, als sei er jahrelang dort gewesen, dabei kannte er sie nur vom Finger auf der Landkarte. Er kam aus dem hintersten Galizien, sprach perfekt ukrainisch, polnisch, russisch, rumänisch, ein bisschen ungarisch und ganz ordentlich deutsch, rollte aber das R wie Caruso in seinen Arien.

Chemie gab Paulus, er sah aus wie Lehrer Lempel oder eine Witzfigur aus der Feuerzangenbowle und redete auch so. „Sehnse, dat is Pentoxöd!" Bei den Schülern hieß er deshalb Pento. Er trug immer Gamaschen, im Winter dunkle, die Sommergamaschen waren in hellerem Grau. Alle Welt rätselte, woher diese absonderlichen Kleidungsstücke kamen, zu kaufen gab es sie nirgends. In den ersten Stunden lachten einige Schüler über Paulus. Das Lachen verging ihnen jedoch, als die ersten Zensuren verteilt wurden. Gnade denen, die sich unbotmäßig verhalten hatten.

– Neue Arbeit –

Ruth war gleich nach Erhards Weggang mit ihren Zeugnissen ins Krankenhaus zu Von der Tann gegangen. Sie musste längere Zeit warten bis er Zeit für sie hatte. Von der Tann fragte gar nicht, was Ruth wollte, er wusste schon Bescheid. „Ich will sehen was sich machen lässt", versprach er Ruth, „die Gewerkschaft und die Oberin müssen gefragt werden." Leise fügte er hinzu: „Es bleibt uns gar nichts anderes übrig als Sie zu nehmen. Bei uns sind heute auch drei Schwestern nicht zum Dienst erschienen. Sie sind weg, über alle Berge. Wir wissen gar nicht, wie wir den Dienst organisieren sollen. Sie hören bald von uns." Damit war das Gespräch beendet.
Ella war zur Poliklinik gegangen, sie wusste von der Schmiedern, dass dort immer Personal für die medizinische Verwaltung gebraucht wurde. Sie ging zu Dr. Wein, dem dortigen Chefarzt, einem Schulfreund von ihr und von Erhard aus dem Gymnasium.
„Meine Güte, meine Güte", sagte Wein, „wenn das so weiter geht, ist die DDR bald leer. Letzte Woche war ich mit Erhard noch kegeln. Der hat natürlich nichts gesagt, wäre auch schön blöd gewesen, wenn er was gesagt hätte. Ich hab gehört, der hat alles stehen und liegen gelassen. Die ganze Praxis! Nur die Papiere hat er mitgenommen. Schade um die ganzen Geräte. Die werden jetzt wohl beschlagnahmt."
„Keine Ahnung", sagte Ella, „wir durften nicht rein, weder in die Praxis noch in die Wohnung. Wie sieht es nun aus?"
„Klar, du kannst anfangen", antwortete Wein, „nächste Woche?"
„Gut, nächste Woche." Willigte Ella erleichtert ein.
Ruth machte sich weiterhin Sorgen. Doch nicht nur Erhard war gegangen. Der Älteste vom Lederhaus Nebelung, der Apotheker Plotke, Dr. Müller aus dem Ochsenpalast, der Sohn

vom Direktor der Maschinenfabrik, die älteren Schwestern von Rader – alle weg, alle waren nach drüben abgehauen.
Für den Genossen Direktor der Maschinenfabrik wurde der Weggang seines Sohnes zur Katastrophe, man warf ihm mangelhafte sozialistische Erziehungsmethoden vor. In der Biografie des Direktors wurde gekramt, plötzlich fand man dunkle Punkte, er wurde degradiert. Vom Genossen Direktor zum Genossen Vorarbeiter. Die Villa in der Knoblochstraße musste er räumen.
„Hätte ich das mit Dr. Erhard gewusst", sagte Ruth, „wir wären bei Heiders geblieben."
„Hätte, hätte. Wie ist das mit dem Krankenhaus", fragte Benjamin, „bekommst du dort Arbeit?"
„Keine Ahnung", sagte Ruth, „von der Tann will mich, da bin ich sicher. Aber die Oberin und die Parteifritzen? Die hatten mich immer auf dem Kieker. Sie werden mich zappeln lassen. Vielleicht nehmen sie mich erst als Aushilfe oder Hilfsschwester."
„Das darfst du nicht machen", rief Benjamin, „da wirst du nicht froh dabei."
„Wir können es so machen", fügte der Junge hinzu, „das Krankenhaus bekommt eine Frist von vier Wochen und wenn du bis dahin keine ordentliche Arbeit hast, gehen wir."
„Und was wird mit Muh?"
„Sie kann nach Greifswald zu Marie. Oder wir nehmen sie mit. Sie bekommt drüben sicher mehr Rente als die 60 Mark hier."
,Dieser Bengel', dachte später Ruth als sie im Bett lag, ,erst vierzehn, aber schon richtige Pläne im Kopf.'
Zwei Wochen später bekam Ruth Nachricht vom Krankenhaus. Sie könne ab Oktober anfangen. Ein halbes Jahr Probezeit, dann voraussichtlich Stationsschwester. Sie ging gleich zur Oberin. Die war ganz freundlich und erklärte ihr, dass sie in der Probezeit Springerdienst machen sollte. Es waren einfach zu wenige Schwestern da.

„Und wir erwarten ihren Eintritt in den Gewerkschaftsbund, Kollegin."
‚Na ja', dachte Ruth, ‚das ist wohl leider nicht zu vermeiden.'
Ruth musste alle Arbeit machen, die auf den Stationen anfiel. Acht Wochen später wurde sie zu Von der Tann geholt.
„Wollen sie das Kinderkrankenhaus übernehmen?", fragte er sie unvermittelt.
„Wieso das?" Ruth verstand nicht.
„Die Oberschwester dort ist abgehauen. Eine andere haben wir nicht. Wollen Sie?"
Ruth dachte nicht lange nach. Klar wollte sie. Sie bekam einen neuen Arbeitsvertrag. Ab ersten Januar Oberschwester des Kinderkrankenhauses im Poetengang mit fast fünfhundert Mark im Monat.
Ruth fühlte sich gleich wohl, sie hatte alte Bekannte getroffen, sogar noch welche aus ihrer Schulzeit. Nur selten kamen die Oberin oder der Chefarzt, worüber niemand wirklich böse war.
Ruth organisierte die Dienstpläne neu. Die Teildienste wurden abgeschafft. Es gab nur noch Schichtdienste. Früh, mittags und nachts. Die Schwestern waren froh.
Von der Gewerkschaftsleitung wurde Ruth aufgefordert, sich gesellschaftlich zu betätigen. Sie habe nun eine Leitungsfunktion und müsse als Gewerkschaftlerin selbst was organisieren. Schließlich begann sie mit der Veranstaltung literarischer Abende. Alle zwei Wochen abends eine gute Stunde. Man las abwechselnd Tolstoi, Curt Götz, Ludwig Thoma und den braven Soldaten Schwejk. Das war so interessant, dass die Schwestern freiwillig teilnahmen.
Ruth wurde gehrt und ausgezeichnet. Im Haupthaus gab es eine Tafel „Unsere Besten". Dort hing ein halbes Jahr ein Bild von Ruth mit Tracht und Häubchen.

– Schulalltag –

Das Tempo in der neuen Schule war rasant, Benjamin merkte mit Bestürzung, dass er mit seiner bisherigen Wurschtelei in der Schule nicht mehr zurechtkam. Er musste gelegentlich richtig lernen und Schularbeiten machen. Auch blieb Heidi weiterhin kühl und abweisend. Sie redete meistens mit anderen. Dann sah er sie irgendwann in den Anlagen mit einem Typen, der hatte eine 250er Java. Da verstand er, dass das wohl das Ende war. Vor Kummer aß er die Tafel Schokolade aus Hilchenbach an einem Stück auf.
Später hörte er, dass sie sich wegen seines Sprachfehlers geschämt habe. ‚Also noch ein Problem mit dem Stottern', dachte Benjamin verzweifelt, ‚von den Mädchen werden dich wohl die meisten links liegen lassen.'
In den Herbstferien fuhr die halbe Schule zum Kartoffeleinsatz, die neunten Klassen nach Wolfsberg im Harz. Dort war nicht einmal die Dorfstraße gepflastert. Ein Tag Regen, und die Straße war eine einzige Schlammbahn. Benjamin wurde mit drei anderen Jungen zusammen zu einem Bauern geschickt. Gleich am Vormittag ging es im Regen auf den Acker, nach einer Stunde waren alle klitschnass. Mittags ging es dann zum Bauern Kartoffelsuppe essen, am Nachmittag wieder aufs Feld, zum Glück hatte der Regen nachgelassen. Aber die Rücken schmerzten als wäre man verprügelt worden. Abends gab es nur Stullen mit Margarine, Mus und Muckefuck. Nach dem Essen wurden die Jungs in die gute Stube geschickt. Da standen ein paar Sessel mit denen sie sich arrangieren konnten wie sie wollten. Mit schrecklichem Muskelkater schliefen sie irgendwie auf den Sesseln ein. Am Morgen waren sie halbtot und wie gerädert.
Die armen Jungen waren wütend, wollten aber nicht gleich Krach schlagen. Sie beschwerten sich leise bei Rufus und Dr.

Strauch. Die guckten sich die Verhältnisse an, unter denen die Jungen hausten. Bei den anderen Bauern war es ähnlich, deshalb schickten die Lehrer am nächsten Tag alle Schüler nach Hause. Die Lehrer waren wütend auf die Bauern, die Eltern außer sich, sie verlangen gleich einen Elternabend. Die Schulleitung schwor, dass so etwas nicht wieder vorkommen wird. Zwei Wochen später stand in der Zeitung, die Ernteschlacht sei gewonnen, die Kartoffeln im Kreis wurden zu hundert Prozent eingefahren.

Im Winter kam Carla Fischer in die Schule, sie war vorher viele Wochen in der Rehabilitation gewesen. Benjamin und ein anderer Junge seiner Klasse – Motzenbecher – trugen ihr täglich die Schultasche. Die drei kamen dadurch schnell in Kontakt. Carla und Benjamin machten gelegentlich die Schulaufgaben zusammen oder tauschten sich aus. Es gab erste Rationalisierungen bei der Hausaufgabenbewältigung. Carla machte Mathe und Latein, Benjamin Englisch, Deutsch und Kunst. Carla konnte die meisten Mädchen der Klasse nicht leiden. „Die sind irgendwie doof", sagte sie, „entweder sind es dumme Hühner oder sie sind rot lackiert oder beides." Benjamin stimmte ihr zu.

Deutsch bei Bäumchen hatten sie am häufigsten. Theodor Storm, der Schimmelreiter. Zwei Wochen nachdem Fräulein Baum mit dem Stoff begonnen hatte, ließ sie eine Nacherzählung über den Inhalt schreiben. Benjamin, der die Novelle nicht gelesen hatte, bekam mit Raders Hilfe eine Drei. Vier Wochen später ließ sie einen ganzen Hausaufsatz über den Schimmelreiter schreiben. Zehn Tage hatten die Schüler Zeit, dann mussten sie die Arbeit abgeben. Inzwischen hatte Benni das Buch gelesen. Er gab sich große Mühe und hatte nach eigener Meinung einen guten Aufsatz geschrieben. Die Klasse wartete in den kommenden Wochen auf die Rückgabe der Arbeiten. Immer wieder fragten die Schüler nach ihren Aufsätzen.

Als die Arbeiten nach vielen Wochen immer noch nicht zurück gegeben waren, besuchten zwei der Mädchen aus der Klasse Fräulein Baum, die ihnen die Heftstapel in ihrem Arbeitszimmer zeigte. Die Mädchen waren erschüttert über die Menge an Arbeit, die diese Frau hatte.
Die Klasse erhielt die Arbeiten kurz nach Weihnachten zurück. Benjamin bekam wieder nur eine Drei. Was machte er nur falsch?
Bäumchen behandelte im Unterricht immer noch den Schimmelreiter. Eigentlich sollte längst Meier Helmbrecht oder der Simplizissimus dran sein, aber laut Bäumchen waren sie noch nicht mit dem Schimmelreiter fertig und konnten daher nichts Neues anfangen. Jede Stunde traktierte sie die Schüler mit ihrem Schimmelreiter, die Schüler langweilten sich, gähnten, spielten siebzehn und vier, Schiffe versenken oder in der letzten Bank Skat. Als Meier seinen Grand vergeigte, haute Butze so mächtig einen Karo Buben auf die Bank, dass sogar Bäumchen erschrak. Sie fing an zu toben, schrie in der Klasse herum und gerade als die ihren Mund so richtig bis zum Anschlag aufgerissen hatte, klappte die obere Hälfte ihres Gebisses auf die untere Hälfte. Die Klasse johlte, Bäumchen wurde schamrot im Gesicht, rannte aus der Klasse und kam nicht wieder. Anschließend war sie drei Tage krank. Nervlich angegriffen, wie von der Schulleitung zu hören war.
Nach diesem Ereignis wurde Fräulein Baum von niemandem mehr besonders ernst genommen. Die Jungen der Klasse machten nur noch Faxen in ihrem Unterricht.
Rufus war manchmal verzweifelt, wenn er hörte, was seine Schäflein wieder angestellt hatten. Seine Anforderungen im Kunstunterricht steigerten sich gewaltig. Die theoretischen Teile waren kunsthistorische Exkurse mit hohen Ansprüchen. Manche der Schüler nahmen das nicht besonders ernst und wunderten sich, wenn sie plötzlich in diesem absoluten Nebenfach eine Fünf bekamen. Rufus zeigte immer wieder Re-

produktionen aus Renaissance und Frühbarock. Immer wenn er die beispielsweise Bilder von Cranach aufgehängt hatte, kam er selbst ins Schwärmen: „Sehen Sie die Farbgebung, sehen Sie woher das Licht kommt, an wen erinnert Sie dieses Gesicht?" Setzepfand aus Pölsfeld brummte dann „Elvis Presley" oder „Max und Moritz" und hatte damit die Lacher auf seiner Seite. Rufus war außer sich. „Ich wundere mich über Sie", sagte er schnell und heftig, „keine Ehrfurcht vor den Großen." Man sah, wie die Zornesadern an seinen Schläfen anschwollen. Hin und wieder kassierte man in solchen Fällen auch eine schlechte Note.
Im praktischen Teil behandelte er alle möglichen Techniken der Druckgrafik, besonders Holz- und Linolschnitte. Benjamin war begeistert von diesen Arbeiten, er besorgte sich bei Tischler Franke Tafeln aus Lindenholz. Die Messer lieh ihm Rufus. Linolstücke gab es zu kaufen, auch die Messerchen für die Linolarbeiten. Er wollte selbst drucken und besorgte sich die entsprechenden Utensilien. Er machte Skizzen, teilweise nach der Natur, teilweise erfand er Motive von irgendwelchen fiktiven modernen Gebäuden. Eine Arbeit nach der anderen stellte er her, ganze Sonntage verbrachte er damit, Motive herzustellen und Abzüge von seinen Schnitten zu machen. Es sprach sich herum, dass Benjamin das Material zum Drucken hatte. Einer nach dem anderen aus der Klasse kam zu ihm, später auch die Schüler aus der Parallelklasse. Manchmal standen zwanzig Schüler oben im Saal. Alle wollten Abzüge von ihren Arbeiten haben. Manche Vorlagen waren so schrecklich, dass Benjamin vorschlug, nachzuarbeiten.
Nur Setzepfand machte seinen Linolschnitt selbst. Er nahm das Fach immer noch nicht so ganz ernst und lieferte ein grauenhaftes Ergebnis ab. Es sollte ein Portrait darstellen, sagte er jedenfalls. Rufus hängte es auf und bat die Klasse um Kommentare. „Es sieht aus wie eine Kuh", sagte einer der Jungen.

Setzepfand drohte ihm deshalb noch in der Stunde Prügel an. Es sollte eigentlich seine Mutter darstellen.
„Da sehen Sie", meinte Rufus, „über Cranach lästern, aber selber eine Kuh abliefern."
Benjamin bekam Schwierigkeiten in Latein. Es langweilte ihn, er war faul und kapierte es auch nicht richtig. Der Lehrer meinte, Latein sei so logisch wie Mathe. Doch für ihn war es eher ein Rätsel, daher versuchte er sich durchzumogeln. Wenn er dran kam, fing er so heftig an zu stottern, dass der Lehrer ihn bald nicht mehr zur mündlichen Prüfung aufforderte. So kam Benjamin auf den Trichter, seine Stotterei auszunutzen, und hatte immer wieder den Mitleideffekt bei den Lehrern auf seiner Seite.
Außerdem fing er an, Arbeiten in Kunst für die Übersetzungen aus De bello Gallico zu tauschen. So bekam er auch in Latein erträgliche Noten.
Seine Leistungen waren insgesamt ganz ordentlich. Überall guter Durchschnitt, nur in Kunst und Musik sehr gut. Beim Zwischenzeugnis meinte Ruth: „Na ja, wenn du noch ordentlich lernen würdest, wärst du richtig gut."
Benjamin ging ins Schulorchester, das wurde von Dr. Strauch, dem Mathelehrer, geleitet. Schifferklavier, Cello, zwei Geigen, Klarinette und Tenorhorn. Strauch spielte Geige, Benjamin Tenorhorn. Die Musik klang schrecklich, aber man betätigte sich gesellschaftlich. Den Schulchor wollte sich Benjamin auf keinen Fall antun. Er hatte keine Lust, Arbeiter- und Kampflieder zu singen. Lieber ging er weiterhin zu Frau Ludwig, die erneut großen Mut zeigte. Sie wollte Bachs Johannespassion aufführen. Benjamin war begeistert. Der Kirchenchor probte jeden Freitag. Ruth sang mit ihrer sonoren Stimme im Tenor, weil es an Tenören fehlte.
Die Aufführung im Frühjahr mit Solisten und Orchester war ziemlich aufregend. Benjamin stand oben neben der Orgelbank, er konnte alles sehen, was der Organist machte. Bei der

Aufführung schmiss er die Stelle „... die Erde bebte und die Gräber taten sich auf ...". Der Kirchenmusikdirektor aus Nordhausen hatte die falschen Register gezogen. Welche Blamage! Und der Kirchenchor klang trotz professioneller Hilfe durch ehemalige Studienkollegen von Frau Ludwig irgendwie daneben. Aber dieses Konzert war trotzdem für das kleine Städtchen eine große Leistung.
In der Zeitung stand sogar eine Kritik, Bach sei einer der größten Söhne unseres Volkes.
„Sicher wäre er auch ein fortschrittliches Mitglied unserer Gesellschaft, würde er heute unter uns leben. Ein Lob an die Veranstalter, die auch hier in dieser kleinen Stadt Beiträge für unser sozialistisches Kulturschaffen bringen."
Benjamin wurde nach dem Auftritt von der Musiklehrerin angesprochen, sie war tatsächlich in der Johannispassion gewesen und hatte Benjamin singen sehen. „Wenn Sie in der Kirche singen, können Sie auch im Schulchor mitsingen", sagte sie zu ihm.
„Ich spiele im Orchester mit. Das reicht mir. So gut ist der Schulchor ja auch nicht." Die Musiklehrerin war zwar ein bisschen beleidigt, gab ihm aber trotzdem gute Noten.

– Freunde –

Im Posaunenchor verbrachte Benjamin viel Zeit, manchmal war ihm das Instrument sogar wichtiger als der Kunstunterricht. Mit den jüngeren Bläsern hatte er sich inzwischen angefreundet. Paul Witzel, Dieter Schulze, die beiden Hrabals und er waren richtig dicke Freunde. Auch die beiden Brüder von Raders waren mittlerweile dabei. Alle waren in der Jungen Gemeinde und gingen regelmäßig in die Kirche, auch wenn sie keine Musik machen mussten.
Paul Witzel machte inzwischen eine Lehre in der Autowerkstatt bei Jäger. Er wäre auch gern auf die Oberschule gegangen, gescheit war er zwar, aber viel zu faul.
Vater Schulze war im Krieg geblieben, Dieter arbeitete als Lehrling auf dem Schacht. Er war ein Bild von einem jungen Mann; dunkle Haare, braune Augen, ein aufgeweckter Junge und begabt an der Posaune. Sie wohnten am Selleriefleckchen in einem winzigen und erbärmlichen Häuschen. Als Benjamin ihn zum ersten Mal dort besuchte, war er fassungslos, dass man so wohnen konnte.
Hrabals Vater war nach dem Krieg verschwunden, er hatte eine andere geheiratet. Der Ältere ging auf die Oberschule und stand kurz vor dem Abitur. Der Jüngere der beiden war Lehrling bei der Produktionsgenossenschaft Radio und Fernsehen. Die Hrabals waren Flüchtlinge aus dem Sudetenland. Sie wohnten unter dem Dach einer großen Villa auf der Alten Promenade, die der ollen Straube gehörte, dem bösartigsten Weib der Stadt.
Der Posaunenchor probte mittwochs in der Kirche, im Winter im Gemeindehaus. Anschließend saß man immer noch zusammen, meistens bei Hrabals oder bei Benjamin. Oder nach den Proben mit den älteren Bläsern in Herrmanns Kneipe auf dem alten Markt. Benjamin hatte dort seinen ersten

Rausch. Es war so schlimm, dass Rudi Jakubeit ihn nach Hause bringen musste.

Fast jedes Wochenende waren die Jungen zusammen. Im Sommer machten sie Radtouren, im Winter liefen sie zusammen Ski oder rodelten.

Regelmäßig hatten sie Rüstzeiten oder Probenwochenenden mit dem Landesposaunenwart. Das organisierte Frau Ludwig, die enorm ehrgeizig mit ihren Bläsern war. Sie besorgte Noten aus dem Westen mit Canzonen, Intraden, Galliarden und Passacaglien, damit ihr Schützlinge nicht nur brav ein paar Choräle spielen brauchten. Am Abschluss dieser Probenwochenenden wurden kleine Abendmusiken veranstaltet, bei denen die Bläser zeigen konnten, was sie gelernt hatten.

Die jüngeren Bläser liebten nicht nur die musikalische Literatur der evangelischen Posaunenchöre. Benjamin kopierte die Noten, die er aus Hilchenbach mitgebracht hatte. Mit seinen Freunden verabredete er sich dann zu sonntäglich Extraproben. Sie übten und stellten fest, dass es gar nicht so schwer war. Nach ein paar Proben hatten sie das Stück drauf, es klang richtig flott und jazzig.

An einem der Sonnabende, an denen der Posaunenchor wie üblich auf dem Kirchturm spielte, erklangen plötzlich ungewohnte Töne. „Oh when the Saints go marchin in ..." Die Ordnungskräfte gerieten in höchste Aufregung. Der Obrigkeit war die sonnabendliche Turmmusik schon lange ein Dorn im Auge, es gab einen wochenlangen Streit deswegen und jetzt hatte man den Bogen überspannt. Das sei nicht nur Ruhstörung, das sei die Musik vom Klassenfeind. Es gäbe Beschwerden über ruhestörenden Lärm und die dekadente Jazzmusik. Frau Ludwig, die ihren jungen Bläsern das Vergnügen mit der Jazzmusik gelassen hatte, musste zur Polizei. Knorbin, der Oberpolizist, konfrontierte sie mit den Vorwürfen.

Frau Ludwig blieb ganz ernst und klärte den Polizisten auf: „Lieber Herr Knorbin, die frommen Lieder sind Intraden und

Canzonen, durchschnittlich dreihundert Jahre alt. Die meisten Stücke waren Tanzlieder oder Tafelmusiken, die für irgendwelche barocke Festlichkeiten geschrieben worden waren. Und die dekadente Jazzmusik, wie Sie sie nennen, ist ein Stück der unterdrückten Negersklaven aus dem Süden der Vereinigten Staaten. Die kann man nun eigentlich nicht als dekadent bezeichnen."
Irgendwann waren die Bläser die ständige Streiterei leid und gaben das Turmblasen auf.
Doch die marschierenden Heiligen der Sklaven aus den Südstaaten sorgten weiter für Furore. Auf irgendwelchen Wegen hatte der Landesposaunenwart in Magdeburg, oberster Posaunist der Landeskirche und Hüter abendländischer kirchlicher Musikkultur, von den in seinen Ohren frevelhaften Klängen vom Kirchturm St. Jakobi gehört. Er bat Frau Ludwig um Aufklärung und Bericht. Dieser Bericht fiel wohl ein bisschen pampig aus, weil sich Frau Ludwig zunehmend ärgerte, dass sie wegen dieses harmlosen frommen Liedes der marschierenden Heiligen nicht nur Ärger mit der Polizei, sondern nun auch mit einem Kollegen hatte.
Als Antwort kam vom Oberposaunisten die Aufforderung an Hanne-Lore Ludwig, dass die blasenden Delinquenten aus dem Posaunenchor zu erntfernen seien, sie hätten der evangelischen Posaunenbewegung, einzig in ihrer Art auf der ganzen Welt, großen Schaden zugefügt. „Wehret den Anfängen", schrieb er und drohte Frau Ludwig, er wolle sich weitere Konsequenzen vorbehalten.
Frau Ludwig zeigte die ganze Korrespondenz Karius. Der machte gleich einen Termin beim Bischof in Magdeburg, zu dem er auch den verstaubten Posaunenwart bat. Die Atmosphäre des Gesprächs war anfangs zwar etwas frostig, aber um brüderliche Nächstenliebe bemüht. Als dann aber der Posaunenwart wieder seine abenteuerlichen Meinungen über die frevelhafte Jazzmusik, die in unserer Kirche nichts zu suchen

habe, vorbrachte, schlug Karius so heftig auf den Tisch, dass das Echo in der ganzen Landeskirche zu hören war. Am Ende gab es einen Sieg für Frau Ludwig und ihre Bläser. Der Oberposaunist resignierte, nachdem er sanft ermahnt wurde.
Leider brauchte Rosenberg aufgrund des imponierenden Auftritts von Karius bald einen neuen Superintendenten, denn Karius wurde ein paar Monate später zum bischöflichen Stellvertreter in Magdeburg gemacht.
Der neue Superintendent kam ein halbes Jahr später. Er war ein theologischer Wissenschaftler und langweiliger Bücherwurm, der Angst vor Menschen hatte. Die Gemeinde war unendlich traurig, als sie merkte, wen sie da als Nachfolger für Karius bekommen hatte. Der Bibelkreis, der für Ella, Ruth, Frau Rader und Frau Witzel über viele Jahre ein Quell für Lebensmut und Zuversicht gewesen war, löste sich nach ein paar Monaten wie von selbst auf. Dank Frau Ludwig hatte wenigstens die Kirchenmusik noch besten Zulauf.
Mit dem Posaunenchor fuhren die jungen Leute an den Wochenenden öfter auf die Dörfer. Sie spielten dort zu besonderen Gottesdiensten, zu Festtagen oder zur Goldenen Konfirmation. Am liebsten fuhren die jungen Leute nach Riestedt. Die Besonderheit in der Riestedter Kirche bestand darin, dass sich die Empore, auf der der Posaunenchor während des Gottesdienstes saß, direkt über dem Altar befand. Von dort sahen sie direkt auf die Konfirmanden und Konfirmandinnen der ersten Bankreihe. Die jungen Bläser machten oben versteckt und heimlich Faxen. Die Konfirmandinnen wurden mit versteckten Kusshändchen und heißen Blicken bedacht. Dabei flirteten und zwinkerten die jungen Bläser so heftig, dass es sogar der Frau Pastor auffiel. Sie beschwerte sich bei Frau Ludwig. Besonders über Dieter Schulze. Der hatte einem der Mädchen intensiv zugelächelt, besonders hübsch war es nicht, hatte aber eine aufregende Figur mit üppigem Busen. Dieses junge Mädchen verliebte sich sofort in den schönen Dieter.

Er konnte sich bald vor rosa Briefchen und anderen Nachstellungen kaum retten. Nachdem er mit dem Mädchen ein paar Nachmittage lang auf seinem Motorrad herumgefahren war und wohl auch heftig mit ihm geknutscht hatte, ging die Familie wohl davon aus, er sei nun der Bräutigam. Alle waren unheimlich enttäuscht, als sich Dieter nicht mehr blicken ließ. Die Mutter des Mädchens, das noch keine vierzehn war, beschwerte sich daraufhin bei der Frau Pastor, die beschwerte sich wieder bei Frau Ludwig. Der Riestedter Pastor beschwerte sich schließlich bei dem neuen Superintendenten, dem war das alles schrecklich peinlich und unangenehm. Er schob Frau Ludwig bei passender Gelegenheit einen Zettel zu, sie möge doch bitte ihre Posaunenbläser grundsätzlich von erotischen Abenteuern abhalten.
In einer der nächsten Proben sprach sie das Problem an.
„Also", sagte sie, „da hat sich offensichtlich eine junge Dame aus Riestedt beschwert, sie sei in ein erotisches Abenteuer mit einem der hiesigen Bläser geraten."
Allgemeines Gemurmel. Benjamin fragte gleich nach: „Wieso hat sie sich beschwert? War dieser Bläser, um den es sich handelt, vielleicht nicht gut genug für sie? Müssen wir ihm eventuell Nachhilfe erteilen wie man mit jungen Damen umgeht?"
Allgemeine Heiterkeit machte sich daraufhin unter den jungen Männern breit.
„So habe ich das nicht gemeint", rief Frau Ludwig in die Runde, konnte bei ihrer Antwort jedoch selbst nicht ernst bleiben, so dass die Angelegenheit im allgemeinen Gelächter unter ging und damit erledigt war. Nach Riestedt wurde der Chor jedoch nach dieser Geschichte nicht mehr eingeladen.
Ein neuer Hilfspfarrer kam in die Junge Gemeinde, Pfarrer Waldemar Scholz. Er sah ein bisschen aus wie ein Hungerpastor, rappeldürre mit dicker Brille und schlecht sitzenden Anzügen. Er blies ebenfalls Posaune und sang ein wenig, war also in der Gemeinde vielseitig verwendbar. Wie alle

Hilfspfarrer wurde er in diesem Zimmer im Pfarrhaus auf der alten Promenade einquartiert. Das sonnige Trudchen hatte ihn gleich unter seine Fittiche genommen und ein zufälliges Treffen mit Fräulein Rehfuß organisiert, ergebnislos wie üblich. Ein größeres Laster hatte der neue Hilfspfarrer, er rauchte wie ein Schlot. Bei seinem Gehalt von hundert Mark im Monat konnte er sich jedoch keine zwei Schachteln Turf oder Casino am Tag, die er gut und gerne verrauchte, leisten. Also kaufte er Tabak und drehte sich Zigaretten. Das Zigarettenpapier besorgte er sich preisgünstig bei der Reichsbahn. Zweimal im Jahr zum jeweiligen Fahrplanwechsel kaufte er sich ein Kursbuch, dessen Seiten aus ganz dünnem Papier bestanden. Das Buch rauchte er im Zeitraum eines halben Jahres auf. Zuerst die Strecken, die er nie befuhr, dann die Strecken, die er nach großer Wahrscheinlichkeit nicht befahren würde und so fort. Nach einem halben Jahr waren nur noch die Heftdeckel übrig. Dieser junge Pfarrer übernahm nun also die Junge Gemeinde. Er wurde ein Lichtblick für die jungen Leute. Sie gingen plötzlich gern zu den Veranstaltungen, redeten auch viel miteinander; über die Kirche, ihre Spaltung in der Nazizeit, ihre heutige Ohnmacht. Manchmal las Scholz auch aus dem Schwejk oder aus Tom Sawyers Abenteuer vor. Das waren große Ereignisse für die jungen Leute. Gerade auch für die, bei denen es zu Hause keinen größeren Bücherschatz gab. Schade, dass diese Bücher in der Schule nicht gelesen wurden.

– Wirrungen –

Schon vor den großen Ferien gab es von der Schule aus einen Ernteeinsatz. Wegen heftiger Regenfälle war die Ernte gefährdet. Alle Schüler mussten auf die Felder, zuerst Heu machen und dann Unkraut jäten. Alle Schulklassen mussten helfen, die beiden neunten Klassen fuhren gemeinsam mit Harken und Hacken bewaffnet im Lastwagen auf die Felder. Immer waren zwei Lehrer dabei, meistens Rufus und noch ein weiterer, dazu ein Verantwortlicher von der LPG, der erklärte, was gemacht werden musste.
Das Wenden der Heuhaufen ging leicht von der Hand, obwohl diese schon fast verfault waren. Es war inzwischen heiß geworden, man musste sich vor der Sonne in Acht nehmen. Alle hatten Mützen oder Hüte auf.
Schwieriger wurde das Unkrautjäten in der zweiten Woche. Die ganze Truppe, mehr als vierzig junge Leute, wurden an ein riesiges Feld gefahren, voll von Unkraut, mehr als einen Meter hoch.
„Hier steht Mais", erklärte der LPG-Arbeiter.
„Wo steht Mais?", fragten die Schüler, und einige von ihnen kannten sich mit Mais ganz gut aus.
Der Arbeiter nahm eine Hacke und hackte so lange das Unkraut weg bis er plötzlich sagte: „Hier, seht mal, da ist der Mais." Ein kleines grünes Pflänzchen, vielleicht zehn Zentimeter hoch war zum Vorschein gekommen.
Alles lachte.
„Das ist nicht komisch", sagte der Arbeiter ärgerlich, „der Mais ist wichtig für unsere Kühe. Das beste Grünfutter für Kühe und die Bullenzucht. Ihr kennt den Spruch des Genossen Chruschtschow, ‚der Mais der stramme Bengel, das ist die Wurst am Stängel.'"

Wieder lachte alles, aber der Mann nahm das wirklich ernst und war etwas beleidigt: „Ihr müsst aufpassen, dass ihr beim Hacken nicht die Pflanzen mit abhackt. Also immer vorsichtig!"

Die ganze Truppe ging dran. Manche waren ganz schnell und eifrig, andere alberten miteinander herum, machten Witze, lästerten über die Lehrer. Bei den Mädchen war besonders Dr. Strauch, den sie Filius getauft hatten, immer wieder Thema.

„... der Filius, der Filius, der gibt der Bärbel einen Kuss. Viderallalla ...", sangen sie nach der Melodie der Vogelhochzeit. Rufus, der dies mit anhörte, sagte: „Ich wundere mich über Sie! Erwachsene Menschen! Die künftige Elite unseres Landes. Wo ist bei Ihnen die menschliche und sittliche Reife?" Darüber lachten nun nicht mehr nur die Mädchen.

Die Schüler machten meistens, trotz der Ermahnungen des LPG-Arbeiters, keinen Unterschied zwischen Mais und Unkraut und hackten alles weg, was irgendwie nach Pflanze aussah. Wenn Rufus oder der Arbeiter schimpften, wurden Unschuldsminen aufgesetzt.

Der Maisanbau war Teil eines wichtigen landwirtschaftlichen Konzeptes aus der Sowjetunion. Eine Revolution sozusagen. Dort hatte man in den kasachischen Weiten den Rinderoffenstall erfunden, ein Stall mit nur drei Wänden. Die Ställe wurden mitten auf die Weiden gebaut, die eine Längsseite fehlte, und die Tiere konnten kommen und gehen wann sie wollten. So sparte man sich den Viehhirt, der sonst die Tiere täglich in den Stall zu treiben hatte.

Das war ein riesiger Fortschritt gegenüber der Landwirtschaft im Kapitalismus. Die Arbeitsproduktivität würde maßlos gesteigert werden. Im Kapitalismus kamen zwanzig Kühe auf eine Arbeitskraft. Jetzt im Sozialismus – mit dieser Neuerung – mindestens hundert. Oder so ungefähr. Und natürlich wurde Beton gespart.

Für die Rinderoffenställe wurde ein Bausystem aus Fertigteilen entwickelt. Ganze Betonfabriken entstanden für deren Herstellung. Die Zahl der Rinder sollte auf diese Weise deutlich gesteigert werden. Für die vielen neuen Kühe brauchte man jedoch deutlich mehr Futter als bisher. Deshalb der Maisanbau. Leider hatte dieses neue System der Viehproduktion einige Haken. In Kasachstan hatte man für die kalte Zeit Winterställe. Die gab es hier noch nicht oder nicht im erforderlichen Umfang. Sie waren erst für den folgenden Fünfjahresplan vorgesehen. Den Kühen gefiel die Kälte im Winter nicht, sie wollten nicht auf den nächsten Fünfjahresplan warten und starben reihenweise. Zudem war die Milchproduktion in den Frostzeiten nicht besonders vorteilhaft, da die Milch ständig gefror. Der besondere Nachteil in dieser Gegend bestand auch darin, dass die schweren Böden für den Maisanbau nicht besonders gut geeignet waren.
Man brauchte nicht lange für die Erkenntnis, dass Rinderoffenställe vielleicht für Kasachstan gut waren, für die hiesigen Verhältnisse jedoch eher nicht. Die Betonfertigteile, die bald nicht mehr gebraucht wurden, standen in riesigen Mengen noch jahrelang überall in der DDR herum. Manche findigen Handwerker bauten sich aus diesen Dingern sogar Häuser. Sie hatten nur leider im Winter nasse Wände, weil sie aus nacktem Beton bestanden.

Mitte August fuhr Ruth mit Benjamin nach Bienwalde die Gegend von Neuruppin. Endlich wieder Ferien! Sie hatte für zwei Wochen ein Zimmer in einem kleinen Hotel über den Gewerkschaftsbund bekommen.
Die Reise war wunderbar, am schönsten die Strecke von Neuruppin bis nach Bienwalde. Benjamin hatte Fontanes „Wanderungen durch die Mark Brandenburg" mitgenommen, fand das Buch manchmal etwas langatmig, aber interessant, weil er über die Gegend lesen konnte, die er gerade besuchte.

Um das Hotel gab es nichts anderes als Wald und Wasser. Die beiden wanderten, fuhren auch mal mit dem Boot und faulenzten viel. Nach diesem Jahr hatte besonders Ruth dies dringend nötig.

Auf der Rückfahrt nach Rosenberg besuchten sie Wally und Walter Popp in Hohen Neuendorf. Den beiden ging es endlich wieder sehr gut, Walter hatte inzwischen seine Vorkriegsfülle zurück. Wally hatte es durchgesetzt, dass er für seine jahrelange Tätigkeit als Beamter der Schulverwaltung Wilmersdorf eine Pension bekam. Das war nicht ganz einfach gewesen, die Behörde in Westberlin meinte, sie würde nur an Bürger auszahlen, die im Gebiet der Bundesrepublik oder Westberlin lebten. Aber Wally hatte nicht locker gelassen, war immer wieder auf die Ämter in Westberlin gelaufen, sie bekamen jetzt monatlich etwa tausend DM auf ein Konto in Westberlin. Für die beiden war das wahnsinnig viel Geld. Sie fuhren jeden Monat in den Westen, tauschten 500 West in 2000 Ost. Sie lebten wie die Made im Speck. Walter, der Schulrat, war wieder in alter Form. Er dozierte beim Abendessen über Beethoven und Mozart. Mozart war für ihn das absolute Genie.

„Und Beethoven! Der deutsche Titan. In keiner anderen Nation gab es einen Genius wie diesen. Genau wie Goethe. Dagegen die Franzosen, guckt euch mal die Franzosen an, sie haben nichts dergleichen. Nur Seichtes von Debussy. Und erst England! Eine musikalische Wüste. Die Engländer schmücken sich mit Händel. Du hast sicher schon was von Händel gehört", sagte er zu Benjamin, „das müsstest du eigentlich, der kam ja aus Halle, also ganz aus eurer Nähe."

„Händel", meinte Benjamin ein bisschen gelangweilt, „klar. Einer der größten Opernkomponisten des achtzehnten Jahrhunderts. Und natürlich der Messias ..."

„Wie?" unterbrach ihn Onkel Walter, „Oper? Händel und Oper? Junge, du irrst dich doch. Oratorien hat er geschrieben. Nicht nur den Messias. Judas Makkabäus, Jephta ..."

„Und Opern", wiederholte Benjamin, „hauptsächlich Opern! Jahrelang hat er in London ein Opernhaus geleitet. Von ihm sind zum Beispiel Julius Cäsar oder Xerxes."
Onkel Walter stand auf und befragte seinen vierundzwanzigbändigen Brockhaus, dem er entnehmen musste, dass der Junge Recht hatte. Welche Schande für den humanistisch gebildeten Schulrat, der sich nicht vorstellen konnte, dass ein Genie, das den Messias geschrieben hat, sich in der profanen Welt der Oper bewegt haben könnte. Doch er war Benjamin nicht böse, im Gegenteil, er gratulierte Ruth zu diesem Sohn. „Was dieser Junge alles weiß. Gerade erst fünfzehn, aber schon fundierte Kenntnisse in Musikgeschichte."
Ruth wiegelte ab: „Übertreib mal nicht. Er liest eben viel, kein Wunder, dass er allerlei weiß."
Nicht lange und Onkel Walter schwadronierte schon wieder über alles Mögliche. Vor allem über die Nachbarin, die ihn irgendwie geärgert hatte.
„Das kannst du glauben. Die rennt heute jeden Sonntag in die Kirche. Was war früher mit der? Jedem Hosenbein ist sie nachgelaufen. So ist das eben, junge Nutten, alte Betschwestern…"
Es klingelte. Vor der Tür stand eben jene Dame, die Walter so beschimpft hatte. Der war plötzlich wie ausgewechselt.
„Ach kommen Sie doch herein", säuselte er, stand auf und ging zur Tür. „Wir sprachen gerade von Ihnen. Was wir doch für angenehme Nachbarn haben. Haben Sie schon gegessen? Ach setzen Sie sich doch und essen sie etwas mit uns."
„Nein, danke", sagte die Nachbarin, die sichtlich verlegen war, „ich brauche doch nur ein paar Eier. Ich wollte Kuchen backen und stellte fest, die Eier fehlen."
„Natürlich können Sie Eier haben. Wir haben ja genug. Wally hole mal ein paar Eier …"
Wally gab der Frau drei Eier, die verabschiedete sich und ging. Kaum war sie raus, fing Walter wieder an: „Diese unverschämte Person, wagt es zu dieser Zeit, die Leute zu belästigen. Die

hätte sicher auch zehn genommen. Und nicht bezahlt, natürlich nicht bezahlt. Wally, hat diese alte Vettel bezahlt?"
Wally warf ein Glas auf den Boden. „Jetzt reicht's aber", rief sie, „wie führst du dich hier auf? Wie ein verlogenes Miststück. Und das vor dem Jungen! Schämst du dich nicht?"
„Ach Wallerchen", säuselte er daraufhin, bekam feuchte Augen und guckte verlegen, „ich meine es doch nicht so, du kennst mich doch. Bin leider immer so aufbrausend. Aber eine gute Seele. Das kannst du bestätigen. Eine gute Seele."
„Schluss", sagte Wally, „wir müssen was Wichtiges bereden. Also Ruth", sie setzte sich ganz gerade auf, „du bist die erste, mit der wir darüber sprechen. Wir werden hier nicht bleiben."
Ruth machte ein ratloses Gesicht.
„Wir werden nach drüben gehen. Wie es aussieht nach Westberlin. Wir haben derzeit zwar so viel Geld wie noch nie, aber niemand weiß wie lange das anhält."
„Wieso, wie meinst du das?", wollte Ruth wissen.
„Wenn ihr morgen mit der S-Bahn nach Berlin fahrt", antwortete Wally, „kommt ihr genau an der Sektorengrenze vorbei. Ganz kurz hinter Hohen Neuendorf. Seht da mal aus dem Zugfenster. Dort liegen schon seit einem Jahr Betonpfeiler wie man sie für hohe Zäune verwendet. Hunderte von diesen Dingern liegen dort und ich denke, die liegen nicht zum Spaß da."
„Was meinst du, wofür liegen sie dort?"
„Die werden sie sicher irgendwann mal verwenden. Für einen Zaun wahrscheinlich. Für einen sehr hohen Zaun. Du musst dir die Pfähle mal ansehen. Die sind sehr hoch."
„Ach Wally", maulte Walter, „wieso müssen wir denn weg? Wer weiß wie lange wir leben. Ich will nicht in die Stadt. Hier ist es so schön."
„Nein", sagte Wally, „wir gehen. Wenn sie die Grenzen zu machen, stehen wir beide da jeder mit sechzig Mark Rente. Davon können wir nicht leben."

Ruth war schweigsam geworden, sie wusste nicht so recht, was sie sagen sollte. Schließlich fragte sie: „Warum erzählst du uns das alles? Es berührt uns zwar, aber eigentlich betrifft uns das alles nicht. Jedenfalls nicht direkt."
„Doch", sagte Wally, „mir gehört zur Hälfte das Haus in Rosenberg. Wenn wir einfach so über die Grenze gehen, wird meine Hälfte des Hauses der Staat beschlagnahmen. Stellen wir einen ordentlichen Ausreiseantrag, muss ich meinen Anteil vorher verkaufen oder einem Treuhänder übergeben. Ich könnte ihn auch verschenken, zum Beispiel an Muh, aber eigentlich kann das niemand von mir verlangen."
Ruth atmete tief, sehr tief durch und dachte lange nach.
„Mit anderen Worten", sagte Ruth, „wir sind dann nicht mehr Herr über unser Haus."
„So ungefähr", antwortete Tante Wally, „ich denke, das wird alles nicht in den nächsten Wochen passieren. Aber es wird passieren."
Ruth war in den nächsten Tagen ziemlich durcheinander und zögerte lange bis sie Muh von dem Gespräch bei Wally erzählte. Immer wieder ging ihr die Geschichte mit dem Haus durch den Kopf. Großvater Nikolai hatte es als junger Mann gebaut. Mit Hanne-Fieke, seiner jungen Frau, war er um 1880 in die Stadt gekommen und hatte die Bildhauerwerkstatt übernommen. Die Geschäfte gingen damals gut, in der Gründerzeit wurde viel gebaut. Schon 1882 hatte er Geld genug, um für sich und seine Familie das Haus zu bauen. Mit den beiden wunderbaren Engeln zwischen den Fenstern. Die hatte er selbst gehauen. Niemand in der ganzen Gegend hatte solche Skulpturen an seinem Hause. Alle seine Kinder bis auf den ältesten Karl waren hier geboren. Auch Ruth, Marie und Benjamin. Sie fürchtete, Muh könnte verzweifeln bei dem Gedanken, sie müsse dieses Haus verlassen. Ihr ganzes Leben hatte sie dort verbracht bis auf ihre wenigen Ehejahre in Leipzig. Doch irgendwann musste Ruth sich überwinden und

Muh auf die eventuellen Veränderungen vorbereiten. Diese hörte sich alles an. Zunächst war sie eine ganz Weile still, dann sagte sie: „Na ja, dann gehe ich eben nach Greifswald. Da bin ich sowieso viel lieber als hier."

„Na gut", sagte Ruth erstaunt, „dann gibt es ja keine Probleme."

– Ärger –

Im neuen Schuljahr kam eine neue Lehrerin für Deutsch und Staatsbürgerkunde. Fräulein Spatz war gleichzeitig FDJ-Leiterin. Die Neue war jung, blond, üppig mit geradem, fernen Blick aus klaren blauen Augen. Der Führer hätte seine Freude an so einer Maid gehabt. Freilich war sie hinsichtlich ihrer Gesinnung anders gepolt. Immer im Blauhemd, immer mit einer festen Meinung und fester Stimme auf der Grundlage des historischen Marxismus-Leninismus. Sie hatte die Aufgabe, die Schüler in die tieferen Geheimnisse der neuen Gesellschaft einzuweihen. Das tat sie mit der Einrichtung von FDJ-Nachmittagen für alle Schüler. Allerdings ergaben sich da gewisse Schwierigkeiten, da die mehr als die Hälfte von ihnen Fahrschüler waren. Wenn die ihre Mittagzüge verpassten, kamen sie in der Regel erst abends nach Hause. Doch sie versuchte es. Wenigstens erreichte sie in vielen Gesprächen eine inhaltliche Auseinandersetzung mit den Werken von Marx, Engels und Lenin.
Mit der Zeit stellte sich heraus, dass sich die Auffassung der Neuen von sozialistischer Moral und Tugend auf sehr hohem Niveau bewegte. Keine liederlichen Geschichten. Als bekennende Marxistin hatte sie zu Hause auf einem Schränkchen ihre sozialistischen Hausgötter Marx, Engels Lenin und Stalin aufgebaut. Ihr Auserwählter müsste wohl ein Vorbild an fester sozialistischer Gesinnung sein. Doch so einfach fand sich offenbar keiner, der mit diesem hohen Niveau Schritt halten konnte.
Fräulein Spatz wusste, dass es Schüler gab, die noch nicht wie gewünscht der neuen Gesellschaft gegenüber standen. Die verschiedenen schwarzen Schafe hatte ihr die Schulleitung schon auf einer Liste mitgegeben. Benjamin gehörte dazu. Sie sprach ihn sehr bald an, wie denn nun sein Beitrag für den Sozialismus aussehen solle.

Benjamin überlegte: „Na ja, meinte er, ich könnte ja die Wandzeitung machen."
Die Spatz war positiv überrascht. Sie hatte eigentlich Widerstand erwartet. Benjamin machte von da an die FDJ-Wandzeitung der Schule. Jeden Monat eine aktuelle Ausgabe.
In Deutsch wurde jetzt neue und fortschrittliche Literatur durchgenommen. Zuerst Anna Seghers, das Siebte Kreuz. Benjamin war tief beeindruckt, auch von der Spatz und ihrer Art, wie sie das Thema behandelte. Wie sie überhaupt Literatur interpretierte. Deutsch war plötzlich interessant für ihn. Tatsächlich wurden auch seine Zensuren besser. Dann kam das literarische Werk eines sowjetischen Schriftstellers. Ein Roman mit tausend Seiten über die Entwicklung einer Maschine mit allen möglichen Verwicklungen. Die ganze Skala menschlicher Abgründe und Unzulänglichkeiten. Am Ende kam natürlich der Sieg. Ein Sieg für die Maschine, für Väterchen Stalin, den Fortschritt und den Sozialismus. Der hielt jedoch nicht lange an. Es hatte sich auch offiziell in der DDR herum gesprochen, dass Stalin aus dem sozialistischen Olymp gestürzt war. Chruschtschow war irgendwann aufgefallen, dass der große Stalin doch ein Verbrecher war. Als den Verantwortlichen im Volksbildungsministerium dann auffiel, das dieses Buch eine Huldigung an den nun offiziell Geächteten war, wurde es aus dem Verkehr gezogen. Die meisten Schüler waren stocksauer als Fräulein Spatz ihnen verkündete, dass die Interpretationen eingestellt und abgebrochen werden. Sie hatten tausend Seiten dieses literarischen Ungetüms umsonst gelesen. Benjamin und Butze Baier lachten schallend. Manchmal lohnt sich Faulheit, erklärten sie in der Klasse. Die beiden hatten bisher nur hundert Seiten geschafft.
Als Kontrastprogramm gab's in der Schule in Deutsch jetzt Gottfried Keller, „Die Leute aus Seldwyla". Die Spatz betonte dabei immer wieder die hohe moralische Gestaltung der Personen. Möglicherweise war die Behandlung dieses

Werkes als eine notwendig angesehene Mahnung an die jungen Erwachsenen dieser Schule gedacht. Denn einige der Schüler liefen plötzlich in westlichen blauen Nietenhosen herum. Wahrscheinlich waren dies Geschenke von Verwandten aus dem Westen. Bei den Jungen fiel das nicht so sehr auf, aber bei den Mädchen. Überhaupt Mädchen in Hosen! Die knackigen Hinterteile waren nicht zu übersehen. Wie die Flittchen - fanden jedenfalls einige Lehrer. Vielleicht fühlten sich auch manche von ihnen allein durch den Anblick moralisch gefährdet. Und dann noch in diesen blauen Hosen mit den Nieten. Die saßen so eng, dass man sie mit der Kneifzange anziehen musste. Manche Mädchen zogen sie in feuchtem Zustand an, so dass sie beim Trocknen wie eine zweite Haut auf dem Leib saßen. Dazu trugen die Mädchen an den warmen Tagen bunte Hemden oder Blusen, die sie unter dem Busen zusammen banden, so dass zwischen Hosenbund und Bluse nackte Haut zu sehen war. In der Schule wagten die Mädchen zwar nicht so herum zu laufen, aber schon auf dem Heimweg von der Schule zeigten sie Haut über ihrem Nabel. Diese Art sich zu kleiden und zu zeigen stand absolut nicht im Einklang mit den Regeln sozialistischer Moral.
Es wurde eigens zu diesem Thema eine Elternversammlung angesetzt. Die Versammlung wurde von Fräulein Direktorin Loewenstein geleitet, ein Zeichen wie wichtig diese Frage für die Schulleitung war.
Ruth ging hin, sie dachte aber, dass es sie nicht beträfe, der Junge trage immer ordentliche Kleidung.
Die Loewenstein erklärte lang und breit, dass es eine Ehre und ein Privileg sei, an dieser Schule lernen zu dürfen. Daher könne man von den Schülern erwarten, dass sie sich bestimmten Regeln unterwerfen. Es ginge nicht, dass jeder so herumläuft, wie er möchte, ganz besonders in Hinblick auf diese Nietenhosen. Dies seien die Arbeitshosen von Cowboys und

Viehjungen, unterdrückten Individuen, die unsere Solidarität verdient haben. Diese kann jedoch nicht soweit gehen, dass man solche Hosen, diese Symbole der Unterdrückung der geschundenen Kreaturen, zur Alltagskleidung mache.
Als Ruth nach der Versammlung nach Hause kam, erklärte sie ihrem Sohn: „Irgendwo hat sie ja recht, die Direktorin, ihr müsst ja nicht in Arbeitshosen von Kuhjungen in die Schule gehen. Und von den Mädchen auf einer Oberschule ist auch zu erwarten, dass sie nicht herum laufen wie die Flittchen."
„So ein Quatsch", entgegnete Benjamin wütend, „diese Hosen trägt ganz Amerika und der ganze Westen. Ihr habt Euch von der Loewenstein einlullen lassen mit dieser Art spießigen und kleinbürgerlichen Argumenten. Guck doch mal wie die herumläuft. Da müsste man eine Elternversammlung machen. Der Lehrer als Vorbild – Was erwarten wir von seiner äußeren Erscheinung? Jedenfalls mit Sechzig keine weißen Kniestrümpfe und Bolerojäckchen."
Es krachte zum ersten Mal ordentlich zwischen den beiden. Am Ende sah Ruth aber ein, dass wohl nichts zu machen sei und gab Ruhe.
Benjamin hatte auch eine neue Hose mit Nieten, nur war sie eben nicht aus blauem Stoff. Deshalb fühlte er sich bei der ganzen Diskussion nicht angesprochen. Er trug seine neue Hose daher weiterhin mit Stolz und kümmerte sich nicht um diese Diskussion. Irgendwann sprach ihn die Spatz an, dass er ja nun auch gemeint sei mit diesen Nietenhosen.
„Das kann nicht sein", antwortete Benjamin, „diese Hosen sind keine Arbeitshosen von amerikanischen Cowboys, auch nie gewesen."
„Aber sie sind so geschnitten und haben diese Nieten. Und sie sind ein Symbol der westlichen Konsumideologie. Eigentlich gehört es sich nicht für einen Schüler unserer Schule in Kleidern herum zu laufen, die augenscheinlich aus dem kapitalistischen Ausland kommen."

Hier wurde das Gespräch unangenehm. Er überlegte einen Augenblick. „Sehen Sie", sagte er dann, „wir haben verschiedene Verwandte im Westen. Die schicken uns manchmal was. Eben auch mal eine Hose. Meine Mutter verdient nicht so viel Geld, dass wir uns erlauben könnten, diese Kleidung nicht zu tragen. Und außerdem, bin ich nicht allein auf dieser Schule, der westliche Sachen trägt ..."
Daraufhin nannte er ein paar Namen von Kindern, deren Eltern zur Intelligenz oder zur Parteiführung gehörten.
Die Spatz war still, aber innerlich kochte sie.
„Und dann", ergänzte Benjamin, „kennen Sie doch die Engpässe bei Kleidung in unserem Land, gerade bei Kleidung für Jugendliche. Da sind wir froh, wenn es von anderer Seite Hilfe gibt."
In einer der nächsten Wandzeitungen ging Benjamin auf das Thema Nietenhosen ein.

„Solidarität mit den Cowboys, unseren geschundenen und vom US-Imperialismus unterdrückten Brüdern im wilden Westen. Wir verdammen das Symbol ihrer Unterdrückung. Deshalb
KEINE NIETHOSEN AN UNSERER SCHULE!"

Benjamin hatte erwartet, dass er sofort nach diesem Aufruf an der Wandzeitung angesprochen würde. Doch in den nächsten zwei Wochen schien niemand den Aushang zu lesen. Dann schien es sich plötzlich herumzusprechen. Schüler kamen auf Benjamin zu, lachten und machten ihre Witze.
„Keine Brillen mehr! Das Symbol der verderbten Intellektuellen." „Keine Krawatten mehr! Das Symbol kleinbürgerlicher Dekadenz."
Am Tag darauf wurde Benjamin von Rufus aufgefordert, die Wandzeitung abzunehmen und wurde von seiner wöchentlichen Aufgabe entbunden. Wieder kein Pluspunkt in Benjamins Schullaufbahn.

Bei Rufus in Kunst wurde das Thema Architektur oder – wie es hieß – räumliche Gestaltung durchgenommen. Dabei kam es immer wieder zu heftigen Kontroversen zwischen Rufus und Benjamin über sozialistische Architektur. Rufus lobte immer wieder Beispiele sozialistischen Bauens, die Benjamin langweilig fand. „Die Westsiedlung beispielsweise…", fing Rufus an.

„Was sind die schrecklichen Häuser in der Westsiedlung", unterbrach ihn Benjamin, „im Vergleich zu den einfachen aber wunderschönen Bauten der Sparkasse, des Arbeitsamtes oder der Volksbibliothek an der Ulrichkirche. Alle stehen in unserer Stadt, alle sind um 1930 entstanden."

Rufus wusste, dass Benjamin Recht hatte, er war völlig seiner Meinung, durfte es aber nicht zugeben.

Im praktischen Teil des Themas Architektur sollten die Schüler ein Gebäude entwerfen oder einen Raum gestalten. Benjamin war begeistert. Er wollte in den Garten neben die katholische Kirche ein Wohnhaus für Muh, Ruth und sich selbst planen. Ein ganzes Wochenende sägte, hobelte, schnitzte und leimte er. Es war am Ende ein super modernes Gebäude mit schrägen Dächern, schiefen Wänden und vielen riesigen Fenstern. Gleich am Montag brachte er es mit in die Schule. Die ganze Klasse bewunderte sein kleines Werk.

Rufus gab ihm eine Eins, sagte aber nichts weiter zu Benjamins Arbeit. Eigentlich hätte er ihn wegen dekadenter Formensprache oder ähnlichem rügen müssen, doch wahrscheinlich fand er es einfach nur gut und hatte keine Lust auf eine weitere Kontroverse.

Benjamins künstlerische Ambitionen waren mit seinen Arbeiten so heftig entflammt, dass er nach weiteren gestalterischen Gelegenheiten suchte. Im Hof stand noch vom Urgroßvater ein schöner Block Carrara-Marmor. Die Hühner saßen und kackten darauf. Ein Jammer für diesen schönen Stein. Irgendwann fasste Benjamin Mut und versuchte sich daran.

Er besorgte sich verschiedene Meißel und einen Fäustel. Lange überlegte er, wie er anfangen sollte. Schließlich legte er los und hämmerte tagelang auf den Marmor ein. Die Nachbarn beschwerten sich schon wegen des Lärms. „Junge, was soll das denn werden", fragte Muh und staunte nicht schlecht, als das Gebilde, das Benjamin aus dem Stein klopfte, ihr sogar ähnlich sah. Sie war unsagbar stolz auf ihren Enkel. Er hatte eben doch Bildhauerblut!
Benjamin machte Fotos von der Plastik und zeigte sie Rufus. Der kam vorbei und guckte sich die Büste an. Er war schwer beeindruckt von der Arbeit des Jungen. In diesen Tagen fasste Benjamin Mut und zeigte Rufus die Prospekte von der Bauausstellung in Berlin. Sein Onkel habe sie geschickt, log er. Rufus guckte verlegen, das war ja Propagandamaterial aus dem Westen, also eigentlich verboten. Dennoch bat er darum, die Unterlagen mit nach Hause nehmen zu dürfen. Am folgenden Tag nahm er Benjamin in der Pause beiseite und gab ihm die Prospekte zurück. „Sehr, sehr interessant", sagte er, „ich freue mich, dass Sie sich dafür interessieren und nicht nur für Schlagermusik und Nietenhosen wie die meisten. Aber nehmen Sie das Material wieder mit nach Hause, hier ist nicht der richtige Ort dafür."
In Staatsbürgerkunde gab sich Fräulein Spatz ganz staatstragend und markig gegenüber dem westdeutschen Kapitalismus. Hin und wieder saß eine Aufsichtsperson vom Schulamt mit im Klassenraum, weil das Fräulein noch in der Probezeit war. Als dies wieder einmal der Fall war, behandelte sie gerade das Thema Meinungsfreiheit beim Klassenfeind. Wenn dort einer etwas gegen die Regierung sagt, geht es gleich ins Zuchthaus. Die Zuchthäuser sind alle voll, man muss dort ständig neue bauen.
Benjamin meldete sich: „Also, na ja, wenn man hier was gegen die Regierung sagt, kommt man vielleicht auch ins Zuchthaus."

„Das ist ohne Grundlage, was Sie da sagen", entgegnete die Spatz, „woher haben Sie eigentlich solche Informationen, vielleicht aus westlichen Hetzsendern?"
„Nun ja, wie wäre das denn", setzte Benjamin mit Unschuldsmiene an, „wenn hier jemand sagen würde, Ulbricht ist ein Strolch?"
Die Spatz schnappte nach Luft, der Mann von der Schulaufsicht bekam rote Ohren. Benjamins Frage wurde nicht beantwortet. Der Unterricht wurde einfach fortgesetzt, als sei nichts geschehen.
Ruth bekam jedoch sofort eine Einladung von Rufus. Der rang verzweifelt die Hände: „der Junge verbaut sich seine Zukunft, die Spatz war dafür, ihn zu relegieren, die meisten Lehrer waren zum Glück dagegen. Aber das nächste Mal kann es anders sein."
Zu Hause nahm Ruth Benjamin ins Gebet: „Junge hör auf mit solchen Reden. Wenn sie dich rauswerfen, hast du gar nichts."
Benjamin fand das selber ziemlich dumm, was er da gemacht hatte. Die Zukunft in diesem Land war ihm durch seine Sprüche schon ziemlich verbaut.
Im Frühjahr machten die Klassen einen gemeinsamen Klassenausflug in den Harz. Sie sollte dazu dienen, den jungen Menschen ein Stück Natur näher zu bringen und die Klassengemeinschaft zu stärken. Tagsüber wurde durch die Wälder gewandert, an den frühen Abenden gab es Vorträge über besondere Aspekte des dialektischen Materialismus oder über die Gefahren des angloamerikanischen Imperialismus. Ebenso über das Thema Religion, die Opium für das Volk sei. Nach den Vorträgen wurde diskutiert.
Benjamin ärgerte sich, doch er nahm sich zusammen und wollte nicht wieder negativ auffallen.
Rufus dozierte über neue Erkenntnisse aus der Sowjetunion zum Thema Entwicklungsgeschichte. Natürlich hatte Dar-

win in vielem Recht, aber seine Erkenntnisse waren alt und längst von sowjetischen Wissenschaftlern durch neue Forschungen und wissenschaftliche Versuche fortgeführt und überholt. Bei Darwin wurde die Natur sich selbst überlassen, die sowjetischen Wissenschaftler – allen voran der berühmte Lyssenkow – hatten in die Entwicklungsgeschichte aktiv eingegriffen. Warum alles dem Zufall überlassen, wenn Forschung der menschlichen Gesellschaft helfen konnte? Neueste Versuche hatten gezeigt, dass ein Birkenbaum Äpfel tragen konnte. Welch bahnbrechende Neuigkeit! Doch man musste nicht bei Äpfeln aufhören. Birken mit Birnen, vielleicht auch Pflaumen könnten so möglich werden. Die Schüler waren sprachlos. Das war wirklich ein Stück Revolution. Das Nahrungsproblem der Welt wäre gelöst. In Russland müsste man nicht mehr den schrecklichen Wodka trinken, edler Apfelschnaps könnte zum Volksgetränk werden.

Später kam man darauf zu sprechen, wann nun endlich die DDR Westdeutschland überholen würde. Es war eine Frage, die die Parteiideologen seit längerer Zeit in größter Ernsthaftigkeit beschäftigte. Tatsächlich gab es ideologische Vorgaben, in welchem Jahr dieser selbst inszenierte Wettlauf gewonnen werden sollte. Als dieses dann anbrach und der Sieg noch immer in weiter Ferne war, die Mängel selbst von der eigenen Elite schmerzlich empfunden wurden, kam es zu der bemerkenswerten Idee, man wolle den Westen überholen ohne ihn einzuholen. Wie das nun gehen sollte, wollten die jungen Leute wissen. Immerhin ging es hier auch um eine physikalische Frage, für die Dr. Strauch zuständig wäre. Dieser drückte sich jedoch elegant um die Beantwortung herum, indem er darauf hinwies, dies sei ein Bild, das weniger naturwissenschaftlich als eher ideologisch zu betrachten sei. Damit spielte er den Ball zurück an die Spatz, die sich wortgewaltig heraus redete. Das Ganze sollte man sich nicht vorstellen wie ein Rennen auf der Aschenbahn, denn dort würde Leistung unter gleichen Voraussetzungen gemessen. „Wir messen uns nicht daran, wo es Bananen gibt und wo nicht. Wir", erklärte sie mit fester Stimme, „stellen gewaltige ideologische Unterschiede zwischen den beiden deutschen Staaten fest. Gegenüber unserer fortschrittlichen Gesellschaftsform ist das kapitalistische Westdeutschland ein gesellschaftlich rückschrittliches Gebilde, das sich auch nicht im Entferntesten ideologisch mit uns auf eine Stufe stellen kann."

Im Saal herrschte für einige Augenblicke Stille. Man war irgendwie erschüttert über diesen verbalen Purzelbaum, den man da von der Spatz gehört hatte. Einer der ersten, der sich wieder fasste, war Rader. Leise raunte er Butze Baier, der neben ihm saß, zu: „Aber Bananen und Zement bringt uns der gesellschaftliche Fortschritt trotzdem nicht."

Am letzten Abend, als es um Religion ging, mussten sich einige der jungen Leute besonders zurückhalten. Fräulein Spatz versuchte zu beweisen, dass es keinen Gott gibt. Zunächst sprach sie über die Unwahrscheinlichkeiten der Bibel und kam schließlich über Evolution und Darwinismus zu Marx und Engels.

Irgendwann wurde es Benjamin dann doch zu bunt: „Was Sie uns da erzählen sind ja nun wirklich keine Beweise. Weder für noch gegen die Existenz eines Gottes. Was soll überhaupt dieser Spleen mit Gott? Wenn Sie mit dem nichts anfangen können ist das Ihr Problem. Wenn es keinen gibt, warum müssen Sie gegen ihn sein? Was hat das für einen Sinn? Warum lassen Sie uns mit Ihrem Problem nicht in Ruhe? Muss ich Ihnen bei der Frage nach Gott Rechenschaft ablegen?"

Benjamin fühlte sich in seinem Element. Das Thema hatten sie lang und breit mit Pfarrer Scholz in der Jungen Gemeinde beredet. Doch Rufus würgte das Gespräch ab, er fürchtete wohl, dass Benjamin wieder aus der Rolle fallen würde.

Später, als es gemütlicher wurde, kam Rufus erneut auf dieses Thema zurück. „Ich war im Krieg." begann er zu erzählen.

„Wenn Sie gesehen hätten, was ich gesehen habe, hunderte von Kameraden, die rechts und links neben Ihnen starben, junge Leute, gerade achtzehn oder zwanzig die noch im Delirium unter Qualen nach ihren Müttern schrieen, dann hätten Sie sich auch gefragt, wie ein Gott, der sein Volk liebt, das zulassen kann? Vielleicht wären Sie dann heute auch davon überzeugt, dass er nicht existiert, nicht existieren kann."
Rufus war sichtlich betroffen von seinen Erlebnissen, fast zornig. Benjamin war es peinlich und unangenehm, dass Rufus mit so persönlichen Erlebnissen argumentierte. Er war irritiert und wurde etwas milder, denn er fühlte wie sein Lehrer immer noch unter den Erinnerungen litt.
„Das war sicher furchtbar", sagte er schließlich, „doch ist der Mensch für seine Dummheiten und Verbrechen in der Regel nicht selbst verantwortlich? Ein Beweis für oder gegen Gott kann das nicht sein."
Denken Sie daran", erwiderte Rufus, „wie viel Leid die Kirche in die Welt getragen hat. Wie viele Millionen Tote? Ganze Völker in Amerika wurden im Namen Gottes ausgerottet."
Jetzt hielt sich Benjamin nicht mehr zurück. „Was die Menge der Toten betrifft", stichelte er, „war Väterchen Stalin sicherlich effektiver als die römische Kirche. Was sagen Sie denn zu Stalins Verbrechen? Doch hoffentlich nicht das Argument, das diese Toten für den Sieg des Sozialismus notwendig waren."
„Nein, das sage ich nicht. Ich sage, es sind schreckliche Fehler gemacht worden."
Benjamin dachte an den Pastor in Hilchenbach.
„Das ist das Argument, was man bei manchen kleinen Nazis drüben im Westen über die Hitlerzeit auch hört", antwortete Benjamin.
‚Dieser Bengel', dachte Rufus, ‚immer das letzte Wort.'
Nach der Diskussion stiegen einige der Jungen aus dem Fenster im Parterre und rannten in die Dorfkneipe. Motzenbecher, den sie alle Motze nannten, war bis obenhin voll, als sie

nach zwei Stunden wieder zurück kamen. Er hatte sich aus Ärger über seine Freundin, die wohl auch mit einem anderen Hand in Hand spazieren ging, betrunken. Der Rest der Jungen, unter ihnen Rader und Benjamin, kam auf die Idee, ihn zu seiner Flamme, der roten Fröschke, ins Bett zu legen. Die machte ein riesiges Theater, als sie den besoffenen Motze bemerkte. Für die Lehrer war es eine recht peinliche Situation – der Junge war erst sechzehn und sie hatten die Aufsichtspflicht. Alle Beteiligten wurden inständig gebeten, zu Hause den Mund über den Vorfall zu halten. Rufus war wütend über die Jungen, von denen er schon ahnte, wer bei dieser Aktion beteiligt war. Er stellte sie zur Rede, doch ohne Erfolg.
Rufus kam deprimiert nach Hause, setzte sich in sein Arbeitszimmer und malte an seinem Zyklus „Das Siebte Kreuz". So konnte er sich am besten ablenken. Später hatte er ein langes Gespräch mit seiner Frau. Zum ersten Mal redete er mit ihr über seine schwermütigen Gefühle, diese Leere, die ihn manchmal wie eine graue Nebelwand überfällt. Wehrlos war er diesen Gefühlen ausgeliefert. Negativ und pessimistisch kam er sich vor, absolut gegen den optimistischen Geist der Partei. Am liebsten wollte er resignieren, alles hinschmeißen. Manchmal verzweifelte er. Immer wieder diese Unaufrichtigkeiten, diese Doppelzüngigkeiten, zu denen man in diesem Land gezwungen war. Am liebsten ein Ende machen, dachte er manchmal, dieses Leben war zu schwer für ihn.

Wieder einmal sprach man mit Ruth über den Sprachfehler ihres Sohnes. Diesmal war es Mr. Pipe, der Englischlehrer, der fast die gleichen Sätze sagte, wie Dr. Erhard vor Jahren. In Halle gäbe es ein Institut für Sprech- und Stimmstörungen. Die Leitung hatte ein Professor Krech, an diesen solle sie sich wenden.
Ruth fuhr mit Benjamin in das Institut. Das erste Gespräch führte ein Fräulein Behringer, eine schöne, edle Person, hoch

gewachsen und mit feinem Gesicht. Leider war ein Fuß verkrüppelt, sie hinkte. Aber sie roch angenehm, nicht so streng wie Fräulein Kopf in Nordhausen.
Fräulein Behringer war absolut souverän, bei ihr gab es kein be ba bi bo bu. Sie machte hauptsächlich Entspannungsübungen, Autogenes Training und baute ihre Patienten innerlich auf. Benjamin fuhr jede Woche nach Halle und er fuhr gern. Oft redete er mit Fräulein Behringer über private Dinge und fand sich von ihr manchmal besser verstanden als von Ruth. Wenn Fräulein Behringer richtig gut drauf war, erzählte sie Stottererwitze.
„Du bist ganz schön kokett mit deinem Stottern", stellte sie eines Tages fest, „ich habe noch nie jemanden gesehen, der so elegant stottert wie Du."
Benjamin verstand nicht so richtig was sie meinte.
„Du bist ja irgendwie was Besonderes mit deinem Stottern. Vielleicht brauchtest du als Kind besondere Aufmerksamkeit und merktest, dass das mit Stottern besonders gut geht. Und heute willst du davon nicht lassen, weil Du damit anders bist als andere Leute. Ich denke, das hast du schon kapiert."
Benjamin, der sich oft selbst ein bisschen leid tat mit seiner Stotterei, wurde nachdenklich. Verkehrt war das ja nicht, was sie sagte. Das hieß aber auch, dass er jetzt selbst an sich und seinem Problem arbeiten musste. Nur er selbst konnte sich helfen. Später kam ihm der Gedanke, dass es ihm mit seiner Stotterei wie Münchhausen ging, als der sich selbst am Schopfe aus dem Sumpf ziehen musste. Zum ersten Mal wurde ihm vollkommen bewusst, dass ihm seine Stotterei für sein späteres Leben im Weg stehen würde.
Von Wally kam ein Telegramm: „Walter ist tot. Herzschlag." Ruth und Muh fuhren sofort hin. Es gab eine riesige Beerdigung. Die Menschen aus Hohen Neuendorf hatten nicht vergessen, dass er nach dem Krieg Bürgermeister gewesen war. Sogar der jetzige rote Bürgermeister war da und hielt eine Rede.

– Ferien –

Vor den Sommerferien las Benjamin in der Zeitung, das Museum sucht junge Leute für Ausgrabungen in Voigtstedt. Benjamin ging sofort hin und fragte, ob er mitarbeiten könne. Natürlich, er durfte gleich am ersten Ferientag anfangen. Außerdem brauchte, wer in Voigtstedt mitarbeitet, nicht auf den Acker oder auf den Bau. Karli durfte auch mit. Insgesamt waren es fünf oder sechs Jungen aus der Stadt, dazu zwei Mädchen aus Edersleben.
Jeden Morgen fuhren sie um sechs mit den Fahrrädern auf das Gelände der Ziegelei. Man fand dort pleistozäne Tierknochen, Zähne vom Biber, von Mäusen, Gräten und Wirbel von Fischen. Wenn man Glück hatte auch ein Stück Mammutzahn oder einen Knochen vom Riesennashorn. Die Fundstelle stammte aus der Zeit, als die Goldene Aue noch ein eiszeitlicher See war, also vor mehr als hunderttausend Jahren. Später war dieser See verlandet und mit Lehm und Geröll überdeckt worden. Hier in Voigtstedt war ein Stück Ufer gewesen, an dem sich Tiere aufgehalten hatten. Die Archäologen hofften auf Reste von eiszeitlichen Menschen; manche Tierknochen schienen Bissspuren zu haben.
Der Chefarchäologe kam in der Regel einmal wöchentlich, die andere Zeit waren die Jungen ohne Aufsicht. Das war wunderbar, sie machten was sie wollten. Am Kantinengebäude der Ziegelei gab es ein Schwimmbecken. Das war bis oben hin mit Regenwasser gefüllt. Die Jungen fischten jeden Morgen die ersoffenen Feldmäuse aus dem Becken, dann sprangen sie rein. Es war eine wunderbare Abkühlung, herrschten doch jeden Tag über dreißig Grad. Benjamin hatte nie einen Kamm bei sich, weshalb es nach dem baden mit dem akkuraten Haarschnitt vorbei war. Die Strähnen fielen ihm einfach ins Gesicht. Sein Spiegelbild gefiel ihm seit dem viel besser

und er versuchte nicht mehr sein Haar in eine andere Form zu bringen.

Die Fundschicht war in Quadrate von einem mal einem Meter eingeteilt. Jedes Quadrat hatte wie beim Schachbrett eine Identifizierungsnummer. Also zum Beispiel 10 d. Jeder der Ausgräber bekam eine ganze Reihe dieser Quadrate, dazu entsprechende quadratische Papiere und Papiertüten. Die Arbeit bestand darin, den Sand mit einem Metallschaber abzukratzen, die gefundenen Knöchelchen auf dem Papier zu kartieren und Knochen und Papier in eine Tüte zu stecken. Das war alles nicht besonders aufregend, zumal mehr als Knochensplitter in der Regel nicht gefunden wurden. Es wurde erwartet, dass jeder Ausgräber ungefähr ein Quadrat am Tag bearbeitet. Nichts leichter als dies; wenn man gebummelt hatte, konnte man am Abend auch mal die Spitzhacke nehmen und den Sand einfach weg hacken. Das merkte niemand. Wenn der Chefarchäologe kam, war alles eifrig bei der Sache, bald fanden die jungen Leute jedoch heraus, dass dieser Mensch – im Abendstudium ausgebildet – sich vor allen Dingen wichtig tat.

An einem Morgen hatte eines der Mädchen einen uralten Kieferknochen vom Schwein mitgebracht. Grau und verwittert sah er aus und einem pleistozänen Exemplar nicht unähnlich. Karli und Benjamin nahmen einen Gummihammer und schlugen diesen Knochen vorsichtig in die Sandschicht. Dann gossen sie tropfenweise Wasser darüber, damit sich die Sandschicht rings um das inszenierte Fundstück wieder verfestigte.

Man wusste, an diesem oder am nächsten Tage würde der Chefarchäologe kommen. Gerade als dieser dann die Arbeit der jungen Leute inspizierte, kratzte Karli mit höchstem Interesse an dem Knochen herum. Für den Chefarchäologen eine aufregende Sache, er nahm Karli den Kratzer sofort aus der Hand und wollte das Stück selbst freilegen. Ganz stolz zeigte

er am Ende den jungen Leuten seinen Knochenfund und behauptete, das sei sicher der Unterkiefer eines eiszeitlichen Bären. Die Jugendlichen taten so als staunten sie, machten „ah" und „oh" und lachten sich krumm, als der Besuch aus dem Museum wieder weg war. Das Thema Bärenknochen wurde vom Chefarchäologen nie wieder angesprochen.
Für die Ausgräber gab es eine Bude, ähnlich wie sie in den Kirschplantagen in Roßla standen. Zwei mal zwei Meter im Quadrat. Auf jeder Seite ein Brett als Bank, unter den Brettern standen alle möglichen Glasballons mit verschiedenen Lösungen zur Reinigung oder zur Verfestigung der Knochen. Irgendwann stellte einer von den Jungen fest, dass diese Lösungen fantastisch brannten. Es dauerte nicht lange und eine dieser Flaschen mit vielleicht zwanzig Litern Lösung ging in die Luft. Zum Glück nicht in der Bude, die Feuerwerker hatten die Flasche nach draußen gebracht. Eine Stichflamme von zwanzig Metern. Der Grubenleiter von der Ziegelei kam angerannt und brüllte in der Gegend herum. Er wollte von Benjamin wissen, wer das gewesen war. Der hatte keine Ahnung, er war vorher in der Kantine gewesen.
Der Grubenleiter holte die Feuerwehr und informierte das Museum. Die kamen gleich alle angefahren und die peinliche Befragung begann. Benjamin und Karli waren zufällig unschuldig, sie waren am Ende die einzigen, die bleiben durften. Die anderen wurden alle rausgeschmissen.
Nach vier Wochen gab es Geld. Immerhin knapp dreihundert Mark für jeden. Benjamin erklärte Ruth, er wolle nach Leipzig zu Ruths Cousine Ursel fahren. Vielleicht fand er ja etwas, das er in Leipzig kaufen wollte.
Benjamin wollte per Anhalter fahren und landete dabei, was für ein Zufall, auf der Autobahn nach Berlin. Mit einem Motorrad kam er bis nach Michelsdorf, von dort nahm er die S-Bahn nach Steglitz. Taubers machten riesige Augen. Sie konnten einfach nicht glauben, was der Junge über seine Fahrt

erzählte. Er wollte nur zwei Nächte bleiben und mit seinem Geld was einkaufen, dann wieder zurück.
Benjamin erhielt noch fünfzig Westmark von Helmuths Konto und Tante Gertraud, Hans' Frau schenkte ihm noch zehn. Außerdem tauschte er seine dreihundert Mark noch um und hatte am Ende etwa hundertdreißig Westmark. Dann ging er einkaufen. Wieder ein Paar Schuhe, eine schwarze Cordhose und ein hellblaues Hemd. Er probierte alles am Abend aus und fand sich todchic. Er besuchte noch einmal die Bauausstellung, nahm sich einen ganzen Tag zur Besichtigung und war immer noch begeistert. Vielleicht später doch Architekt? Aber niemals wollte er solche schrecklichen Plattenbauten wie in der Westsiedlung bauen. Am Abend ging er noch ins Kino am Kudamm. „Manche mögen's heiß" mit Marilyn Monroe. Das kostete drei Mark. Den halben Nachmittag hatte er überlegt, ob er sich das leisten kann. Am Ende siegte Marilyn. Wenn er das zu Hause erzählt!
Zwei Tage später fuhr er per Anhalter die gleiche Strecke wieder zurück. Zu Hause erzählte er beiläufig, wo er gewesen war. Ruth aß gerade, ihr fiel fast die Stulle aus der Hand.
„Sag das noch mal, wo warst du?"
„In Berlin, bei Taubers. Tante Gertraud hat mir fünfzig Westmark von Helmuths Konto gegeben. Das war doch in Ordnung, oder?"
Ruth holte tief Luft. „Bist du verrückt?", rief sie entsetzt, „die hätten dich schnappen können."
„Wieso schnappen? Ich hätte gesagt, ich will zu meiner Tante nach Hohen Neuendorf. Die ist Witwe und braucht Hilfe."
Ruth war fassungslos. Dieser verflixte Bengel, gerade erst sechzehn, bringt es aber noch fertig und fährt kurz mal nach Paris.
Am ersten Schultag nach den Ferien gab es große Aufregung an der Schule. Benjamin mit neuer Frisur und neuen Sachen! Wegen ersterer musste er sogar zur Direktorin Loewenstein.

„Wieso tragen Sie plötzlich einen solchen Haarschnitt?", fragte sie streng. „Glauben Sie, dass eine solche Frisur zu einem ordentlichen Mitglied der FDJ passt?"
Benjamin hatte plötzlich einen kurzen und heftigen Geistesblitz.
„Haben Sie schon mal Bertolt Brecht gesehen? Auf einem Foto vielleicht?", fragte er die Loewenstein. „Der hatte eine Frisur, die sah ganz ähnlich aus. Ich weiß nicht, was daran schlecht sein soll."
Frieda Loewenstein war still, die Antwort hatte ihr die Sprache verschlagen. Damit war dieses Thema an der Schule beendet.

– Feinsliebchen –

In aller Munde waren Benjamins Frisur und seine neuen Sachen aber dennoch ein Weilchen. Wenn er gefragt wurde, woher er die Kleidungsstücke hatte, erzählte er etwas von Tanten im Westen, die fleißig Pakete schickten. Natürlich guckten auch einige Mädchen auf ihn, aber die guckten nur wegen seiner Kleidung, die außerdem nicht die richtigen für ihn waren.
In den neuen Klassen gab es einige Schülerinnen, die für die älteren Jungen in Benjamins Klasse sehr interessant waren, aber diese Mädchen, alle erst um die vierzehn, guckten keinen von den Jungen an. Die interessantesten Mädchen waren vom Dorf. Benjamin versuchte morgens, wenn sie vom Bahnhof kamen, etwas Aufmerksamkeit zu bekommen, aber vergeblich. Die guckten eben noch nicht. Jedenfalls nicht so, dass man es merkte.
Im Herbst begann wie jedes Jahr die Tanzstunde. Die Jungen kamen alle aus den elften Klassen, die Mädchen aus den zehnten. Die ersten Stunden begannen damit, dass die Mädchen und Jungen jeweils auf der gegenüberliegenden Seite des Saales saßen. Wenn die Musik einsetzte, sollten die Jungen aufstehen und eines der Mädchen von gegenüber zum Tanz auffordern. Die ersten Male gestaltete sich diese Auffordern wie eine Art Windhundrennen. Es waren immer nur fünf oder sechs Mädchen, auf die sich die Masse der Jungen stürzte. Als der Tanzlehrer merkte, dass andere Mädchen sitzen blieben, brach er die Musik ab und fing eine große Schreierei an. „Alle Mädchen werden aufgefordert", rief er, „sonst breche ich die Stunde ab." Die Musik setzte erst dann wieder ein, als alle Mädchen einen Tanzpartner hatten.
Benjamin machte die Tanzerei richtig Spaß. Es gab einige Mädchen, mit denen es sehr gut ging. Renate zum Beispiel

aus der Göpenstraße oder Hella Calaminus aus Roßla, obwohl die lieber mit Butze Baier tanzte. Sie schien immer heftig verschossen in ihn zu sein. Der beachtete sie jedoch kaum, er hatte irgendeine andere Flamme. Hella tanzte zwar auch gern mit Benjamin, behandelte ihn aber ein bisschen von oben herab. Ihm war das egal, er wollte nur mit ihr tanzen.
Es wurde Wiener Walzer, Foxtrott und Polka unterrichtet, doch wer Lust hatte, durfte noch ein bisschen länger bleiben, dann legte der Tanzlehrer die heißeren Sachen auf. Cha cha cha, Boogie und sogar Rock'n roll. Benjamin war immer mit dabei. Auf dem ersten Schulfest im Herbst war eine Auswahl der Aktion Junge Talente. Eine Aktion, die in der ganzen Republik veranstaltet wurde. Junge Leute wurden gesucht, die fortschrittliche Unterhaltungsmusik machen wollten und konnten. Nicht dieses Rock'n roll – Geheul aus Amerika. Jeder, der irgendwas vortragen wollte, durfte auftreten. Die Schule wollte zu diesem Zweck extra einen Schulball veranstalten, bei dem dann die Ausscheidungswettbewerbe stattfinden sollten. Das Casino der Maschinenfabrik wurde schließlich für den Ball hergerichtet. Die Schüler hatten sich hübsch gemacht, die Jungen im Anzug mit Krawatte, die Mädchen schön frisiert und im Petticoat. Alle saßen klassenweise zusammen. Gerade die jüngeren Klassen hockten an langen Tischen wie Hühner auf der Leiter.
Benjamin wollte was singen und hatte deshalb schon Wochen zuvor mit einigen aus der Schule eine kleine Band gegründet; Klarinette, Bass und Banjo. Vier Wochen hatten sie geübt, die Schule hatte ihnen sogar einen Raum zur Verfügung gestellt. Die Noten hatte Benni aus den Westzeitungen von Heiders.
Zum Schulfest gab es Musik vom Grammophon. Es waren fast alles Schlager aus der heimischen sozialistischen Produktion. Zum Sterben langweilig. Fräulein Loewenstein war anwesend, deshalb war alles zensiert, dekadente Westmusik war

nicht gestattet. Zwischen der Tanzerei kamen dann die Auftritte der jungen Talente. Die meisten der Teilnehmer spielten irgendwas auf dem Schifferklavier, zum Teil mit Gesang. Meistens waren es Volkslieder, aber ganz schrecklich vorgetragen. Die Gerlach aus Berga sang sogar sozialistische Kampflieder. Bei der klatschten nur die Lehrer und ein paar Linientreue. Die ganze Aktion war ziemlich mager und langweilig. Benjamin und seine Band kamen ganz zum Schluss. Sie spielten Musik von Louis Armstrong. Der letzte Ton war noch nicht vorbei, schon brüllte der ganze Saal. Die Jungen aus seiner Klasse stürmten die Bühne, schnappten sich Benny und trugen ihn durch den ganzen Saal, schmissen ihn mehrmals in die Luft bis ihm schwindelig wurde. Die Menge raste, nur die Lehrer machten etwas unschlüssige Gesichter. Als die Jury die Plätze verteilte, bekam die Gerlach den ersten Platz. Nun, das war zu erwarten. Benjamin war irgendwo an vorletzter Stelle. Alle anwesenden Schüler buhten und zischten bei dieser Entscheidung. Wären sie richtige Rocker gewesen, hätten sie wohl Kleinholz aus dem Saal gemacht.

Nach dem Wettbewerb fing die Musik wieder an zu spielen. Benjamin wollte probieren, was er alles in der Tanzstunde gelernt hatte und forderte ganz frech eines der neuen Mädchen aus der neunten Klasse auf. Es war blond und hatte ein bildhübsches, feines Gesicht, es wirkte fast noch wie ein Kind. Als er das Mädchen aufforderte, wurde es vor Schreck blass und wollte weglaufen. Seine Nachbarin hielt es fest. Es bekam einen hochroten Kopf. „Nein", sagte diese Süße, „ich kann doch gar nicht tanzen." Zum Anbeißen sah sie aus in ihrer ganzen Verschämtheit. Mit sanften Zügen und schönem Kopf, mit einem Dutt und kleinem Pony. Natürlich auch mit einem riesigem Petticoat. Benjamin stellte sich erst einmal ganz brav und ordentlich vor und erklärte angeberisch, dass er ganz harmlos sei und bestimmt nicht beißen würde. Die junge Dame lächelte, aber er brauchte noch eine ganze

Weile, bis er sie überreden konnte, ein paar Schritte mit ihm zu tun. Irgendwo hatte er sie schon mal gesehen, wusste aber nicht mehr wo.

Sie sagte schüchtern zu ihm: „Sie haben so schön gesungen, ich hätte Ihnen den ersten Preis gegeben."

Benjamin war entgeistert: „Wieso sagst du Sie zu mir? Wir gehen alle auf die gleiche Schule, da duzen wir uns doch."

Dann fragte er sie, woher sie käme. „Aus Gonna", antwortete sie zaghaft, „aber heute Nacht schlafe ich bei einer Freundin hier in der Stadt. Meine Schwester auch." Jetzt erinnerte sich Benni. Gonna lag auf dem Weg nach Grillenberg. Er hatte sie sicher schon mal auf dem Weg nach Grillenberg gesehen.

Als der Tanz vorbei war, brachte er sie an den Tisch, wo sie gesessen hatte und bedankte sich höflich bei ihr. Wieder bekam das hübsche Mädchen aus Gonna einen roten Kopf.

Dann ging Benjamin an die Theke, trank einen Schluck Limonade und wollte gleich noch einmal mit der Kleinen aus Gonna tanzen, aber beim nächsten Tanz war sie schon weg.

Nach dem Fest brachten die Jungen die Mädchen nach Hause. Butze Baier hatte doch wieder die Calaminus am Arm, Marion Most ging mit einem dürren Kerl aus Allstedt. Benni ging allein, er war ein bisschen traurig. Schließlich traf er noch Carla Fischer und brachte sie nach Hause. An der Haustür schlang Carla plötzlich die Arme um Bennis Hals und drückte sich mit ihrem ganzen Körper an ihn. Der Heimweg endete mit einer ausgedehnten Knutscherei. Irgendwann nahm Carla Benjamins Hand und drückte sie auf ihren Busen. Der fühlte sich angenehm groß und weich an. Aber Benjamin bekam heftige moralische Skrupel und beendete das Spiel.

Am Montag darauf sah er die Kleine aus Gonna wieder in der großen Pause. Benni hatte ein schlechtes Gewissen wegen Carla, aber viel war ja nicht passiert. Das Mädchen guckte ihn tatsächlich an, lächelte und grüßte. Aber nur ein einziges Mal. Wenn sie sich dann wieder begegneten, guckte sie weg.

Sie sah wirklich bezaubernd aus, besser als alle Mädchen aus der Schule. Das war jedenfalls Benjamins Meinung. Er versuchte ihren Namen zu erfahren. Das Einzige was er herausfand, war ihr Vorname: Sie hieß Ilka.
In der Schule sprach ihn der stellvertretende Direktor an. Der wollte mit ihm noch einmal über seinen Auftritt bei den Jungen Talenten sprechen. Ihm hatte „Mac the knife" nicht gefallen. Das war ja eigentlich ein Text von Bert Brecht. Er habe entschieden etwas gegen die amerikanische Verbalhornung von Brecht'schen Texten.
Benjamin blieb diesmal ganz brav, sah alles ein und beteuerte, es käme nie wieder vor.
Zwei Wochen nach den schüchternen Begrüßungen schenkte Ilka Benjamin auch in der zweiten Pause freundliches Lächeln. Benjamins Herz bekam Flügel. Dann dachte er an Heidi und sein Mut sank wieder. ‚Nur nicht zu große Hoffnungen machen', dachte er, ‚Wer weiß, was die will und ob sie überhaupt was will.'
Ein paar Wochen vor dem Abschlussball in der Tanzstunde mussten sich alle zu festen Paaren finden. Hella Calaminus träumte wahrscheinlich von Butze Baier, aber der biss nicht an. Benjamin fragte Hella, sie bat sich eine Woche Bedenkzeit aus.
‚Ziemlich doof', ging es ihm durch den Kopf, ‚wenn sie dann doch nicht wollte, wären alle guten Tänzerinnen weg.' Er hatte schon beschlossen, sich eine andere zu suchen, da sagte sie ihm schließlich zu. Allerdings sehr von oben herab. Später hörte er, dass auch sie wegen seines Stotterns gezögert habe, jedenfalls erzählte sie das in der Klasse. Diesmal war es Benjamin jedoch ziemlich egal.
Ilka und Benni hatten fast den gleichen Weg von der Schule zum Bahnhof, wo auch die Busse abfuhren. Immer ging sie mit anderen Mädchen aus ihrer Klasse oder mit ihrer Schwester. Aber einmal war sie allein als Benjamin sie auf dem Heim-

weg traf. Er fragte ganz höflich, ob er sie begleiten dürfe. Ilka bekam einen hochroten Kopf. Sie wusste zuerst nicht was sie sagen sollte und dachte wahrscheinlich, wenn sie hier jemand aus der Schule sähe, wären sie am folgenden Morgen in aller Munde. Der heißeste Schulklatsch. Aber dann sagte sie doch schüchtern ja. Sie redeten ein bisschen miteinander. Endlich erfuhr Benjamin, dass sie Ilka Kroll hieß, ihre Schwester sei in der Zehnten, die Eltern hatten in Gonna ein Haus mit großem Garten. Sie habe auch zwei kleine Katzen, die sie sehr liebe. Nach Grillenberg würde sie auch immer mal kommen, manchmal zu Fuß, manchmal mit dem Rad. Viel mehr konnte er nicht von ihr erfahren, sie war viel zu schüchtern und zurückhaltend.

Benjamin sprach von Marilyn Monroe, vom Kirchenchor und vom Posaunenchor, dass er oft an den Sonntagen unterwegs sei und vom Häuschen seiner Tante in Grillenberg. Von der Familie Horn hatte Ilka auch schon gehört. Sie kannte Pastor Gerhard, denn manchmal spielte sie sonntags im Gottesdienst die Orgel. Benjamin war hoch erfreut, als er hörte, dass sie Musik machte und liebte. In der Schule gab es nicht viele, die sich für Musik interessierten.

„Du hast so schöne Schuhe", sagte sie schließlich, „sind die aus dem Westen?"

„Ja", sagte Benjamin, „die habe ich mir in Westberlin gekauft." Ilka war sprachlos. Nach einer Weile wollte sie ein bisschen mehr wissen, wann Benjamin diese Schuhe gekauft hatte. Er erzählte ihr die Geschichte von seiner Fahrt. Ilka hörte erst ungläubig zu, dann kam sie aus dem Staunen nicht heraus. Im Westen war sie noch nie gewesen. Für sie war Westberlin so weit entfernt wie Amerika.

Benjamin brachte sie an den Bus und blieb stehen bis er abfuhr. Die ganze Zeit sah sie ihn an und lächelte. Sie hatte ein ganz offenes Gesicht, wenn sie lächelte. Als der Bus anfuhr, drehte sie sich um und winkte.

Benjamin war selig.
In den nächsten Tagen tauschten sie immer, wenn sie sich sahen, freundliche Blicke aus. Manchmal kamen sie zufällig zusammen und redeten ein paar Sätze miteinander, berührten sich zufällig an den Händen oder den Armen. Benjamins Herz und Sinne waren in diesen Wochen ziemlich durcheinander. Eigentlich konnte er nicht glauben, dass sich dieses wunderbare Mädchen für ihn interessierte, aber es schien doch so zu sein. Immer wieder zweifelte er, ertappte sich sogar dabei, dass er auf dem Schulhof von Ferne beobachtete, ob es da nicht noch Rivalen gab. Dabei kam er sich ziemlich blöd vor, aber er bekam mehr und mehr die Gewissheit, dass er der Einzige war. Es gab wohl noch andere Jungen, die es bei ihr versuchten, aber zu denen war sie – wie er beobachten konnte – freundlich aber kühl.
In die Weihnachtsferien hatten sich die beiden schließlich herzlich verabschiedet, dabei hatte sich Benjamin jedoch nicht getraut, irgendeine Verabredung für die Zeit der Ferien zu treffen. Er wäre gern mal mit dem Fahrrad nach Gonna gefahren, um Ilka zu überraschen. Aber er hatte eine gute Ausrede, es nicht zu tun: Es war zu kalt und auf der Straße zu glatt. Doch eigentlich war er einfach nur nicht mutig genug. So mussten beide auf ein Wiedersehen in der Schule warten.
Kurz vor dem Abschlussball der Tanzstunden im Februar bekam Benjamin auf einmal und sehr überraschend Ärger mit Hella.
„Gib zu, du hast was mit dieser Ilka aus Gonna", giftete sie ihn an, „diesem kleinen Dorftrampel." Sie war richtig wütend.
„Keine Ahnung was du meinst", log Benjamin. „Man darf doch miteinander reden." Die Anbändelei hatte sich herum gesprochen.
Hella blieb in den folgenden Tagen ziemlich kühl. Vor dem Ball gab es große Probleme, Blumen zu beschaffen, bis sich schließlich eine Gärtnerei in Wallhausen fand, die im Treibhaus noch Rosen hatte. Der Tanzstundenball wurde ein gro-

ßes gesellschaftliches Ereignis in der kleinen Stadt. Alles hatte sich erneut wunderbar heraus geputzt. Benjamin war ein wenig genervt. Das Tanzen machte ihm zwar Spaß, aber Hella neben ihm muffelte den ganzen Abend herum. Benjamin machte das Beste daraus und sie tanzten ohne Pause mit allen Damen im Saal, auch mit den älteren wie Ruth, Frau Schmieder oder Frau Calaminus.

In den nächsten Tagen trafen sich Ilka und Benjamin immer wieder zufällig auf den Heimwegen. Manchmal auch morgens, wenn die Schüler vom Bahnhof kamen. Benjamin trat dann zufällig aus der Hoftür, wenn Ilka gerade vorbei kam. Dann war immer noch ihre Schwester Traude dabei. Aber die wusste Bescheid. Das hatte jedenfalls Ilka angedeutet.

Die halbe Schule redete schon über Ilka und Benjamin. Motzenbecher war neugierig, er wollte es genau wissen: „Wie weit bist du schon gekommen? Hast Du sie schon flach gelegt?"

„Ach, lass den Quatsch", sagte Benni, „das geht dich nichts an. Besteig deine Fröschke und lass mich in Ruhe." Heimlich träumte er aber immer wieder vom Küssen mit Ilka und malte sich alle möglichen Situationen aus, wie und wo er sie küssen könnte.

Zu Ostern endlich verabredete er sich mit ihr am Bahnhof. Sie wollten am Feiertag ein bisschen spazieren gehen, ins Rosarium oder auf den Hohen Berg. Traude sollte mitkommen – als Anstandsdame. Benjamin war das egal, er wollte nur Ilka sehen. Zu Hause hatte er erzählt, er wolle mit Witzel Fahrrad fahren. Er stand eine ganze Weile am Bahnhof und wartete. Der Bus hielt, keine Ilka, keine Traude stiegen aus. Maßlos enttäuscht stand er da, der nächste Bus würde erst am Abend kommen. Er überlegte. Nach Gonna waren es nur ein paar Kilometer. Benjamin sprang aufs Fahrrad und fuhr hin, fragte sich dort zu Krolls durch und klingelte schließlich mit klopfendem Herzen an der Haustür. Traude kam heraus.

„Ach Benni", sagte sie etwas verlegen, „ich bin schuld, sei nicht böse. Ich wollte nicht den Anstandswauwau spielen und allein haben die Eltern Ilka nicht gelassen."
„Dann hole doch mal Ilka raus", bat Benni schüchtern.
„Die schämt sich so. Sie meint, sie kann dir nicht unter die Augen treten."
„Quatsch", sagte Benni, „jetzt bin ich schon hier, es wäre blöd, wenn ich sie nicht sähe."
„Na komm mal mit", erwiderte Traude, „dann kannst du gleich die Eltern kennen lernen."
Benjamin ging mit, im Hausflur erschien der Vater und reichte ihm die Hand. Benni machte den tollsten Diener, den er je zustande brachte.
„Ich will aber nicht stören", entschuldigte sich Benjamin, „verzeihen Sie, dass ich so einfach ins Haus platze." Mutter Kroll hatte die Worte gehört, kam aus dem Wohnzimmer und begrüßte ihn herzlich wie einen alten Bekannten.
„Kommen Sie doch – nein", sagte sie, „ich sage du. Du heißt Benni, hat mir Ilka erzählt. Also Benni, komm herein, es gibt gleich Kaffee. Du isst ein Stück Kuchen mit. Vorher gehst du nicht aus dem Haus."
Dann rief sie Ilka. Die hatte sich im Obergeschoss versteckt, sie schämte sich vor Benjamin.
Frau Kroll ging nach oben. „Jetzt sei nicht albern", hörte Benjamin sie ihre Tochter aufmuntern, „Benni ist da, geh runter, begrüße ihn. Schließlich kommt er wegen dir."
Ilka wagte tatsächlich den Gang nach unten, unendlich verlegen, mit hochrotem Kopf.
„Bitte, bitte entschuldige mich", sagte sie, „es ging wirklich nicht, du weißt ja warum."
„Alles in Ordnung", beschwichtigte Benni sie, „nun sehen wir uns ja doch noch."
Ilka hatte noch zwei kleinere Geschwister. Zwei Jungen, sechs und sieben. Beide alberten herum und neckten die große

Schwester Ilka. Der größere fragte Benni sofort, ob er seine Schwester Ilka heiratet. Ilka war wütend und drohte ihm Prügel an.
Die beiden Kleinen rannten aus dem Haus und lachten. „Benni küsst die Ilka", schrieen sie. Ilka rannte hinterher, kriegte sie aber nicht. Traude und Benni mussten lachen.
Nach dem Kaffee gingen Ilka, Traude und Benni ein Stück in Richtung Grillenberg. Dort blühten wunderbar die Kirschbäume. Bald redeten sie über die Schule, Schüler und Lehrer. Ilka gestand plötzlich, dass sie Operetten und kitschige Liebesromane liebte. Benjamin war irritiert und wollte es nicht so recht glauben. Traude zog ihre Schwester mit ihrem kitschigen Geschmack auf. „Damit musst du leben", lachte sie, „wenn du es ernst mit Ilka meinst."
Erst abends vor dem Dunkelwerden fuhr Benjamin nach Hause. Ruth fragte ihn, wo er so lange gewesen sei.
„Mit Witzel unterwegs", log er.
„Ich glaube, du hast eine Freundin", sagte Ruth und schenkte ihm wegen der Lüge einen kritischen Blick.
Benjamin schwieg mit hochrotem Kopf.
„Na, wer ist es denn?", fragte Ruth.
Benjamin schluckte, schluckte noch mal, und sagte dann ganz zögerlich: „Sie heißt Ilka und ist aus Gonna."
„Ilka wie?", fragte Ruth.
„Ilka Kroll."
„Kann ich sie denn mal sehen?", fragte Ruth.
„Ich frage sie, vielleicht kommt sie mit ins Krankenhaus, wenn sie mal eine Stunde Zeit hat."
Ruth fragte nichts mehr und Benjamin war erleichtert. Endlich keine Geheimniskrämerei mehr zu Hause.

– Frühlingsgefühle –

Fräulein Spatz gründete eine Theater-Gruppe. Obwohl Burgfrieden mit ihr herrschte und er in letzter Zeit sogar gute Noten bei ihr bekam, dachte Benjamin gar nicht daran dabei mitzumachen. Die Spatz sprach ihn trotzdem an. „Man braucht ja nicht nur Schauspieler", sagte sie, „es gibt genug andere Sachen zu tun. Bühnenbild, Maske, Kostüme und Organisation."
„Draußen vor der Tür" von Borchert wollte sie machen. Benjamin wunderte sich. Er wusste, dass das Stück von Borchert nur im Westen gedruckt worden war. Er hatte ein Taschenbuch mit Borcherts Werken zu Hause. Also Westliteratur. War denn so was überhaupt erlaubt? Es schien als habe sie plötzlich Mut.
„Kennen Sie das Stück?", fragte die Spatz.
„Ich habe es gelesen, als ich bei Verwandten im Westen war", log er.
„Wie fanden Sie es?"
„Tief beeindruckend. Kaum ein neues Stück hat mich so fasziniert wie dieses."
„Also machen Sie mit. Machen Sie das Bühnenbild und helfen sie bei der Regie."
Benjamin war irritiert darüber, dass die Spatz ihn ansprach. Er redete gleich mit Ilka über die Theatergruppe. Auch Ilka war von der Spatz angesprochen worden. Beide waren plötzlich angetan von der Idee, gemeinsam Theater zu spielen. Benjamin würde zwar nur hinter den Kulissen sein, aber sie oft auch außerhalb der Schulzeit zusammen. Sie redeten auch beide über die Spatz, die sich irgendwie verändert hatte. Sie wirkte nicht mehr so verbissen, auch war sie weicher und freundlicher geworden. Manchmal hatte sie sogar ein anhaltendes leichtes Lächeln um die Lippen. Ihre FDJ-Leiter-Ma-

nieren hatte sie abgelegt, wenigstens teilweise. Und sie trug kein Blauhemd mehr, sondern nur noch ordentliche und sehr bürgerlich wirkende Kostüme.
Mitten in einer Deutschstunde kam plötzlich die Direktorin in die Klasse und holte die Spatz raus ans Telefon.
Fast eine halbe Stunde später kam die Spatz mit einem seligen Lächeln auf den Lippen zurück und erklärte ohne weitere Schnörkeleien, sie hieße jetzt Koslowsky.
Fünfundzwanzig verdutzte und fragende Gesichter guckten sie an.
„Ich habe eben geheiratet", sagte sie lachend und bekam ein rotes Gesicht, „per Telefon."
Dann klingelte es zum Ende der Stunde.
Es gab ein großes Rätselraten um diese Heirat. Scheibchenweise kam heraus, dass die beiden sich brieflich kennen gelernt hatten. Die Polen ließen aber ihre Landsleute wegen der offenen Berliner Grenze nicht so einfach in die DDR ausreisen. Also hatten sie telefonisch geheiratet. Ein paar Wochen später wurde Herr Koslowsky in der Stadt gesehen. Ein junger blonder Mensch mit kleinem rundem Kopf, irgendwie wirkte er unscheinbar. Alle fragten sich, warum in aller Welt es denn nun so einer sein musste.
Das Theaterprojekt, mit großem Elan begonnen, dümpelte bald vor sich hin. Die Direktorin hatte sich den Text geben lassen und war nicht einverstanden. „Pessimistische, dekadente Literatur", meinte sie, nachdem sie sich erst einmal beim Kultusministerium über Borchert informiert hatte. Die Koslowsky war verstimmt, sie hatte sich auf Borchert vorbereitet, jetzt sollte sie was anderes machen. Dazu hatte sie jetzt jedoch keine Lust.
Also verlief das Projekt irgendwie im Sande.
Im späten Frühjahr war wie jedes Jahr Rosenfest. Die Schule gestaltete einen Teil des kulturellen Programms im Rosarium. Der Schulchor sang Arbeiter- und Frühlingslieder, die Volkstanzgruppe der Schule hatte Tänze aus verschiedenen

Teilen der befreundeten sozialistischen Volksrepubliken eingeübt. Ilka tanzte mit. Das Schulorchester machte die Musik dazu. Benjamin war mit seinem Tenorhorn dabei. Sie hatten wochenlang an den entsprechenden Stücken geübt, dabei hatten sich die beiden ziemlich oft gesehen. Benni fand, Ilka tanzte sehr hübsch. Tatsächlich hatte ihre Art sich zu bewegen eine besondere Anmut, es sah irgendwie nicht perfekt aus, hatte aber einen naiven, beinahe kindlichen Charme.
Der Auftritt im Rosarium wurde eine mittlere Katastrophe. Es war schon später Nachmittag. Viele Besucher, besonders die Kumpel aus dem Schacht, hatten sich schon im Überfluss mit Bier und Korn behandelt. Als das Orchester anfing, sangen einige mit, obwohl sie eigentlich eher grölten und machten anzügliche Bemerkungen über die tanzenden Mädchen. Einige versuchten sogar in die Umkleiden einzudringen, in denen sich die Mädchen zwischen ihren Tänzen umzogen.
Ilka fuhr nach dem Auftritt bald nach Hause, sie hatte keine gute Laune. Benni auch nicht. Der Nachmittag war irgendwie verdorben.
Im Herrenkrug, der schlimmsten Kneipe der Stadt gab es am späten Abend noch einen Zwischenfall mit dem Hausmeister Winkler. Sturzbetrunken stand er auf einem Tisch und agitierte gegen die Idioten bei der Partei, bis ihn seine Frau, nachdem sie ihn überall gesucht hatte, nach Hause zerrte. Das Parteiverfahren gegen Winkler verlief glimpflich, er bekam nur eine Verwarnung und musste den Orden, den er an jenem Schicksalstage bekommen hatte, wieder abgeben. Im Vergleich zu Kreuziger hatten sich die Verhältnisse deutlich gebessert.
Am dritten Pfingsttag hatten alle Kinder im Kreis schulfrei. Ilka und Benjamin verabredeten sich für eine Radtour zum Questenfest, einer riesigen Feier mir viel Bier, Schnaps, Bratwurst und abends Tanz. Der Anlass für dieses Fest war eine Schuld der Dörfer Rotha und Horla. Seit Hunderten von Jahren mussten die Bauern dieser Dörfer jährlich zu Pfingsten Schin-

ken, Speck und Käse nach Questenberg bringen. Der Sage nach, weil sie bei der Suche nach einer entlaufenen Prinzessin nicht geholfen hatten. In Wirklichkeit war es wohl eine Pacht aus dem Mittelalter. Ilka durfte tatsächlich mit Benni fahren, sogar ohne Traude. Sie kam mit dem Rad und holte ihn ab. Beide fuhren bei wunderbarem Frühlingswetter bis Wickerode, stellten dort die Räder in einer Wirtschaft ab und gingen zu Fuß weiter. Ein schöner Weg an einem Bach, endlich waren sie mal ganz allein. Nirgends war ein Mensch zu sehen, nur die Vögel zwitscherten. Sie liefen Hand in Hand, erzählten sich, lachten, waren mächtig fröhlich und rundum glücklich. Die Berührungen wurden immer häufiger, sie kamen sich näher und näher bis Ilka plötzlich in Bennis Armen lag. Da blieben sie am Bach stehen, hielten sich gegenseitig fest, küssten sich und hörten nicht mehr auf bis ihnen die Beine einschliefen. Dann kam beiden wieder in den Sinn, dass sie eigentlich zum Questenfest wollten und liefen wieder Hand in Hand los. Aber dort war so viel Rummel und Sauferei, dass sie bald wieder gingen. Unten im Dorf tranken sie noch jeder eine Brause und guckten sich gegenseitig verliebt in die Augen.

Ilka sollte abends um sieben zu Hause sein. Bis dahin waren noch ein paar Stunden Zeit. Die beiden suchten sich eine abgelegene Wiese, auf der ein paar große Kirschbäume standen. Sie warfen sich hin, umarmten sich und kullerten im Gras herum und küssten sich ohne Pause, bedeckten sich mit ihren Küssen, küssten jedes Fleckchen in ihren Gesichtern. Benjamin fragte sie irgendwann, woher sie so gut küssen konnte. „Naturtalent", antwortete Ilka, „beide lachten." ‚Ziemlich kess', dachte Benjamin und erinnerte sich daran, wie schüchtern sie damals bei dem Ball der jungen Talente gewesen war. Zwischendurch redeten sie ein bisschen.

Ilka sprach von ihren Eltern. Ilkas Vater hatte vor dem Krieg Dreher gelernt, jetzt war er in der MIFA und machte seinen Ingenieur im Abendstudium nach. Er schaffte es, aber immer

wieder gab es Schwierigkeiten. Im Dorf hatte jemand erzählt, der Vater sei bei der SS gewesen. Das war zwar alles gelogen, aber er war tagelang in der Stadt verhört worden. Stein und Bein hatte er geschworen, mit den Faschisten nichts am Hut gehabt zu haben. Nach diesen Verhören hatten ihre Eltern überlegt, in den Westen zu gehen. Sie waren nicht gegangen, weil Vaters Direktor sich mächtig für ihn eingesetzt hatte.
„Vom Sozialismus hält Vater zwar nichts", erzählte Ilka, „aber wer weiß, sagte sie, ob er im Westen als Dreher arbeiten konnte. Immerhin hat er vier Kinder. Und hier haben wir immer noch ein Stückchen Land und etwas Vieh."
Zwischen erzählen und küssen, probierten sie die Kirschen an den Bäumen. Sie waren reif und wunderbar süß und knackig. Die beiden aßen bis ihnen schlecht wurde. „Ist das nicht wunderschön hier?", fragte Ilka sanft „unten der Bach, da drüben die Wälder und hier die wunderschöne Wiese." Sie hatte einen Marienkäfer gefangen und ließ ihn auf ihrer Hand krabbeln.
„Ja", sagte Benni, „wunderschön", doch er dachte eher ans Küssen.
„Und wie friedlich", sagte Ilka, „die Natur braucht uns nicht, sie braucht auch den Sozialismus nicht."
Benjamin lachte.
„Und sie hat die Nazis nicht gebraucht", ergänzte er, „auch den dusseligen Kaiser nicht, die Feudalherren oder die Sklaverei."
Ilka dachte nach. „Na, so friedlich ist die Natur auch nicht", sagte sie schließlich und guckte sich um, „die Katze dort würde am liebsten die Stare fressen - wenn sie könnte - und die Stare den Marienkäfer."
„Aber den Sozialismus brauchen sie alle drei nicht", sagte Benjamin.
Als es Zeit wurde, fing Ilka an, Ihre Frisur zu richten. „Hast du einen Spiegel?", fragte sie. „Natürlich nicht."

Sie brach in leichte Panik aus: „Wie sehe ich denn aus?"
Benjamin machte sich lustig. „Wunderbar", sagte er, „obwohl der Knoten auf dem Kopf ziemlich ramponiert war."
„Und mein Rock", jammerte sie, „guck doch nur meinen Rock an. Lauter Grasflecken."
„Deine Eltern werden schon ahnen, was du gemacht hast."
„Du bist eklig." Ilka versuchte böse zu sein, aber schließlich lachte sie doch.
Benjamin half ihr, ihren Dutt auf dem Kopf ein bisschen zu ordnen.
Sie liefen zurück nach Wickerode, setzten sich auf die Räder und fuhren bis nach Gonna. Ein paar hundert Meter vor Ilkas Haus küssten sie sich zum Abschied. Dann fuhr er zurück. In aller Glückseligkeit fiel ihm plötzlich Goethe ein: „Es schlug mein Herz geschwind zu Pferde …". So ein ähnliches Gefühl hatte er jetzt. ‚Gut, dass Goethe noch kein Fahrrad kannte. Dieses Gedicht wäre nie geschrieben worden', ging es ihm durch den Kopf.

– Keine Chance –

In der ersten Pause rannte Ilka aufgeregt zu Benni: Hast du gehört, Einar Schlauch ist aus dem Zug gefallen. Das hatte er noch nicht gehört. Ilka wusste es von der Koslowsky, die war Ilkas Klassenlehrerin.
Gerüchte und Gerede schwirrten durch die Schule. Einar habe schwere Verletzungen, er würde aber wohl überleben. Im Zug von Hettstedt nach Hause sei er zufällig aus dem Zug gefallen. Wie fällt ein Junge mit sechzehn zufällig aus dem Zug? Und ausgerechnet Einar, der meistens malte oder las. Das konnte sich niemand vorstellen. In der Schule war sofort die Kriminalpolizei und verhörte einzelne Schüler. Es gab Vermutungen, dass jemand nachgeholfen hat. Aber wer macht so was? Andere Jungen vielleicht? Einar mit seiner Stotterei war immer noch für manche Jungen ein Prügelknabe.
Einar kam lange nicht in die Schule. Er war wochenlang in Krankenhäusern und musste mühsam zusammengeflickt werden.
Frau Schlauch stand stundenlang mit Muh an der Gartentür und erzählte über den Unfall.
„Da hat einer nachgeholfen", meinte sie. „So wie der von verschiedenen aus der Stadt angefeindet wurde. In manchen Zeiten bekam er jeden Tag Prügel, einfach so. Der Prügelknabe der ganzen Schule. Was hat man mit dem Jungen für Sorgen! Es war fast wie bei Harald Droste aus der Thälmannstraße. Kennen Sie den noch?"
Muh kannte ihn noch, den armen Jungen, er war so alt wie Benjamin. Er hatte tatsächlich jeden Tag von den Straßenjungen Dresche bekommen. Harald war einer von der Sorte, die alles, aber auch alles besser wussten und dazu noch druckreif hochdeutsch sprachen. „Wie kann man auch in dieser Stadt hochdeutsch reden? Wie kann man hier überhaupt Hochdeutsch lernen?", fragte Muh.

„Wissen Sie, dass der tot ist?"
Muh war entsetzt. Das hatte sie nicht gewusst.
„Die Familie ist vor fünf Jahren abgehauen", erzählte Frau Schlauch. „Sie lebten irgendwo in der Nähe von Kassel. Der arme Junge ist beim Wandertag von den eigenen Mitschülern von einem Felsen gestürzt worden und war sofort tot. Seit ich das gehört habe, bin ich jeden Tag in Angst um den Jungen. Und jetzt fällt er tatsächlich aus dem Zug. Das kapier ich nicht, er ist zwar zappelig, aber der fällt doch nicht so einfach aus dem Zug."
Wochenlang gab es Spekulationen in der Stadt, die Kriminalpolizei untersuchte, befragte verschiedene Schüler aus seiner Klasse, aber alle Fragerei blieb ohne Ergebnisse.
Am Jahresende sprach Rufus mit allen Schülern über ihre beruflichen Pläne. Eigentlich war noch viel Zeit, aber so konnte sich der eine oder andere noch in bestimmten Fächern verbessern. Er sprach mit Benjamin, der träumte am heftigsten von Architektur. ‚Wenn nicht Architektur', überlegte Benjamin immer mal wieder, ‚dann vielleicht Bibliothekswesen.' Er liebte Bücher und kaufte immer wieder neue bei Alban Hess. Wenn alles nicht ging, dann vielleicht doch Posaune an einer Musikhochschule. Hanne-Lore Ludwig hatte ihm mal gesagt, dass sie ihm das zutrauen würde.
Rufus sagte erst mal nichts, er wollte mit der Koslowsky und mit anderen Lehrern reden.
Zwei Wochen später kam Rufus auf Benjamin zu.
„Nein", erklärte er, „die Schule wird keine Empfehlung für Ihre Wünsche geben. Nicht für Architektur, nicht für Bibliothekswesen, nicht für Posaune. Das Kollegium traut Ihnen das nicht zu. Ich habe durchgesetzt, dass Sie für Grafik und Buchkunst vorgeschlagen werden."
Benjamin guckte ihn an, sagte aber nichts. Die Felle schwammen davon, die Nachrichten waren deprimierend.
„Arbeiten Sie", sagte Rufus. „Seien Sie fleißig. Immer fleißig! So wird man was. Malen Sie, zeichnen Sie, vielleicht noch

Arbeiten in Ton. Holen Sie sich Ton aus Voigtstedt. Sie kennen doch die Grube. Wenn Sie sich bewerben, müssen Sie Arbeiten einschicken. Soviel wie möglich."
Benjamin war Rufus trotz aller Ablehnungen dankbar, versuchte er ihm doch Mut zu machen. Trotzdem ahnte er, dass seine Situation aussichtslos war.
Die Koslowsky hatte sich also gerächt. Und was in die Musiklehrerin gefahren war, verstand er überhaupt nicht. Die hatte doch keine Ahnung, wie gut oder schlecht er Posaune blies.
Nach der Schule redete er sofort mit Ilka. „Grafik macht mir zwar Spaß", sagte er, „aber ein ganzes Leben Zeichnen und Malen, dazu habe ich keine Lust. Rufus hat mir zwar Mut gemacht, aber ich glaube nicht an eine reelle Chance."
„Versuchs trotzdem", meinte Ilka, „vielleicht kannst du später noch umsatteln." Sie glaubte wahrscheinlich selbst nicht so richtig daran. Beide waren ratlos und enttäuscht. Zum ersten Mal redete Benjamin mit Ilka darüber, in den Westen zu gehen. Benjamin konnte sich das gut vorstellen, wie oft hatte er sich gefragt, warum er in diesem Land leben musste. In dieser spießigen und miefigen Gesellschaft. So radikal wie der große Hrabal, der dieses Land und diese Stadt wegen – wie er sagte – ihrer Spießbürgerlichkeit hasste, war er zwar nicht, doch widerwärtig war ihm die hiesige Gesellschaft oft genug. Diese Verlogenheit, diese sozialistische Kleinbürgerlichkeit.
Ilka konnte sich nicht vorstellen, abzuhauen. Nein, sie hing viel zu sehr an ihrer Familie, an ihren Geschwistern und den kleinen Kätzchen, die sie so liebte. „Man kann sich überall seine Welt bauen", sagte sie, „auch hier. Ich brauche den Westen nicht, sagte sie, um glücklich zu werden."
Rufus hatte vorgeschlagen, er solle nach Leipzig schreiben an die Hochschule für Grafik und Buchkunst. Die Schule würde eine Empfehlung schreiben. Nach einem längeren Hin und Her von Briefen, bekam er endlich einen Termin beim Dekan

der Hochschule. Benjamin packte alle seine Werke der letzten Jahre ein und fuhr gemeinsam mit Ruth nach Leipzig. Der Dekan ließ sich entschuldigen, auf seinen Vertreter mussten sie lange warten. Der behandelte Benjamin von oben herab. „Na ja", sagte er, als er die Arbeiten durchgeguckt hatte, „ob Sie Talent haben, kann man noch nicht erkennen. Eine Chance bei uns haben Sie nur, wenn Sie entweder Armeedienst geleistet oder einen entsprechenden grafischen Beruf gelernt haben. Bewerben Sie sich bei einem Verlag oder einer Großdruckerei. E.A. Seemann zum Beispiel. Oder bei ihrem örtlichen Zeitungsverlag."
Benjamin bewarb sich bei verschiedenen Verlagen und Druckanstalten. Doch in den kommenden Wochen bekam er nur Ablehnungen. Mit jedem Brief wuchs die Hoffnungslosigkeit. Er redete immer wieder mit Ilka. Es schien keine einzige Chance zu geben. Was sollte er nur machen? Immer wieder dachte er ans Abhauen. Er sprach mit Ilka darüber. Sie versuchte weiter ihm Hoffnung zu machen, abhauen sei keine gute Lösung. Doch ihr fiel auf, je öfter sie miteinander über dieses Thema redeten, desto weniger wurde die Hoffnung.
Benjamin traf sich noch immer täglich mit Carla Fischer und Max Kling. Sie machten zusammen Schularbeiten. Max war sehr gut in den Sprachen und in Deutsch. Und er war fleißig. Meistens trafen sie sich bei Carla, weil sie nicht so gut laufen konnte. Carla hatte ein eigenes Zimmer unterm Dach, niemand störte die drei.
Die Arbeitsteilung war klar. Carla war für die Naturwissenschaften zuständig, Max für die Sprachen und Benjamin für die Kunst. Er musste manchmal an die zwanzig Kunstwerke für die Klasse liefern. Alle sollten anders aussehen, um nicht aufzufallen.
Rufus war trotzdem ärgerlich über die gesammelten Kunstwerke seiner Klasse und zeigte sie immer wieder seiner Frau. „Sieh dir das an", schimpfte er, „alles eine Handschrift. Alles

Benjamin. Dieser Bengel! Wenn man ihn fragt, leugnet er. Alle leugnen. Keiner sagt die Wahrheit."
Für Rufus, der immer an das Wahre, Edle und Gute im Menschen glaubte, war diese Lügerei das Schlimmste. Immer wieder kam das schreckliche Gefühl der Ohnmacht über ihn, wenn er die gesammelten Kunstwerke seiner Klasse nach Hause brachte. Eigentlich müsste er durchgreifen, dachte er. Aber wie sollte man diesen Betrug beweisen? Und welche Folgen hatte das für die jungen Leute?
Benjamin erzählte Carla und Max von seinen enttäuschenden Erlebnissen in Leipzig. Carla ging es etwas besser. Der Vater war Bergmann und wegen ihrer Behinderung hatte man ihr einen Studienplatz zugesichert. Wirtschaftswissenschaften oder so was ähnliches. Aber nicht gleich, sie sollte auch noch in der Produktion arbeiten. Wahrscheinlich in irgendeiner Verwaltung Akten sortieren.
Max, ein weicher und sanfter junger Mann, schwärmte für alles was aus dem Westen kam. Er hörte nur Westsender, am liebsten Peter Alexander, Catharina Valente, Peter Kraus und Lale Anderson. Der Sohn eines Häuers träumte vom Leben auf Hawaii oder in Florida. Max hatte ein paar Vorlieben, die gar nicht zu einem jungen Mann in der sozialistischen Gesellschaft passten. Er strickte und häkelte gern, schneiderte sogar Kleider, Hosen und Jacken.
Max sollte sich ebenfalls noch in der Produktion bewähren und hätte dann als Arbeiterkind eine gute Chance für ein Sprachenstudium gehabt.
„Wo soll ich mich denn bewähren", fragte Max., „im Kuhstall? Oder auf der Baustelle? Am liebsten nach Hawaii, den ganzen Tag am Strand, abends in der Bar. Irgendeine Arbeit würde sich schon finden. Oh, was habe ich dieses miefige Land so satt."
Carla war ein bisschen gedrückt wegen Ilka. Sie hatte sich vielleicht doch Hoffnungen nach der Knutscherei mit Benni gemacht. Manchmal, wenn sie allein waren, versuchte sie, seine

Hand oder sein Knie zu berühren, Benjamin verstand das, aber er wollte nicht. Carla tat ihm leid.

Benjamin redete viel mit ihr über die verschiedenen Liebes- und anderen Verhältnisse in der Schule. Er hatte sich nie für die Mädchen in der Klasse interessiert. Jetzt war er manchmal sprachlos, was Carla erzählte. Von Hanne zum Beispiel. Die Schönste aus der Klasse, groß, blond mit guter Figur und hübschem Gesicht. Still, kalt wie ein Fisch und immer ein bisschen von oben herab. Sie sprach nie mit den Jungen aus der Klasse. Den Mädchen erzählte sie aber, sie habe mit Mr. Pipe geschlafen. Rotzfrech, als ob es das normalste auf der Welt sei, mit dem Englischlehrer zu vögeln.

Oder die Gerlach aus Berga. Mit riesigem Busen, aber sonst hässlich wie der Atomkrieg. Sie tat in der Schule so als wüsste sie nicht, dass es zweierlei Menschen gibt. Aber bei den Jungen in ihrem Dorf, da war sie dicke da. Angeblich hatte sie schon zwei Abtreibungen hinter sich. Ein Sündenbabel war diese Klasse. Da kam Benjamin sich mit seiner Ilka ziemlich harmlos vor.

„Und Max?", fragte Benjamin, nachdem die beiden die halbe Klasse durchgehechelt hatten.

„Max?", sagte Carla und zog ein Gesicht. „Manche meinen, er sei andersrum."

Benjamin hatte sich schon so was gedacht. Max war noch nie auf einem Schulball gewesen, hatte keine Tanzstunde besucht, manchmal schien es so als würde er sich vor den Mädchen ekeln.

„Aber er zeigt es nicht", sagte Benjamin, „absolut nicht. Nicht die leiseste Andeutung. Das wäre ja auch untragbar. Für die sozialistische Gesellschaft völlig unmöglich."

Für jede Gesellschaft unmöglich.

– Entscheidung –

In den folgenden Sommerferien musste die ganze Klasse für zwei Wochen in die Produktion. Die Mädchen in die Landwirtschaft, die Jungen auf die Baustelle in der neuen Siedlung Süd. Es war schrecklich heiß, die siebzehnjährigen Jungen sollten Gräben ausheben und Zwischenwände mauern. Eine Sauarbeit bei der Hitze. An einigen Häusern ging es bereits seit Monaten nicht weiter, weil Material fehlte. Dafür hatte das Kombinat für die Sanitäranlagen die Badewannen schon geliefert, als im Spätherbst gerade die Baugruben ausgeschachtet waren. Die Wannen wurden einfach abgeladen und lagen seit dem im Dreck herum. Als sie dann eingebaut werden sollten, fehlten die Füße. Außerdem waren die Wannen schon vollkommen verrostet und sahen aus wie von der Müllkippe. Es wurden neue Füße bestellt. Als die dann kamen, fand man die anderen Füße zwei Straßen weiter - ebenfalls im Dreck. Die alten Wannen waren nicht mehr zu gebrauchen, es wurden neue bestellt. Die kamen ein halbes Jahr später. Da suchte man dann wieder die Füße.
Nach der Baustelle fuhr Benjamin noch drei Wochen in die Tongrube nach Voigtstedt. Karli war wieder dabei. Er hatte Abitur gemacht und hatte dank Richard einen Studienplatz in Medizin bekommen. Wie ein Sechser im Lotto. Er war selig. Abends zogen sie gemeinsam mit ein paar anderen durch die Straßen. Doch Karli ging bald seine eigenen Wege, er stieg abends irgendwelchen Weibern nach, ordinären Puten, wie Benjamin fand.
„Lass die Finger von diesen Schnallen", riet er seinem Vetter als er das mitkriegte, „die sind mit irgendwelchen Boxern zusammen, wenn die das merken, dass du was von ihren Mädchen willst, verprügeln die dich." Karli hörte natürlich nicht und bekam eines Abends schrecklich Dresche. Geholfen hat das auch nicht.

Ilka war in dieser Zeit mit Ihren Eltern und Geschwistern am Birnbaumteich nördlich von Stolberg. Die Familie zeltete dort jedes Jahr. Die Strecke war ein bisschen weit für eine Tour dem Fahrrad und wegen der Berge sehr anstrengend. Benjamin überredete Karli trotzdem mit an einem Sonntag mitzufahren. Dieser willigte ein, weil sein Vetter ihm ständig von Ilka vorschwärmte. Sie sei eins von den drei schönsten Mädchen der Schule.

Als sie dort ankamen, waren zu Benjamins Überraschung noch zwei weitere Mädchen dabei – Barbara Schmieder und Marion Most. Alle gingen zusammen schwimmen und alberten viel herum. Nur Karli war komisch und maulte ständig herum.

Auf der Rückfahrt gab es eine kleine Auseinandersetzung zwischen den Vettern. Karli zog über die Mädchen her, mit denen er überhaupt nichts anfangen konnte. Schließlich stellte sich heraus, dass es ein kleines Missverständnis gegeben hatte. Karli hatte gedacht, Benjamin wollte ihn mit einem der anderen Mädchen verkuppeln.

Die letzten Tage der Ferien waren sie oft in Grillenberg. Marie war dort. Der Rest der Familie Horn war in Greifswald geblieben. Das Wetter war wunderbar, sanftes, freundliches Spätsommerwetter. Man trank fast jeden Nachmittag Kaffee mit Muhs Kuchen. Marie, Ruth, Karli und Benjamin, manchmal auch Ilka.

Axel-Ulrich hatte irgendwoher ein Boot bekommen, ein Segelboot, berichtete Marie. Angeblich hatte er fast nichts für das Boot bezahlt, weil es fast vollständig verrottet war. Alles musste gemacht werden.

Axel arbeitete jede freie Minute an seinem Schiff. Er machte alles selber, sogar die Segel wollte er selbst nähen. Der Junge machte kaum noch ordentlich Schularbeiten. Sogar Richard, der sonst nichts merkte, fiel auf, dass der Junge plötzlich schlechte Noten hatte. Es gab eine Tracht Prügel. Aber Marie

bezweifelte, dass es half. „Der ist völlig verrückt, der ist nicht mein Sohn", sagte Marie entnervt. Ruth lachte: „Als ob du normal bist."
Sie wechselten das Thema. Kamen über Ilka, die sie mit ihren Komplimenten und Fragen ordentlich in Verlegenheit brachten zu allgemeinen Einstellungen in Bezug auf Ehebruch. Benjamin wurde ganz rot vor Scham über die Äußerungen seiner Mutter. Irgendwann unterbrach er das Gerede um eheliche Seitensprünge mit einem schlichten: „Ich haue ab."
Alle guckten ihn an. „Was soll das heißen?", fragte Ruth. „Wohin haust du ab?"
„Ich haue ab", begann Benjamin erneut, „ich mache nächstes Jahr mein Abi und dann gehe ich."
Ruth war schockiert. „Wie kommst du nur jetzt auf so eine Idee?", fragte sie ihn.
„Ganz einfach", antwortete Benjamin, „studieren kann ich hier nicht, jedenfalls nicht das, was ich will und das auch nicht gleich, ich muss erst Maurer oder Schweinezüchter werden. In der Klasse wollen einige in die Partei, damit sie studieren können. Ohne mich! Und außerdem müssen wir das Haus verkaufen, Tante Wally will gehen, ohne Hausverkauf kann sie das nicht. Sie wird drauf drängen. Wenn wir es nicht machen, macht sie es. Wo wollen wir dann wohnen? Denkst du vielleicht, wir kriegen eine von den Wohnungen in der Westsiedlung. Dafür gehen wir immer noch viel zu oft in die Kirche.
Also, gehe ich. Kommst du mit?"
Ruth schluckte und dachte eine Weile nach, dann sagte sie: „Natürlich, wenn du gehst, gehe ich mit. Allein lasse ich dich nicht. Aber was ist mit Ilka? Willst du sie hier lassen?"
„Es gibt zwei Möglichkeiten", versuchte Benni zu erklären, „wir können warten bis Ilka Abi hat, dann kommt sie nach. Oder Ilka kommt gleich mit."
Alle waren sprachlos. Dieser Bengel, hatte offenbar an alles gedacht.

Plötzlich antwortete Ilka: „Ich kann nicht mitkommen. Mit meinen fünfzehn schicken die mich sofort zurück."
Benni ahnte, dass sie Recht hatte. Das bedeutete, wenn er ginge, müssten sie zwei Jahre warten.
Alle redeten durcheinander. Ruth war aufgewühlt, Marie ziemlich durcheinander. Was fiel diesem Bengel nur ein?
„Und was machen wir mit Muh?", fragte Ruth.
„Entweder sie geht nach Greifswald oder wir nehmen sie mit", erklärte Benni, „Am besten wäre es, wenn sie zu euch käme", wandte er sich an Marie, „sie ist gern bei euch, für uns wäre es auch viel einfacher. Sie bekäme drüben zwar Rente, aber sicher nicht genug. Ruth kann wahrscheinlich erstmal nicht alle ernähren." Marie und Karli schluckten, sie wussten nicht so recht, was sie sagen sollten. Muh plötzlich am Hals. Was würde Richard sagen? Ilka war irritiert, Benni hatte mit ihr zwar schon immer mal darüber geredet, weg zu gehen, aber als er jetzt konkret geworden war, kam sie sich in dieser Diskussion ziemlich verloren vor.
Alle waren traurig und fassungslos über Benjamins Entschluss. Der Junge war siebzehn und wusste genau, was er wollte. Alle fühlten, es geht etwas zu Ende, eine ganze Ära. 1880 hatte alles mit Großvater Nikolai begonnen, jetzt war vielleicht bald alles vorbei.
„Es ist ja nicht nur wegen unserer Zukunft", fügte Benjamin Nach einiger Zeit, „ich habe diese ewige Heuchelei und die ständigen Lügen einfach so satt! In der Schule gibt es kaum einen aufrichtigen Satz. Wir wissen doch was die Lehrer denken – Rufus, Strauch, Paulus, Gottschalk, selbst wenn einige von ihnen in der Partei sind. Doch sie müssen die Klappe halten und staatstragend argumentieren. Was für eine bekloppte Situation! Da gibt es Lehrer und Schüler, die haben die gleiche Meinung, aber sie müssen sie voreinander verbergen, die müssen sich gegenseitig anlügen, weil ihre Meinungen von der offiziellen Linie abweichen. Die Lehrer tun mir leid, ich tue mir selber leid. Aber ich hasse sie, diese kollektive Verlogenheit."

Karli widersprach ihm: „Es sind immer zwei paar Schuhe das Offizielle und das Private. Im Westen kannst du auch nicht alles öffentlich sagen, was du denkst. Und was ich zu Hause mache, geht niemanden was an."
Ilka pflichtete Karli im Stillen bei. Niemand musste wissen, was zu Hause passiert. Das ist wie eine Burg, Eintritt nur für die Familie.
Am Ende der Diskussionen sagte Ruth: „Eigentlich finde ich es gut, wenn wir gehen. Ich bin bei den Nazis angeeckt, ich liege bei den Kommunisten quer. Ein ganzes Leben bisher in Gesellschaften, mit denen ich nicht zurechtkam. Jetzt bin ich Mitte vierzig, vielleicht kann ich noch ein etwas friedlicheres Leben genießen. Und wenn es nur zwanzig Jahre sind."

Richard kam, er wollte das Ende der Semesterferien in Grillenberg verbringen. Er hatte schon von Benjamins Entschluss und Ruths Plänen gehört, deshalb fuhr er extra noch einmal nach Rosenberg, um mit ihnen zu sprechen.
Er fing ein wenig theatralisch an. „Ich habe eine herzliche Bitte", sagte er zu Ruth, „für mich wäre es von großem Nachteil, wenn ihr geht. Ich soll im nächsten Jahr Dekan werden. Das wird nicht gehen, wenn meine Schwägerin republikflüchtig ist."
„Was soll das jetzt heißen?", fragte Ruth. „Sollen wir etwa hier bleiben, weil du Dekan werden willst? Verschaffst du meinem Sohn einen Studienplatz? Würdest du jemals einen Finger für deinen Neffen krumm machen? Meinst du, der soll sein Schicksal davon abhängig machen, ob du Dekan wirst oder nicht?"
„Ich verstehe euch ja", meinte Richard, „ich habe ja selbst oft genug überlegt, ob ich gehe."
„Wann hast du das überlegt?", fragte Ruth.
„Na, damals als ich nach Greifswald ging. Es gab doch Probleme mit meinem Ruf an die Universität. Wisst ihr doch alles noch. Ich hatte überlegt, erst mal gehe ich und dann, wenn ich Fuß gefasst hatte, sollte Marie nachkommen."

„Du wolltest Marie hier allein lassen? Mit den Kindern? Ohne Geld?"
„Was hätte ich tun sollen? Wir brauchten doch eine Wohnung mit mindestens vier Zimmern. Die hätten wir doch gar nicht gleich bekommen. Wir können doch mit fünf Personen nicht in zwei Zimmern hausen. Ich mit meiner labilen Gesundheit, mit meinen schwachen Nerven. Immer wieder mit diesen Entzündungen..."
Ruth guckte ihn sprachlos an. Am liebsten hätte sie ihren Schwager rausgeworfen, aber er ging freiwillig. Sie fand ihn zu schäbig.
Am Anfang des Schuljahres kamen Offiziere der Volksarmee in die Schule. Ein Schüler nach dem anderen wurde gefragt, ob er den Ehrendienst in der Armee machen wollte. Fast alle sagten ja, weil sie Studienplätze haben wollten. Nur Reinhard Rader erklärte, er würde keine Waffe in die Hand nehmen und gab damit den Lehrern Anlass für ausgiebige Diskussionen. Rufus bat ihn um ein Gespräch, vielleicht wollte er ihn von der Notwendigkeit der Verteidigung der Republik überzeugen. Reinhard erinnerte ihn an die Diskussionen bei der Klassenfahrt, als Rufus ausgiebig über die Schrecken des Krieges geredet hatte.
Benjamin wurde nicht gefragt, mit seinem Sprachfehler wollte man ihn auch in der Nationalen Volksarmee nicht haben.
„Seien Sie froh", sagte da Rufus ganz leise zu ihm, „Rader hat Recht. Ich war vier Jahre Soldat, es war die Hölle. In jeder Armee ist es schrecklich."
„Sie brauchen mich nicht zu trösten", erwiderte Benjamin, „ich und Soldat? Niemals! Lieber gehe ich ins Kittchen."
Rufus schüttelte den Kopf, ‚hoffentlich sagt er so was nicht laut', dachte er und ging.

– Große Liebe –

Ilka hatte sich für den Tanzunterricht angemeldet, obwohl sie kein Interesse an den Stunden hatte. Sie konnte aber so jeden Mittwoch in der Stadt sein, ohne dass ihre Eltern etwas dagegen sagen konnten. Die ersten Tanzstunden besuchte sie noch, ihre Freundinnen hatten sie überredet. Benjamin holte sie nach den Stunden ab. Sie wartete immer schon an der Eingangstür, drei bis fünf Jungen um sie herum. Wahrscheinlich waren die an ihr interessiert, trauten sich aber nicht. Immer wenn Benjamin kam, ging sie auf ihn zu und begrüßte ihn. Dann gingen beide Hand in Hand weg.
Nach vier, fünf Stunden gab Ilka die Tanzstunde auf. Sie kam gleich mit zu Benjamin. Ruth war meistens nicht da, Muh machte Handarbeiten und ließ sich von den beiden nicht stören. Sie mochte das junge Mädchen. Die beiden gingen in Bennis kleines Zimmer und schmusten dort miteinander. Irgendwann hatte Benni seine Hand in Ilkas Bluse und war sehr aufgeregt. Sie wehrte sich nicht.
Benni und Ilka sprachen immer wieder über ihre gemeinsame Zukunft. An einem der nächsten Abende nach der Tanzstunde waren weder Muh noch Ruth im Hause. Dei beiden gingen wieder in Bennis Zimmer und schmusten miteinander. Benni fing an, unter ihrem Petticoat zu wühlen, das war aufregend und machte Spaß. Ilka wehrte sich nicht, es schien ihr zu gefallen. In Bennis Hose wurde es eng und enger. Irgendwie versuchten sie miteinander zu schlafen. So ganz gelang es jedoch nicht, sie waren viel zu aufgeregt, besonders Benni. Aber beide waren für Augenblicke selig.
Benni war durcheinander. Ihn überkamen größere moralische und sonstige Bedenken. ‚Was haben wir da gemacht?', dachte er. ‚Sie ist erst fünfzehn. Da kann noch der Staatsanwalt kommen. Oder was ist, wenn sie schwanger wird? Du liebe Zeit,

was ist, wenn sie ein Kind bekommt.' Benni war völlig aufgelöst. „Ilka", sagte er nach einer Weile noch heftiger stotternd als sonst und mit zittriger Stimme, „was ist, wenn du – versteh mich richtig, kann ja sein also na ja, du weißt doch was ich meine – also so kann man ein Kind bekommen…"
Ilka stand vor dem Spiegel und hörte gar nicht richtig hin. Ihre größte Sorge war, dass ihre Mutter vielleicht an ihrem zerzausten Dutt Anstoß nehmen würde.
„Wie sehe ich denn aus", jammerte sie, „alles verrutscht. Wenn Mutter das sieht. Hilf mir mal, Habt ihr einen großen Kamm?" Als Benjamin mit seinen Bedenken nicht aufhörte, blieb sie ganz ruhig, als hätte sie alles schon vorher bedacht. „Ach Benni", sagte sie, „gib mir doch erstmal einen Kamm. Und dann hab keine Angst, so einfach geht das nicht mit dem Kinderkriegen. Jedenfalls nicht immer." Sie schlang die Arme um seinen Hals und flüsterte ihm ins Ohr: „Denk nicht dran." Dann nahm sie ihre Haarnadeln aus dem Mund, küsste ihn und ließ ihn mit seinen Bedenken allein.
Benni war fassungslos über das, was er eben erlebt hatte und fasziniert von diesem Mädchen. Diese Ilka! Erst Fünfzehn! Liebt ausgerechnet ihn. Mit seinem runden Kopf, der dicken Nase, den kleinen Augen, den kurzen Fingern und der Zahnlücke! Unsportlich war er und stotterte obendrein. Benjamin konnte es nicht fassen, dass ihn dieses Mädchen liebte und sich ihm so bedenkenlos hingegeben hatte. Benjamin hatte zur Konfirmation ein Tagebuch bekommen. Damals wusste er nicht so recht, was er damit anfangen sollte. Er hatte es in eine der unteren Schubladen seines Schreibtisches gelegt. Jetzt kramte er es heraus und fing an zu schreiben. Manche Einträge davon schrieb er ab und gab sie Ilka. Seine ersten Liebesbriefe. Ilka antwortete ihm. Bald schrieben sie sich fast jeden Tag. Er besorgte sich eine schmale Kartonschachtel, beklebte sie mit buntem Papier und machte Collagen daraus. Ein richtiges kleines Kunstwerk. Dort verwahrte er seine Liebespost.

Er verbarg die Schachtel in der hintersten Ecke seines Schreibtisches und hoffte, dass Muh oder Ruth niemals auf die Idee kamen, in dieser Ecke zu kramen.

An den Sonntagen fuhren die beiden manchmal nach Grillenberg ins Häuschen. Es war schon mächtig kühl, aber sie heizten den Ofen an, machten ein bisschen sauber, kochten und aßen zusammen, schwatzten mit den Nachbarn, besonders mit Frau Kälberlach. Die arme Frau konnte nicht mehr richtig laufen, die Beine machten nicht mehr mit. Manchmal kauften sie im Dorf für sie ein oder besorgten Holz für sie. Die Alte mochte die beiden jungen Leute, besonders Ilka. Sie liefen gemeinsam durch die Wälder, Hand in Hand und suchten nach Pilzen.

Sie hatten sich vorgenommen, nicht mehr miteinander zu schlafen. Benni hatte moralische Bedenken und Sorge wegen der möglichen Folgen. Für Ilka war die Zukunft mit Benni ungewisser denn je. Aber manchmal war das Fleisch schwach und sie taten es doch. Schweigsam, in stiller Leidenschaft, aber nie mit voller Lust und Freude. Benjamin hatte immer ein schlechtes Gewissen dabei, Ilka war, wie sie manchmal sagte, verzweifelt. Die Frage, wie es weiter gehen solle, schien ihr ganzes junges Leben zu bestimmen. Doch es schien keine Antwort zu geben.

Das Jahresende kam, Ilka wurde wortkarg. Wenigstens schrieb sie ihm noch. Aber die Briefe wurden einsilbiger und karger als zu Beginn ihrer Korrespondenz.

„Was ist mit dir?", fragte Benni immer wieder. Ilka schwieg. Irgendwann erklärte sie ihm: „Benni wenn du gehst, hast du bald eine andere. Ich kann mich nicht drauf einlassen, dass du zwei Jahre auf mich wartest." Dann erzählte sie ihm, dass die Koslowsky sic angesprochen habe.

„Was hat sie gesagt?", wollte Benjamin wissen.

„Ich solle mir genau überlegen, wie weit ich mit dir gehe. Und ob du der Richtige für mich bist. Gesellschaftlich gibt es bei dir wohl noch einige Defizite."

Eigentlich war Benjamin stolz auf diese so genannten Defizite. Dennoch wäre er der Koslowsky am liebsten laut an die Gurgel gegangen. Aber was für einen Sinn würde das haben? Er wurde traurig. Versuchte immer wieder mit Ilka zu reden, schrieb ihr lange Briefe, versuchte zu überzeugen. Aber er fühlte, dass er das nicht konnte. Benjamin war am Verzweifeln. Es dauerte nicht lange, und sie sie wollte auch keine engen körperlichen Berührungen mehr.

– Auflösungen –

Hilde kam eines Nachmittags rüber zu Ruth.
„Wir gehen schon nächste Woche", sagte sie, „Fritzchen nimmt sich bei seiner Lehrstelle in Halle-Leuna ein Wochenende frei und dann gehen wir." Sie wollte, dass Ruth ihr noch ein paar Sachen abnimmt. Ein paar Bilder, Gläser und Tischwäsche, die sie später nach Greifswald geben könne, wenn sie wollte. Alles löste sich so langsam auf.
In diesen Tagen war Herr Hecht ganz plötzlich gestorben. Er hatte im Flur gestanden und mit seiner Frau geredet. Mitten im Satz fiel er um und war tot. Zur Beerdigung kamen die drei Töchter aus dem Westen. Es wurde eine große Veranstaltung. Die Töchter regelten und bezahlten alles. Lotte ergriff die Initiative. „Mutter", sagte sie zu Frau Hecht, „du kommst jetzt rüber. Wenn du hier bleibst, können wir dich nicht gut genug versorgen."
Frau Hecht brauchte einige Zeit bis sie sich trennen konnte. Vom Haus, von der Stadt, von den vielen Freunden und Bekannten und jetzt vom Friedhof, wo sie gerade ihren Mann begraben hatten. Siebzig Jahre hatten Hechts in der Stadt gelebt. Frau Hecht und ihre Schwester kamen wie die ganzen Jahre nun noch ein letztes Mal sonntags zum Kaffee.
Einige Wochen vor Weihnachten kam Tante Wally zu Besuch. Man hielt lange Gespräche über die Zukunft. Sie hatte jetzt den Antrag auf Übersiedlung zu ihrer Schwester Gertrud in den Westen gestellt. Das bedeutete, das Haus musste verkauft werden.
„Wenn es gar nicht anders geht, verzichte ich eben auf meinen Anteil", sagte Wally, „dann schenke ich dir meine Hälfte."
Das wollte Muh nun auch wieder nicht. Ja nichts geschenkt haben! „Und wohin willst du gehen?", fragte Wally.

„Nach Greifswald. Der Garten ist mir sowieso zu viel, ich werde bald achtzig und Ruth kann mir nicht mehr helfen. In Greifswald ist Marie, die hat mehr Zeit. Na und Ruth wird sich nach einer Wohnung umsehen. Vielleicht in der Westsiedlung. Als Oberschwester im Kinderkrankenhaus hat sie vielleicht eine Chance."
Ein Makler wurde eingeschaltet. Schon nach ein paar Wochen nahm der Verkauf des Hauses konkrete Formen an. Ein Herr Schulze, Automechaniker aus der Kylischen Straße, wollte das Haus kaufen und sich mit der Werkstatt unten im Haus selbständig zu machen. Bei den Versorgungsengpässen hatte er gute Chancen. Elftausend wollte er zuerst zahlen. Nach einigem Hin und Her einigte man sich schließlich auf Zwölftausend. Wally kam noch einmal zu Muh wegen der Kaufverhandlungen und wegen des Termins beim Notar. Die vergangenen Wochen hatte sie mit den Formalitäten für die Übersiedlung zu tun gehabt, jetzt war alles fertig. Jedes Stückchen, was sie mitnehmen wollte, hatte sie auf eine Liste schreiben müssen. Und das alles dreifach ausgefertigt. Sie wartete nur auf den Hausverkauf. Jetzt saßen sie wieder zusammen und erzählten die alten Geschichten, ein letztes Mal in diesem Haus. Ruth und Benjamin weihten Wally in ihre eigenen Pläne ein.
„Das habe ich mir schon gedacht", meinte Wally, „also dann im nächsten Jahr an anderer Stelle. Wenn du willst, suche ich euch gleich eine Wohnung."

Nach dem Hauskauf ging Ruth zu Schulze in die Kylische Straße und wollte mit ihm reden. Sie schlug ihm vor, im Juni des kommenden Jahres die Wohnungen zu tauschen.
Der war ganz erstaunt: „Wollen Sie wirklich in unsere Höhle? Das Schlafzimmer auf der anderen Seite der Einfahrt..."
„Herr Schulze, wir gehen.", fiel Ruth ihm leise ins Wort.
Schulze verstand nicht.

„Wir gehen nach drüben. Wenn wir so einfach abhauen, kommen sie nie in Ihr Haus. Unsere Wohnung würde beschlagnahmt."
Jetzt verstand er und wurde ganz nervös: „Aber ja, natürlich, ich helfe Ihnen auch beim Umzug. Ich kann ein Auto besorgen. Beim Packen können wir auch helfen."
„Vielen Dank! Es sollte aber alles unter uns bleiben", sagte Ruth, „sonst landen wir alle im Kittchen." Das war für Schulze selbstverständlich.
Gleich in den nächsten Tagen fing Ruth damit an, die ersten Ecken im Haus zu räumen. Nach achtzig Jahren Familienleben ein ganzes Haus räumen, das war hart. Auch mussten die Hühner geschlachtet werden. Das war Benjamins Aufgabe. Eins nach dem anderen, damit es nicht so auffiel. Jede Woche gab es Hühnerfrikassee. Es hing Benjamin bald zum Halse raus. Aber die Tiere mussten weg.
Bis zum Abi war es noch ein halbes Jahr. Carla, Max und Benjamin trafen sich jetzt fast jeden Tag. Alles Wissen sollte aufgefrischt und aufpoliert, alle großen und kleinen Wissenslücken geschlossen werden. Manchmal kamen noch andere aus der Klasse. Sie brachten Übersetzungen oder Lösungen von Matheaufgaben oder holten sich bereits gelöste Aufgaben ab. Abends holten sie sich gelegentlich eine Kanne Bier aus dem „Kyffhäuser" gegenüber. Carla hatte sich das Rauchen angewöhnt, sie qualmte wie ein Schlot.
An einem Novemberabend, nur Max und Benjamin waren da, erzählte Carla, sie habe die Koslowsky mit ihrem Polen in dieser Woche schon zum vierten Mal auf der Post gesehen. Mit großen Paketen.
„Vielleicht schicken sie Sachen nach Polen", meinte Max, „wer weiß, wie die dort leben."
Klar konnte das sein. Es war aber doch auffällig.
„Gottschalk, der Erdkundelehrer, übrigens auch", ergänzte Carla.

„Wenn dir das alles auffällt", sagte Benni vorsichtig, „dann weißt du wahrscheinlich auch, dass wir in dieser Woche auch schon viermal auf der Post waren."
Carla grinste: „Und in der letzten Woche auch schon öfter."
Benni wurde ein bisschen blass.
„Ich geb's zu", sagte er schließlich, „wir hauen ab."
Die anderen beiden sahen ihn an.
„Wann?", fragten sie beinahe gleichzeitig.
„In den Sommerferien. Erst Abi, dann ein bisschen ausruhen und dann weg. Am ersten September wollen wir drüben sein."
„Ich auch", sagte Max.
„Und mich lasst ihr hier allein? Dann komme ich auch mit", sagte Carla, „aber Max, was sagen deine Eltern?"
„Keine Ahnung. Ich glaube, sie wissen von nichts und wollen's wohl auch gar nicht wissen. Wir reden seit Wochen nicht miteinander."
„Habt ihr denn irgendwelche Bekannte oder Verwandte dort?", fragte Benni.
Carla hatte eine Tante, Max niemanden.
„Man muss das Abitur nachmachen", erklärte Benni. Er wusste das von Hilde, ihre beiden Töchter hatten das Abitur im Westen nachgemacht. Im Westen ist man überzeugt, dass die Schulbildung der DDR nicht für die Ansprüche westdeutscher Universitäten ausreicht.
Max sagte: „Es gibt ein Gerücht; der Sohn vom ehemaligen Direktor der Maschinenfabrik ist wohl wieder in der Stadt. Der Junge sei im Westen gescheitert. Er wollte dort auch das Abitur nachmachen, hatte es aber nicht geschafft, angeblich auch zu viel gegammelt und zu viel gesoffen. Der arme Kerl arbeitet jetzt auf dem Bau, muss sich wahrscheinlich mächtig bewähren. In die Stadt traut der sich sobald sicher nicht."
Kurz vor Weihnachten gab es noch einen Schulball. Alle waren ziemlich ausgelassen. Die Schulband, in der Benjamin noch manchmal sang, spielte die meiste Zeit. Alle forderten

Benjamin auf noch einmal „Mac the knife" zu singen. Er tat ihnen den Gefallen, trotz des Ärgers vom letzten Mal. Der Saal tobte. Am Montag darauf in der letzten Woche vor den Ferien gab es noch einmal Englisch. Mr. Pipe nahm das Klassenbuch und sagte: „Benjamin, stehen Sie mal auf."
‚Jetzt gibt's wieder ein Donnerwetter', dachte Benjamin, obwohl er keine Ahnung hatte, wofür.
„Sie bekommen eine Eins", fuhr Mr. Pipe fort, „die beste englische Aussprache, die ich in dieser Schule gehört habe." Benjamin war sprachlos. „Ach, und gesungen haben Sie große Klasse."
Die Klasse klatschte Beifall. Benjamin wusste gar nicht, was er sagen sollte, noch nie hatte er in Englisch eine Eins bekommen.
Ein paar Tage vor dem Fest kam Heinz Höfer mit der Kutsche und brachte die Weihnachtsgans. Die alte Frau Höfer konnte nicht mehr, sie hatte Zucker und dazu Wasser in den Beinen. Heinz schien zufrieden; er war in der LPG für die Schweine verantwortlich. Frau und Kindern ging es gut. Inzwischen hatten sie drei, zwei Jungen und ein Mädchen. Sie gediehen alle prächtig. Heinz trank noch einen Schnaps, dann fuhr er wieder. Muh und Ruth ließen die Familie herzlich grüßen. Ruth hatte sich vor Weihnachten zwei Tage frei genommen. Die brauchte sie wie jedes Jahr für die Gans. ‚Das wird die letzte Gans von Höfers sein', dachte sie, während sie sich mit dem Tier beschäftigte, so wie sie das all die Jahre gemacht hatte. In diesem Jahr wollte Marie am zweiten Feiertag kommen, vielleicht mit Karli und Axel Ulrich. Familie Horn war in Grillenberg und wollte dort Weihnachten feiern. Richard kam sicher nicht mit zum Festessen, er war noch immer beleidigt.
Am ersten Feiertag ging Benjamin zur Christmette in St. Ulrich. Er musste dort morgens um sechs im Posaunenchor spielen. Es lag Schnee, die Kirche war eiskalt, bei den Instrumen-

ten versagten wegen der Kälte gelegentlich die Ventile. Anschließend gab es Frühstück bei Frau Ludwig wie jedes Jahr. Wieder wurde ordentlich herumgealbert. Dabei fiel Benjamin hin und wieder ein: ‚Vielleicht ein letztes Mal.'
Zum Gänseessen hatte Ruth Ilka und deren Schwester Traude eingeladen. Benjamin schenkte den beiden Schokolade und Kaffee aus den Paketen. Später am Nachmittag fuhr Benjamin mit den Mädchen bis nach Gonna. Sie hatten ihn zum Abendessen eingeladen. Bei dieser Gelegenheit gab es noch einmal eine kleine Bescherung. Benjamin schenkte Ilka sein Märchenbuch, mit dem er lesen gelernt hatte.
Ilka übergab ihm einen Brief, sorgfältig verpackt mit Schleifchen und Bändern. Sie gestand ihm ihre Liebe und schrieb, was auch kommen würde, sie wolle auf ihn warten. Benjamin war gerührt und glücklich, fast kamen ihm die Tränen, aber nur fast. Jetzt hatte er das Gefühl, sie gehörten beide zusammen, wenigstens ein ganzes Leben lang. Mit diesem starken Gefühl ließen sich sicher auch Zeiten der Trennung überbrücken.
Ein paar Tage nach Weihnachten kam ein Brief von Wally aus Hilchenbach. Sie war endlich bei Tante Gertrud angekommen. Der Brief klang erleichtert, die bürokratischen Prozeduren müssen nervend gewesen sein. Wally suchte schon nach einer neuen kleinen Wohnung für sich. Mit Muhme Bubi wollte sie es nicht auf längere Zeit aushalten. Das konnte man verstehen.
Am ersten Schultag nach den Ferien gab es gleich morgens Englisch. Doch Mr. Pipe ließ sich nicht blicken. Eine viertel Stunde nach offiziellem Unterrichtsbeginn kam die Direktorin Frieda Loewenstein in die Klasse.
„Ich muss Ihnen die traurige Mitteilung machen", sagte sie mit Grabesstimme, „dass Ihr Englischlehrer die DDR unter Verletzung der souveränen Grenzen unseres Landes illegal verlassen hat."

Es dauerte ein paar Sekunden bis das alle verstanden hatten. Keiner sagte was, aber einige kicherten leise und mussten sich Mühe geben, um nicht laut los zu lachen.

„Und das ausgerechnet vor Ihrem Abitur", fuhr die Loewenstein fort, „wir finden das in höchstem Maße verantwortungslos." Daraufhin verließ sie die Klasse wieder.

In der ersten großen Pause gab es große Aufregung unter den Schülern, die Nachricht sprach sich herum. Benni lief gleich zu Ilka und erzählte alles.

Zwei Stunden später hatten sie Deutsch. Auch auf die Koslowsky wartete man vergeblich. Statt derer kam erneut Frieda Loewenstein. Jetzt war sie total entnervt. Auch die Koslowsky hatte die DDR illegal verlassen, ausgerechnet die rote Koslowsky.

Dafür gab es nun doch einige laute Lacher.

„Was lachen Sie?", rief die Loewenstein laut und böse. „Traurig genug, wenn ein Mensch, der sein Leben in den Dienst des Sozialismus gestellt hatte, von einem polnischen Ehemann verleitet wird."

Die Direktorin schickte die Klasse nach Hause. An ernsthaften Unterricht war nicht mehr zu denken.

Max und Benjamin trafen sich gleich bei Carla. Sie beredeten aufgeregt die aktuellen Ereignisse.

„Dieses Miststück von Koslowsky", regte Benjamin sich auf, „vor einem halben Jahr hat sie mir noch eine Empfehlung für das Studium der Bibliothekswissenschaften verweigert. Das hätte der doch total egal sein können. Nein, sie musste mich zum Abschied noch einmal treten. Mr. Pipe war da ganz anders. Jetzt kapiere ich auch, warum der mir in seiner letzten Stunde vor den Ferien noch eine Eins gegeben hat. Das hätte der sonst nie gemacht."

Jetzt mussten wieder einmal neue Lehrer her. Doch die Geschehnisse hatte die Lage verändert, das hatten alle drei schnell erkannt. Es bedeutete, dass ein Durchfall durchs Abitur in Deutsch und Englisch nicht mehr so ohne weiteres möglich war.

Am nächsten Morgen kam die Direktorin erneut in die Klasse. Dieses Mal verkündete sie aber nur, wer den Unterricht in den beiden Fächern fortführen würde. Albert in Englisch und Ziethen in Deutsch, zwei gute Veteranen. Für die Abiturienten war das eine akzeptable Lösung.
Drei Stunden später kam Frieda Loewenstein schon wieder, am Boden zerstört. Jetzt musste sie verkünden, dass nun auch Gottschalk, der Erdkundelehrer, illegal die Republik verlassen hatte.
Die Klasse lachte lauthals, die Direktorin war mit den Nerven so sehr am Ende, dass sie nicht einmal mehr protestierte.
Benjamin fragte respektlos: „Waren das jetzt alle oder gibt's da noch mehr unsichere Kandidaten?"
Die Loewenstein hätte am liebsten aufgeschrieen, aber sie nahm sich zusammen.
„Ich verstehe Ihren Ärger", antwortete sie, „aber ich verspreche Ihnen, wir werden alles tun, damit ein ordentlicher Abschluss ihrer Schulzeit gesichert ist."
Das war zwar keine Antwort auf Benjamins Frage, aber die konnte man auch nicht erwarten.
„Sie müssen uns verstehen", sagte Bärbel Fröschke, „wie enttäuscht wir sind. Jahrelang hat uns Frau Koslowsky die Regeln des dialektischen Materialismus beigebracht und jetzt verrät sie die Republik. Woran sollen wir nur glauben?"
Die meisten in der Klasse staunten darüber, wie mutig die rote Fröschke war. Aber die Direktorin sagte nichts. Ohne zu antworten verließ sie die Klasse. In einem ihrer Augen schien eine Träne gewesen zu sein. Erdkunde wurde bis zum Ende der Schulzeit nicht mehr unterrichtet.
Rufus kam noch am Nachmittag zu Ruth und sagte warnend zu ihr: „Der Junge bringt sich um alle Chancen mit seinem Gerede."
„Welche Chancen?", fragte sie „Schweinehirt zu werden? Oder Facharbeiter für die Rinderzucht?"

Eine Antwort darauf blieb er schuldig. Deprimiert setzte er sich am Abend an seine Arbeit und malte an einem Bilderzyklus für Faust II. Für ihn war die Malerei seit vielen Monaten sein einziges Refugium.
An einem der Sonntage traf Benjamin den großen Hrabal. Der war inzwischen Student der Theologie in Greifswald. Die beiden kamen ins Reden über dies und das. Als sie auf Benjamins Zukunftsaussichten zu sprechen kamen und dieser dem großen Hrabal von seinen Schwierigkeiten hinsichtlich eines Studienplatzes erzählte, riet auch der ihm, in den Westen zu gehen. Daraufhin weihte Benjamin ihn in seine Pläne ein. Hrabal war nicht überrascht, aber er riet ihm, nicht zu warten. „Geh sofort, wenn du kannst. Irgendwas passiert in diesem Sommer. Keine Ahnung was, aber es passiert was. Ich gehe jedenfalls mit einigen Greifswalder Freunden Anfang Juli."
Benjamin nahm Hrabals Warnung ernst. Plötzlich dachte er wieder an die Betonpfähle an der Grenze zu Westberlin, von denen Tante Wally vor langer Zeit erzählt hatte. Noch am Abend sagte er zu seiner Mutter: „Wenn ich das Zeugnis habe, gehen wir. Sofort am gleichen Abend."
Ruth ließ die Arme sinken. Sie dachte nur daran, was sie noch alles machen musste: „Lass uns doch wenigstens noch den Abiball mitmachen. Du siehst deine Freunde lange Zeit nicht mehr."
„Na gut", Benjamin ließ sich überreden, „dann am Tag nach dem Abiball."
Am Abend ging er zu Pfarrer Scholz. Benni hatte in den letzten Wochen öfter die Junge Gemeinde geschwänzt und wollte sich entschuldigen. War alles wegen des Abiturs. Scholz wollte wissen, was danach kommt. Benjamin erzählte ihm alles über die besonderen Erlebnisse zu seinen Berufswünschen. Scholz hatte sich nichts anderes gedacht.
„Was machst du nun?", fragte Pfarrer Scholz.

Benjamin zögerte. „Wir gehen", sagte er schließlich leise, „sofort nach dem Abi."
Scholz machte ein trauriges Gesicht. „Was bleibt denn noch", sagte er resigniert, „wenn alle gehen. In der Kirche sind nur noch alte Menschen. Die Kirche stirbt. Wir werden nicht mehr als eine Sekte sein." Aber Scholz verstand Benjamin.
Ilka hatte sich inzwischen ein bisschen beruhigt. Obwohl sie litt, akzeptierte sie langsam Benjamins Entschluss. Die beiden saßen manchmal nach der Schule da und fingen an gemeinsame Pläne zu schmieden. Sie versprachen sich immer wieder, regelmäßig zu schreiben. Benni erklärte Ilka, wie alles ablaufen würde. Erst einmal würden sie ins Lager nach Marienfelde gehen. Von dort wird man in den Westen ausgeflogen. Wahrscheinlich nach Frankfurt. Die Maschine würde genau über die Stadt und den Kyffhäuser fliegen. Die erste Station wird wahrscheinlich Hilchenbach sein, danach Marburg oder zu Lotte Hecht nach Lübeck. Mutter brauchte Arbeit. In Marburg und Lübeck gab es genug Kliniken, in denen sie arbeiten konnte und es gab Schulen, die Benni besuchen konnte, um das Abi zu wiederholen. Danach käme das Studium. Vielleicht in Hannover, Marburg oder Westberlin.

– In den letzten Zügen –

Das schriftliche Abitur kam näher, in diesen Wochen wurde hauptsächlich gelernt. In die Schule ging man zwar noch, aber manchmal nur noch mit einem Stift und der Seite aus dem Lateinbuch, die gerade dran war. Wenn sie eine Stunde frei hatten, gingen die meisten der Abiturienten ins „Scharfe Eck" und tranken Bier. Carla, Max und Benjamin schmiedeten immer wieder Pläne.
Benjamin erzählte ihnen von den geänderten Plänen. Die beiden anderen waren enttäuscht. Nein, direkt nach dem Abiball konnten sie noch nicht.
„Warum denn nicht", wollte Benjamin wissen.
Ein Dutzend Gründe wurden genannt. Sie wollten verreisen, Max wollte noch Geld verdienen, er träumte von einer Fahrt nach Budapest und so weiter.
„Macht das nicht", sagte Benni, „Fahrt gleich, irgendwas passiert."
Die beiden glaubten ihm zwar, aber der Schritt zu gehen, war für beide zu groß.
Im Land herrschte gehobene Stimmung, Juri Gagarin war als erster Mensch ins Weltall geflogen und heil wieder auf der Erde gelandet. Ein Sieg des Sozialismus. Klar, dass man das kapitalistische System überwinden wird, bei so viel Überlegenheit.
Maifeiertage standen vor der Tür, jetzt konnte die Überlegenheit zelebriert werden. Alle fortschrittlichen Menschen freuten sich.
Vor dem ersten Mai mussten die Schriftplakate für die Schulfassade neu gemalt werden. Auch Gagarins Heldentaten sollten von den Fassaden prangen. Rufus, der Kunstlehrer, war für die Schrifttafeln verantwortlich. Er holte sich die besten Schriftmaler unter den Schülern, das waren Krautschneider aus der Elften und Benjamin.

Das Wetter in diesen Tagen war gut, die Arbeit fand auf dem Schulhof statt. Rufus schrieb die Texte vor, die beiden Jungen mussten die Buchstaben nur mit Plakatfarbe nachmalen. Während der Pausen guckten die Schüler zu wie Benjamin und Krautschneider malten. Sie machten dumme oder alberne Bemerkungen, aber das war ohne Belang.
Am Abend vor dem Ersten Mai wurden die Plakate wieder an die Fassade der Schule aufgehängt. Zum Umzug am nächsten Morgen versammelten sich alle Schüler im Blauhemd vor der Schule. Die Lehrer hatten alle Hände voll zu tun, die dreihundert Schüler in Reih' und Glied zu bringen. Natürlich stand Benjamin bei Ilka. Er stand so lange bis Rufus in dort fortjagte. Plötzlich gab es Gekicher unter den Schülern, Geraune ging durch die Reihen. Schließlich war schallendes Gelächter zu hören.
„Guckt euch mal die neuen Plakate an!"
„Diese Analphabeten!", war zu hören. Die halbe Schule lachte.
Auf der Fassade war zu lesen:

JUGEND IN STATT UND LAND LERNEN FÜR DIE SOZIALISTISCHE REPUBLIK.

Rufus regte sich auf, die Loewenstein rannte mit hochrotem Kopf durch die Gegend. Schließlich mussten Benjamin und Krautschneider ins Direktorenzimmer. Rufus saß schon da, er sah verzweifelt aus und betonte immer wieder: Für die beiden Jungen lege ich meine Hand ins Feuer."
Die Loewenstein war im Zweifel über Rufus Beteuerungen, sie traute Benjamin nicht. Die Befragung war kurz und es kam nichts heraus dabei. Benjamin hätte schrecklich gelacht, wenn er nicht selbst betroffen gewesen wäre. So hielt er still und betonte, er hätte keine Ahnung. Krautschneider stand der Angstschweiß auf der Stirn, der Linientreue wollte studieren, ein falscher Schritt und der Studienplatz war dahin.

Das Ganze blieb mysteriös, die fertigen Plakate hatten drei Tage im Keller der Schule gelegen. Jemand musste sich an den Schrifttafeln vergriffen haben.

Für Rufus gab es einen Eintrag in die Personalakte, weil er die Verantwortung hatte. Ausgerechnet jetzt, beim Sieg der sowjetischen Weltraummacht über die schäbigen Imperialisten hatte er versagt. Es sollte ein Siegesfest werden, und nun das. Für Rufus war dies ein herber Schlag. Ein Eintrag in die Personalakte bedeutete mangelnde Zuverlässigkeit, gesellschaftlich und persönlich nicht genug gefestigt. Nicht aufmerksam genug gegen die Angriffe des Klassenfeindes, beruflich keinen Schritt weiter, der erträumte Direktorenposten rutschte in ewige Ferne. Und wieder überfiel ihn tagelang eine schreckliche Schwermut.

Die Prüfungen rückten immer näher. Im Schriftlichen hatte Max Pech in Mathe. Er hatte den Kopf verloren, die Arbeit somit verhauen. Carla und Benjamin blieben ziemlich gelassen. Aber ihnen tat Max so leid. Die beiden hatten im Schriftlichen keine Probleme, obwohl die Englischarbeit schon sehr schwierig war.

Ein paar Tage nach den schriftlichen Arbeiten wusste Benjamin, dass er im Prinzip das Abitur geschafft hatte. Er musste nur noch in zwei Fächern ins Mündliche, weil die Zensuren nicht ganz eindeutig waren. Mathe und Russisch.

In diesen Tagen fand der Wohnungstausch mit Schulzes statt. Die neue Wohnung war furchtbar, aber endlich würde man den Spitzel Winkler los sein. Mit dem mussten sich jetzt Schulzes herumärgern. Tagelang wurde von morgens bis abends geräumt, gepackt und gefahren. Schulzes halfen zwar, aber es war noch viel zu tun. Das ganze Haus musste geräumt werden. Ruth verbrannte tagelang Papier im Kachelofen in der Wohnstube. Benjamin brauchte Tage, um alle seine Sachen durchzusehen und zu sortieren. Es gab noch Spielzeug aus seiner Kindheit, einiges Werkzeug und viele Bücher, die er

sich im Laufe der Jahre gekauft hatte. An den Wochenenden fuhr er immer wieder mit dem Fahrrad nach Gonna zu Ilka und brachte ihr irgendwelche Sachen. Zwischendurch packten sie Pakete, die Benjamin dann auf die Post brachte. Er ärgerte sich darüber, was Ruth alles einpackte. Korkenzieher, einen uralten Büchsenöffner, alte Scheren, Papierleim und Leukoplast.
„Du nimmst noch die Mausefalle mit", meckerte Benjamin. Doch Ruth ließ sich nicht überzeugen. „Wer weiß, wozu man die Sachen noch brauchen kann."
Muh half mit bei der Packerei, aber sie war in diesen Tagen nicht gut beisammen. Sie hatte Probleme mit ihrer Gesundheit, ihr war schwindelig und sie klagte über Kopfschmerzen. Ruth nahm sie mit ins Krankenhaus um ihren Blutdruck zu messen und war entsetzt. 220 zu 120. Sofort wurde ein Bett im Krankenhaus besorgt und Muh eingewiesen. Das war ganz gut für Ruth, denn ihre Mutter war ohnehin keine sehr große Hilfe mehr. Benjamin lief fast jeden Tag ins Krankenhaus und guckte wie es ihr ging. Muh jammerte, dass jetzt so viel im Garten gemacht werden müsse, gießen, pflegen, ernten. Sie verstand nicht, dass dies schon alles gleichgültig war.
Ruth hatte sich vier Wochen Urlaub genommen. Drei Wochen Umzug und die letzte Woche wollten sie angeblich an die Ostsee. Sie hatte schon Fahrkarten an die See vom Gewerkschaftsbund besorgt. Es gab noch so schrecklich viel zu tun, nicht nur das ganze Haus räumen, gewisse Urkunden waren zu beschaffen, aber so zu beschaffen, dass es niemandem auffiel.
Noch einmal fuhr sie zu Höfers nach Einzingen, sicher zum letzten Mal. Frau Höfer hatte Geburtstag, ihren achtzigsten. Heinz war vorbei gekommen und hatte sie eingeladen. Ruth und Benjamin fuhren mit den Fahrrädern, Ruth dachte die ganze Fahrt daran, dass sie ohne Höfers die Zeit nach dem Krieg wohl nicht überstanden hätten. Wenigstens hätten sie öfter Hunger gehabt.

Auf der Feier, nachdem sie ordentlich gegessen hatten und Erinnerungen ausgetauscht wurden, sagte Heinz plötzlich leise zu Ruth: „Ihr geht weg." Ihr wurde ein bisschen mulmig, Höfers mussten eigentlich nichts über ihre Pläne wissen.
„Ihr habt das Haus verkauft, Benjamin hat Abitur, was wollt ihr noch hier?" Ruth wusste nicht so recht, was sie sagen sollte. Sie wollte Heinz nicht irgendeine Geschichte erzählen.
„Also", sagte sie leise, „unsere letzte Weihnachtsgans war auch die letzte Gans von euch. Du hast Recht, wir wollen nicht mehr. Muh zieht zu Marie nach Greifswald, und wir gehen."
„Ich würde gehen, wenn das Land nicht wäre", sagte Heinz, „wir sind zwar in der LPG, aber das Land gehört immer noch mir. Ein Bauer lässt sein Land nicht im Stich. Nie! Und sein Viehzeug auch nicht. Deshalb habe ich Kilian nie verstanden."
Sie tranken noch zusammen einen Schnaps, Heinz und Ruth drückten sich lange die Hände. „Macht's gut", sagte Heinz, „es wird schon werden."

– Geschafft –

Nach den schriftlichen Arbeiten hatten die Abiturienten keinen Unterricht mehr. Carla und Max trafen sich meistens schon am Morgen bei Carla und lernten. Wenn Benjamin nicht beim Umzug half, kam er auch. Sorgen machten sie sich wegen Max. Eigentlich konnte er den Stoff in Mathe und hätte locker eine Drei schaffen können, aber immer wieder hatte er Probleme mit den Nerven.
Zuerst kam Benjamin in Russisch dran, die Prüfung war mühsam. Er sollte irgendwas nacherzählen, stotterte aber furchtbar. Irgendwann brach die Kommission die Prüfung ab. Man wollte den Jungen nicht weiter quälen. Die Lehrerin Giessing äußerte zwar später den Verdacht, dass diese Stotterei ein Einsatz mit voller Absicht war, aber beweisen konnte sie das nicht. Benjamin war froh, dass er am Ende eine Drei hatte. Nun konnte nichts mehr passieren. Glaubte er.
Benjamin hatte schon vor Monaten seine logarithmische Zahlentafel präpariert. Auf den Seiten mit den vielen Funktionen hatte er ganz fein mit Bleistift alle Ableitungen der Funktionen eingetragen. Das hatte ihm schon viele gute Dienste geleistet. Deshalb machte er sich wegen der Mathe-Prüfung nur wenig Gedanken. Er nahm diese Prüfung so locker, dass er schon Tage vorher nicht mehr richtig lernte. Die mündliche Matheprüfung war an einem Freitag. Benjamin war morgens gleich der Erste. Er bekam als Aufgabe die Diskussion der Kreisformel und setzte sich anschließend in den Vorbereitungsraum. Der Biolehrer hatte Aufsicht, er guckte die ganze Zeit aus dem Fenster. Benjamin war schnell fertig, dank seiner präparierten Zahlentafel. Die Prüfung bei Dr. Strauch war kein größeres Problem. Benjamin bekam am Ende in Mathe eine Zwei. Damit war er völlig zufrieden. Innerlich jubelte er schon, lächelte, machte eine leichte Verbeugung und wollte sich ver-

abschieden, als Dr. Strauch ihn ansprach: „Ach Benjamin, wir haben vergessen, in den Vorbereitungsraum eine Zahlentafel zu legen. Lassen Sie doch bitte Ihre dort. Sie können sie nach den Prüfungen abholen."
Benjamin wurde es heiß, dann kalt, er spürte plötzlich heftige Darmtätigkeit. Aus und vorbei, dachte er, wenn jemand von den Lehrern diese gezinkte Zahlentafel findet, ist er geliefert. Er sagte nichts, ging verstört aus dem Saal und gleich aufs Klo. Seine Zahlentafel lag jetzt im Vorbereitungsraum. Er überlegte, ob er sie austauschen könnte. Aber das wäre dann aufgefallen.
Benjamin blieb den ganzen Morgen auf dem Flur, lungerte vor dem Prüfungsraum herum. Wenn die Prüflinge den Saal verließen, fingen die meisten an zu jubeln und bedankten sich bei ihm für seine Zahlentafel. Benni durchlitt tausend Ängste.
Als der letzte Prüfling den Vorbereitungsraum verließ, stürmte er durch die Tür, schnappte sich seine Zahlentafel und raus war er.
Erst jetzt war es tatsächlich geschafft. Am Nachmittag trafen sie sich bei Carla. Max mit hängendem Kopf, er war durchgefallen. In Mathe eine fünf, vor lauter Aufregung konnte er nicht mal mehr zwei und zwei zusammen zählen. Er durfte im Herbst wiederholen, fühlte aber wohl, dass sein Traum von Hawaii in noch weitere Ferne gerückt war.
Es war sonnig, die drei gingen in Muhs Garten, in dem die Erdbeeren reif waren. Die Stimmung war gedrückt wegen Max. Sein Vater hatte ihm Vorwürfe gemacht. Der hatte schon immer gesagt, dass der Junge was Ordentliches lernen sollte. Statt dessen dieser Fimmel mit dem Studium. Jetzt hatte er auch noch versagt. Max kamen immer mal die Tränen. Trotzdem öffneten sie eine Flasche Rotkäppchen Sekt, die Carla mitgebracht hatte.
Am Abend traf sich die ganze Klasse in der „Totenschenke" gegenüber der Polizei. Max, der Arme, war nicht dabei. Der

Rest der Klasse war fröhlich und aufgekratzt. Jeder erzählte, wie irgendwelche Prüfungen abgelaufen waren. Bennis Zahlentafel war wieder in aller Munde. „Blut und Wasser hab ich geschwitzt", meinte Benni. Das glaubten ihm alle aufs Wort. Benjamin saß neben Motze, gegenüber saß Baier. Nach dem dritten Bier flüsterte Motze plötzlich zu Benjamin: „Wann treffen wir und drüben?" Benni blieb erstmal still, die Frage verschlug ihm die Sprache. Motze hatte er nie so richtig getraut seit er mit der roten Fröschke ging. Dann sagte er aber doch leise: „Am fünfzehnten Juli im Lager."
Er sagte es aber nicht leise genug. Baier hatte ihn gehört und grinste: „Gut, am Fünfzehnten. Zeiser kommt auch."
Benjamin hatte schon länger so was geahnt, aber er war doch sprachlos. Wenn das so weiter geht dachte er, ist ein Viertel der Klasse weg.
Die ersten Mädchen gingen schon gegen halb neun, die meisten der Jungen blieben noch. Die Fröschke wollte Motze mitnehmen, vielleicht hatte sie Sorge, dass er sich wieder besäuft, aber Motze wollte nicht. Er schnauzte sie an, sie solle sich davon scheren und ihn in Ruhe lassen. Die beiden hatten schon seit Tagen wieder Krach. Um zehn war nur noch eine kleine Truppe beisammen.
Inzwischen war man bei der sechsten oder siebenten Runde Bier. Nur Motze hatte schon zwei mehr, der musste wieder seien Ärger mit der Fröschke ertränken. Irgendjemand fing an zu singen. Das Singen ging schnell in Grölerei über, die Lieder wurden schmutziger. Ein Polizist von gegenüber steckte seinen Kopf durch die Tür, Michael, der Wirt, erklärte ihm, was da los war. Der Polizist war beruhigt und ging gleich wieder.
Butze Baier war ziemlich aufgelöst, er erzählte, er würde jetzt Vater. Karin, seine Flamme vom Bonifatiusplatz habe den dritten Monat ihre Tage nicht gehabt. „Scheiße, Scheiße",

301

sagte er immer wieder und ertränkte seinen Kummer im Bier, „Gut, dass nur die eine schwanger ist. Bei der Calaminus hab ich wohl Glück gehabt. Die macht's ja nur mit Gummi. Scheiße, Scheiße. Welche Katastrophe, wenn gleich beide schwanger wären. Aber ich haue ab, die Weiber sind mir jetzt egal. Die Karin wird mit dem Balg schon fertig werden." Rader machte Butze Vorhaltungen: „So was macht man nicht, Baier du bist eine Sau mit deinen Weibern."
Als Rader später erzählte, er wolle Theologie studieren, rief Motze: „Du bist verrückt. Es gibt bald keine Kirchen mehr und du willst Pfarrer werden."
„Halt die Klappe", erwiderte Rader, „wir können über das Thema reden, wenn du nüchtern bist."
Carla saß neben Benjamin, sie hielt ganz schön mit den Jungen mit, rauchte, grölte und soff wie ein Fuhrknecht. Zwischendurch legte sie immer mal wieder ihren Arm um Benni, manchmal die Hand auf sein Knie oder drückte ihren Busen an seinen Arm. Bald registrierte er die Annäherungsversuche nicht mehr und fand alles ganz lustig.
Gegen halb zwölf war Motze so voll, dass er vor die Tür schwankte und in die Gonna kotzte. Als er zurückkam, musste er sich an Türpfosten und Tischen festhalten. Er wollte noch ein Bier, aber Rader hatte mit dem Wirt geregelt, dass nun Schluss sei.
Die Jungen überlegten, was sie mit Motze machen sollten. Alle Züge nach Allstedt waren weg. Der Bengel war so voll, dass er nur noch lallen konnte. Die Jungen wollten ihn zu Baier bringen, der wohnte nur ein paar hundert Meter weg. Benjamin hatte Carla versprochen, mit ihr noch den schönen Weg am Bach nach Hause zu gehen. Es war warm und schwül, die Linden blühten gerade.
Man verabschiedete sich, alle Jungen, außer Motze küssten Carla mehr oder weniger heftig zum Abschied. Das gefiel ihr, und als sie sich mit Benjamin auf den Weg an der Gonna

machte, kam sie richtig in Fahrt. An jedem zweiten Baum blieb sie stehen, schlang ihre Arme um Bennis Hals und forderte Küsse von ihm. Bei einem blieb es dann nicht. Benebelt wie sie waren, wurde die Knutscherei immer heftiger. Als sie an der Knoblochstraße waren, steckten sie sich die Zungen so tief in die Münder, dass sie kaum noch Luft bekamen. Plötzlich fiel ihm Ilka ein. ‚Was bin ich für ein Esel!', dachte er. „Schluss", lallte er schließlich zu Carla, „jetzt nach Hause." Sie wankten weiter, aber der Weg nach Hause war nicht so einfach. An Schraders Gärtnerei umschlangen sie sich immer und immer wieder, küssten sich und säuselten sich gegenseitig irgendwelche Schweinereien ins Ohr. Glücklicherweise waren sie so betrunken, dass sich nicht einmal mehr ihre Münder fanden. An der Haustür versuchten sie sich weiter zu küssen, gingen dabei aber so geräuschvoll vor, dass sie Carlas Mutter weckten.

„Seid ihr denn noch ganz gescheit?", fragte die Mutter entsetzt. „Wie siehst Du überhaupt aus? Schämst du dich nicht?", wandte sie sich an Carla. Doch offensichtlich hielt sich ihr Zorn in Grenzen.

„Ach Mutter", lallte Carla, „wir haben Abi gefeiert und ein bisschen Spaß gehabt." Die Mutter verschwand, Benjamin bekam noch einen Kuss, dann wankte Carla ins Haus und schloss hinter sich die Tür.

Als Benjamin am nächsten Morgen mit dem schrecklichsten Katzenjammer seines bisherigen Lebens aufwachte, quälte ihn zusätzlich das schlechte Gewissen. ‚Was bin ich für eine Sau, eine abgrundtiefe widerliche Sau.' Ging es ihm immer wieder durch den Kopf. Er stellte fest, dass er seine Sachen irgendwie in der Wohnung verstreut hatte. Als er später mit Ruth frühstückte, grinste die nur und stellte keine unangenehmen Fragen.

Ruth fuhr an diesem Tag nach Berlin. Sie hatte noch eine größere Summe Ostgeld, die sie vor der endgültigen Fahrt

nach drüben bringen wollte. Sie versteckte alles im Busen. Das erste Mal, dass Benjamin mulmig wurde. Wenn sie Ruth jetzt schnappten, war alles vorbei. Früher konnte sie immer Tante Wally als Adresse angeben, die gab es nicht mehr. Ruth wollte bei Taubers übernachten, sie hatten jetzt ein bisschen mehr Platz seit Tante Liese und Onkel Hinrich vor ein paar Jahren gestorben waren.
Abends ging er in die Probe zum Posaunenchor, es würde seine letzte Probe sein. Nur nicht auffallen und sich benehmen wie immer. Am Ende vergaß er absichtlich seine Posaune.
Am Sonntag fuhr er mit dem Fahrrad nach Gonna. Auf dem Gepäckträger hatte er eine große Kiste mit Sachen festgebunden, die für Ilka gedacht waren. Er fuhr mit den beiden Schwestern durch die Wiesen nach Grillenberg, sie gingen ins Waldbad, das Wasser war eiskalt. Am Nachmittag gab es Kaffee bei Krolls. Ilka war endlich nicht mehr so bockig. Es war ein wunderschöner Tag. Die beiden fühlten sich fast unbeschwert. Nur Benjamin dachte immer mal an das Besäufnis in der „Totenschenke" und hatte ein miserables Gewissen.
Ruth und Benjamin wohnten jetzt in dieser schrecklichen Wohnung von Schulzes. Sogar jetzt im Sommer war sie düster und kalt. Es gab nicht einmal so etwas Ähnliches wie ein Bad. Die Morgentoilette wurde in einer Zinkschüssel erledigt, es waren trostlose Verhältnisse. Wie hatten das Schulzes über Jahre ausgehalten? Benjamin lief immer gleich morgens in die Stadt, er hielt es in der Wohnung nicht aus. Mittags stand er an der Schule und wartete auf Ilka.
Mit Schrecken fiel Benjamin an einem dieser Tage ein, dass er Ilka nur noch ein einziges Mal zum Abiball sehen würde.
„Zum Abiball?", fragte Ilka. „Nein, zum Abiball komme ich nicht. Ich will nicht, dass jemand unseren Abschied mit bekommt."
„Heißt das, wir sehen uns heute das letzte Mal?" fragte Benni entsetzt.

„Das heißt es", sagte Ilka.
Benni bettelte, sie sollte doch kommen. Aber Ilka wollte nicht. So lagen sie nebeneinander auf dem Sofa und schmusten voller Zärtlichkeit.
Ilka setzte sich plötzlich auf. „Erklär mir bitte noch mal", sagte sie, „warum du weg gehst. Es kann doch nicht nur der Beruf sein."
Benjamin wunderte sich zuerst über die Frage, sie hatten oft genug darüber gesprochen. Dann fühlte er, für Ilka war sein Weggang eine Katastrophe. Sie war jetzt sechzehn, für sie gab es nur Benjamin, jedenfalls jetzt.
Er dachte eine Weile nach, dann fragte er Ilka: „Willst du später in Gonna bleiben oder hier in die Stadt?"
„Um Himmels Willen, nie. Wie kommst du darauf?"
„Die meisten von uns gehen weg, müssen weg. Egal ob sie studieren oder einen Beruf erlernen. Vielleicht kommen einige wieder als Lehrer. Aber das werden die wenigsten sein. Unsere Zeit hier ist vorbei. Ich meine unsere ganze Generation. Ganz egal was wir machen oder wo wir hingehen.
Ich habe immer wieder überlegt, was ich hier machen könnte. Studium kann ich mir abschminken. Gesellschaftlich untragbar, die Leistungen nicht ausreichend. Also ein Beruf. Aber was? Von Druckereien und Verlagen habe ich jetzt zehn Absagen. Installateur, Elektriker oder Fernsehmechaniker kann ich nicht, na ja, kann ich vielleicht schon. Aber will ich nicht. Das ist nicht meine Welt. Buchhändler beim ‚Guten Buch'? Die Werke Lenins verkaufen? Krankenpfleger, Schneider, Schuster oder Koch? Kannst du dir das bei mir vorstellen?"
Ilka sagte nichts. Sie hatten schon zu oft über das Thema geredet.
„Also bliebe zuerst mal nur Bau oder LPG. Wenn ich dann mehr wollte, müsste ich mich gesellschaftlich betätigen und festigen. Vielleicht mit einem Parteibeitritt. Die große Heuchelei. Könnte man versuchen, aber glaubt mir das jemand? Würdest du mir das glauben?"

Ilka schüttelte den Kopf: „Natürlich nicht."
Am Ende schwiegen beide und waren unendlich traurig.
„Das wichtigste ist zu schreiben", sagte Benni schließlich, jede Woche mindestens einmal. Ich warte auf Dich. Vielleicht in Marburg oder in Lübeck. Dann machst du Abi nach, vielleicht studieren wir auch dort. Mutter wird uns helfen. Du weißt, sie mag dich sehr."
Ilka lächelte. Vielleicht glaubte sie ihm doch ein bisschen. Er hatte jedenfalls das Gefühl.
Abends brachte er sie zum Bahnhof. Als der Bus anfuhr, wollte er winken, aber sie drehte sich nicht mehr um. Benni stand an der Haltestelle und sah dem Bus nach. Zuerst dachte er, dass es wohl Monate, vielleicht Jahre dauern wird, bis er sie wieder sehen würde. Dann hatte er plötzlich das Gefühl, hier geht etwas zu Ende. Zwanzig Minuten später kam der Zug aus Berlin an. Ihm fiel ein Felsbrocken vom Herzen, als er Ruth aussteigen und ihm zuwinken sah. Zum ersten Mal hatte er Angst um sie.
„Alles in Ordnung", sagte sie leise, „aber diesmal hatte ich die Hosen ziemlich voll."
Sie gingen zusammen in die schreckliche Wohnung zurück. „Ich habe mit Lotte telefoniert", sagte sie leise auf dem Weg, „wir gehen nach Lübeck. Ich gehe in die Klinik, du auf ein Gymnasium."

– Abschied –

Am Morgen stiegen sie früh aus den Betten, Ruth und Benjamin wollten noch einmal zusammen durch die Stadt laufen. In St. Jakobi war das Tor am Markt offen, St. Jakobi, die Kirche mit dem schiefen Turm. Irgendjemand hatte die Neigung einmal vermessen, 1,71 m war der Turm angeblich aus dem Lot. Sie traten ein und sahen sich alles noch einmal an, den wunderschönen mittelalterlichen Flügelaltar, das Taufbecken, die Kanzel aus der späten Renaissance und die wunderbare Orgel. Hier waren beide getauft und konfirmiert worden wie alle Nikolais seit 1880. Wie oft hatten sie hier gesungen, Benjamin Posaune gespielt? An der Orgel wurde gearbeitet, sie musste wohl gestimmt und gereinigt werden. Dieses kostbare Instrument. Schade, dass Frau Ludwig nicht da war und spielte. Vor vielen Jahren hatte sie hier die Kunst der Fuge gespielt. Benjamin dachte daran, wie begeistert er damals war. Von dem Spiel, von Bach, der eine Melodie so einfach wie Hänschen klein mit nur wenigen Quinten, Terzen und Sekunden genommen hatte und diese Elemente so kunstvoll aneinander reihte, dass sie in ihrer melodischen Einfachheit Genialität erhielten. Dann die Variationen. Aus dem einfachen musikalischen Gebilde wurde ein kompliziertes Gewebe und Geflecht aus melodischen und harmonischen Strukturen. Der Schlusspunkt des Bach'schen Kosmos. Mit diesem Stück hatte er alles gesagt, was er der Welt mitteilen wollte. Ganz leise das Ende, nur eine Sekunde, ein stilles Entschlafen. Als habe er dabei gedacht „mit Fried und Freud ich fahr' dahin ...". In keiner Musik der Welt ist der Tod so süß wie in diesem Stück.

Pfarrer Scholz war zufällig in der Kirche, er sah die beiden und nickte nur von Ferne, er spürte wohl die Zeit des Ab-

schieds. Das sonnige Trudchen stand in der Nähe der Sakristei, winkte als sie die beiden sah und nahm sie gleich in Beschlag: „In zwei Wochen ist Gemeindefest, da macht ihr doch mit, Muh soll einen Kuchen backen. Wir brauchen noch Kuchenspenden."
„Wir werden nicht da sein", erwiderte Ruth, „es sind Ferien, wir fahren zu Marie." Gleich hatte das sonnige Trudchen ein neues Thema. Der Pfarrer Scholz und das Fräulein Rehbein, er hat immer noch nicht angebissen. Ruth und Benjamin verabschiedeten sich sofort. Jetzt wollten sie erst recht nichts von den Kuppeleien des sonnigen Trudchens wissen.

Auf dem Weg zu Ella lag der Laden von Alban Hess. Sie wollten am Laden vorbei gehen, aber Rudi Jakubeit hatte sie gesehen und winkte. Sie gingen noch einmal schnell in den Laden, Alban, Rudi und Wolf Stephan gratulierten zum Abitur. Wieder wurden jene, für Benjamin so unangenehme Fragen gestellt. Was er nun mache, wie es mit dem Studium aussehe? Alban war sicher, der Junge sollte in ein evangelisches Konvikt. Er muss ja nicht Pastor werden, er kann auch Kirchenrecht studieren.

Benjamin kaufte noch ein Buch von Heinrich Böll, „Ende einer Dienstfahrt", eine Lizenzausgabe. „Davon haben wir nur zehn Stück bekommen, du hast Glück", sagte Alban, „dass noch eins da ist." Benjamin log, er wolle das Buch in den Ferien an der Ostsee lesen.

Schnell zu Ella in ihren Palazzo. An der scharfen Ecke am Stift Sankt Spiritus vorbei, Marie sagte immer Stift Sankt Schnaps. Die kleine Kapelle wurde nicht mehr benutzt, sie hätte gründlich renoviert werden müssen. Thomas Müntzer hatte dort gegen die Obrigkeit und gegen seinen ehemaligen theologischen Freund und Weggenossen Martin Luther gepredigt. Es gab Gerüchte, die Kapelle solle abgerissen werden, damit man die Kreuzung nun endlich ordentlich ausbauen könne. Die Werktätigen kauften immer mehr Autos,

wenn es so weiter ginge, sei das Westniveau bald erreicht. Dann braucht man Straßen. Überall auf der Welt werden für den Verkehr alte Häuser abgerissen. Sogar in Moskau und in Paris! Warum nicht bei uns? Müntzer hin, Müntzer her. Das sei eben der Fortschritt.
Sie hatten sich mit Ella verabredet, wenigstens noch eine Tasse Kaffee wollten sie gemeinsam trinken. Ella war verzweifelt, sie konnte das riesige Haus nicht halten. Reparaturen mussten dringend gemacht werden. Vom Turm fielen immer mal Steine herunter, die Baupolizei hatte schon geschrieben. Aber sie hatte kein Geld, keinen Zement und keine gelben Klinkersteine und wenn das Geld da gewesen wäre, hätte sie den Rest dennoch nicht bekommen, jedenfalls nicht sofort und soviel, wie sie bräuchte. Dieses wunderbare Haus ihrer Eltern, das ganze Leben hatte sie dort verbracht. Sie hatte schon geweint und die Balken im Dach geküsst. Gegenüber die Schule, vor hundert Jahren als Spinnerei errichtet, dann entsprechend umgebaut. Die Schüler meinten, geändert habe sich nichts, da wird heute noch genug gesponnen.
Ruth und Benjamin gingen zusammen zum Friedhof. Am Grabmahl der Familie Nikolai blieben sie eine Weile stehen. Für Benjamin war es immer noch das schönste Grabmal der Stadt. Ein Engel mit Flammenschwert zwischen zwei riesigen Lebensbäumen. Die beiden Großeltern Nikolai lagen dort, dazu eine kleine Platte für Erich, den Vater von Ruth und Marie.
Von Muhs jüngstem Bruder Ernst stand dort ein kleiner Gedenkstein. Er war der begabteste von Nikolais Jungen, der einzige, der das Gymnasium besucht hatte. Von allen Geschwistern geliebt, am meisten von Gertrud. Er konnte ihr so schön die Welt mit allen ihren Wundern erklären. Der arme Junge war 1915 in Ungarn gefallen.
„Wenn wir gehen, werden sie das Grab abräumen", überlegte Ruth. „Was passiert mit dem Engel? Marie wird ihn nicht haben wollen."

„Irgendjemand wird ihn sich unter den Nagel reißen", sagte Benjamin, „und stellt ihn in seinen Garten. Oder sie machen Löschkalk draus."
Sie liefen gemeinsam über die Engelsburg ein Stückchen in Richtung Mooskammer. 1936 war Muh mit ihren beiden Töchtern in einer lauen Sommernacht dorthin gewandert. Zuvor waren sie im neuen Kino gewesen. Zum ersten Mal Kino in dieser Stadt, die Hälfte der Einwohner war auf den Beinen, ein Riesenereignis. Lebende Bilder an der Wand. Anschließend sind sie in ihren leichten Kleidern losgelaufen. Es war immer noch herrlich warm und duftete nach Sommer. Niemand hatte Lust nach Hause zu gehen. Nachts um drei kamen sie wieder zurück, es war kalt geworden, sie froren jämmerlich. Später hatten sie in der Mooskammer Pilze gesucht, manchmal jedes Wochenende. Ruth ging auch mit Ernst Trietchen in die Mooskammer, dort hatten sie sich geküsst.
Die beiden kamen über das Selleriefleckchen zurück in den Garten. Den Bunker hatten sie endlich zugemauert, die Jungen von der Bande waren längst weg, sie erlernten irgendwo Berufe.
Über die Mogkstrasse kamen sie zu dem schönen Biedermeiergarten, eine der schönsten Anlagen der Stadt mit seinen großen Obstbäumen, seinen Rondells und Weinlauben. 1880 hatte ihn Großvater Nikolai gekauft, achtzig Jahre war er im Besitz der Familie. Im Sommer verbrachte man jedes Wochenende dort. Anfangs hatte Hanne-Fieke die Gartenarbeit gemacht, später hatte Großvater Nikolai sogar einen Gärtner angestellt. Seit dem ersten Krieg kümmerte sich Muh um alles. Wer weiß wie sie ohne dieses Stück Grün Kriege und Nachkriegszeiten überstanden hätten? Jedes Jahr wurden zentnerweise Pflaumen und Äpfel für Mus, Most und Wein geerntet. Das ganze Gemüse für die große Familie kam aus dem Garten, in dessen Mitte der große Birnbaum, die Brunnenbirne, stand. Ruth sah es als erste als sie in den Garten

traten. Der riesige Baum war völlig vertrocknet mit gelbem Laub und verschrumpelten Früchten. Immer hatte er die besten Birnen, die man sich vorstellen kann getragen. Ruth hatte sie schon als Kind gegessen und geliebt. Nun, zum Abschied, ist er einfach eingegangen, gestorben.

„Jetzt müssen wir wirklich gehen", sagte Benni.

Ruth ging noch einmal zur Gartenlaube, holte den Spaten heraus und grub ein paar Blumenzwiebeln aus. Die wollte sie mitnehmen. Ein Stückchen Erinnerung aus Nikolais Garten, ein Stück von zu Hause. Dann schlossen sie das Gartentor zu und gingen für immer.

Gegenüber guckte Frau Schlauch aus dem Fenster. Sie guckte meistens aus dem Fenster oder stand vor ihrer Tür und wartete auf jemanden, mit dem sie tratschen konnte. Sie sprach beide an, gratulierte zum Abitur, es hatte sich schon herum gesprochen. Einar war endlich auch gesund.

„Er hat jetzt Malstunden bei Maler Schmied", sagte Frau Schlauch. „Rufus gab ihm als Lehrer zu wenig. Jetzt malt er den ganzen Tag und träumt vom Theater. Er will unbedingt zum Theater. Bühnenbilder malen und inszenieren. Er hat mir sogar gestanden, dass der Unfall damals im Zug allein seine Schuld war. Er hatte im Zug den fliegenden Holländer gelesen, hatte sich eine Szene ausgedacht und wollte sie ausprobieren. Wie weit kann man sich aus einem Schiff lehnen? Dabei hatte er sich aus dem Zug gelehnt, das Gleichgewicht verloren und ist rausgefallen. Dieser Idiot! So ein Verrückter! Mein Sohn ist verrückt! In Deutsch eine Vier, aber ans Theater gehen wollen! In Orthografie eine Katastrophe, in jedem Wort drei Fehler. Aber zum Theater! Ich musste mit dem Deutschlehrer reden, es hätte sonst eine Fünf gegeben. Ich habe ihm erzählt, dass der Junge zum Theater will. Da hat er nur gelacht. Aber den Schinken hat er genommen, dieses Miststück von Lehrer. Die sind doch alle gleich!"

„Und dann das Stottern!", jammerte sie, „viel schlimmer als bei Benjamin. Wer weiß was aus dem Jungen wird. Er ist auch in Halle zum Sprachunterricht. Aber ob das hilft?"
Weiter in die Bahnhofstraße, die jetzt die Straße der Opfer des Faschismus war. Schlosser Schulze hatte damit begonnen, das alte Haus zu renovieren. Die Verzierungen an den Fenstern und die beiden Engel, die Großvater Nikolai noch selbst in den Marmor gehauen hatte, waren schon herunter gerissen. Was soll ein Schlossermeister mit Engeln aus Marmor an seiner Fassade? Das Haus war plötzlich ohne Gesicht, kahl wie eine Baracke. Als hätte man ihm die Augen ausgestochen. Gut, dass Muh und ihre Geschwister das Haus nicht mehr sehen mussten.
Vielleicht ins Cafe Kolditz noch eine Limonade trinken? Nein, es war nicht mehr genug Zeit. Muh hatte die kleine Heide von Kolditz in Handarbeit unterrichtet und wurde mit Kuchenstücken bezahlt. Muh meinte immer, die Sahne von Kolditz hat einen leichten Stich. Jedes Mal, wenn Heide das Kuchenstückchen überreichte, probierte Muh. Nach der Unterrichtsstunde behauptete sie dann jedes Mal: „Die Sahne von Kolditz hat einen Stich. Einen ganz leichten Stich." Jedes Mal wurde auch Ruth von ihr aufgefordert, zu probieren. Diese wiederum schmeckte nie etwas von dem Stich.
Rüber zum Töpfersberg und zum Rähmen. Als Ruth Kind war, stand dort der Ziegenbock für die Ziegen der Stadt. Hanne-Fieke ging nach dem ersten Krieg mit ihrer Ziege immer mal hin, meistens mit der kleinen Ruth im Schlepptau. Wenn Ruth dann zu spät in die Schule kam, lachten Kinder bei ihrer Entschuldigung, dass sie mit der Großmutter beim Ziegenbock gewesen war.
An der Georgen Promenade trafen sie Röschen Schmidt. „Ihr seid ja noch da", begrüßte er sie, „der Junge hat doch Abitur. Jetzt nichts wie weg." Röschen war alt geworden, aber sein Mundwerk blieb unverändert. Er fluchte auf alles, was in dieser Republik etwas zu sagen hatte.

„Die Krepel sind bald am Ende. Der Spitzbart hat abgewirtschaftet. Habt ihr gehört, jeden Tag hauen schon tausend ab. Irgendwann ist das Land leer. Wenn ich jünger wäre, ich wäre längst weg." Er brüllte so, dass es die halbe Stadt hören konnte. Ruth wollte ihn mit einem: „Leise, Röschen!" beschwichtigen, aber das half nichts. Schade, dass Marie nicht dabei war, die hätte ihren Spaß gehabt.

Auf der anderen Straßenseite tauchte Winkler auf, er war jetzt Hausmeister in der Maschinenfabrik. Bei der Parteileitung musste er gehen, weil er seinen eigenen Vorsitzenden bespitzelt hatte. Er guckte nicht mal rüber.

„Das Miststück hat uns gerade noch gefehlt", sagte Röschen, als er Winkler sah. Diesmal aber ein bisschen leiser.

Auf der Georgen Promenade stand noch das Gebäude der alten Brauerei, Bier wurde aber hier längst nicht mehr gebraut. Früher gab es hier das beste Bier in der Stadt. Gleich mit Ausschank. Da war immer was los. Man hatte von dort aus auch einen schönen Blick zur Ulrichkirche, der schönsten Kirche weit und breit. Ludwig der Springer, Haudegen und Thüringer Landgraf, hatte sie gebaut als Dank für seine gelungene Flucht aus Halle von der Burg Giebichenstein. Kaiser Heinrich IV. hatte ihn dort gefangen gesetzt, weil Ludwig seinen Herzog Friedrich von Sachsen erschlagen hatte. Den eigenen Herzog und Lehnsherren erschlagen!

Über der Saale hatte Ludwig in Gefangenschaft gesessen. Er hatte geschworen, eine Kirche zu bauen, wenn er frei käme. Als Buße und als Dank. Angeblich war er von der Burg in den Fluss gesprungen und hatte überlebt. Als er frei war, heiratete er die herzogliche Witwe Adelheid, seine Geliebte, und baute diese Kirche. Angeblich ist er später ein frommer Mann geworden, der Bau der Kirche soll nicht nur eine hohle Geste gewesen sein. Es gibt die Legende, er habe später an einem Kreuzzug teilgenommen, auf dem er sein ganzes Sündenregister erfolgreich tilgen konnte.

Ein Kreuz aus Schnee, ein Zeichen des Himmels, hatte der Legende nach dem Landgrafen den Platz für seine neue Kirche gezeigt, die erste vollständig gewölbte Basilika im Elberaum. Die lombardischen Bauleute und Steinmetze, die Ludwig mit dem Bau beauftragte, hatten zuvor die Dome in Speyer und Hirsau gebaut, dann waren sie hierher in das kleine Städtchen gekommen. Die besten Bauleute, die es damals in Europa gab. Zwanzig Jahre bauten sie an der Ulrichkirche und machten sie zu einem vollendeten Kunstwerk.

Ludwig Richter hatte ein wunderschönes Bild mit diesem Blick von der Georgen Promenade zur Ulrichkirche gemalt. Irgendein Künstler hatte das Bild später in Stahl gestochen. In jedem bürgerlichen Haus der Stadt hing dieser Stich. Ruth hatte ihr Exemplar längst zu Marie nach Greifswald gebracht.

Vor dem Gang ins Krankenhaus gingen sie noch ein paar Schritte ins Rosarium. Dem – wie man hier behauptete – größten Rosengarten der Welt. Die Rosen standen in voller Pracht, ein betäubender Duft. Überall schwirrten Bienen und Hummeln. Schade, dass nicht genug Zeit blieb.

„Genieß das noch mal", meinte Ruth leise zu Benjamin, „das sehen wir viele Jahre nicht mehr." Im Rosarium trafen sie Käthe Freywald. Sie fragte nach Muh, gratulierte Benjamin und erzählte von ihrem Sohn, der jetzt auf die Oberschule käme.

Am Nachmittag gingen Ruth und Muh zur Abschlussfeier in die Schule. Sie saßen zusammen mit Frau Schmieder, Frau Rader und Ella.

Als Carla und Benjamin sich sahen, grinsten beide verlegen. „Den Abend streichen wir wohl besser aus unserem Leben", flüsterte Carla. Das kam Benjamin sehr entgegen und er war froh, dass das Mädchen die Sache so leicht nahm. Die jungen Leute hatten sich alle feierlich gekleidet, standen in Grüppchen vor der Aula und waren in bester Laune. Bevor die Feier begann, kam Rufus ein bisschen aufgeregt daher und bat einige der Schüler noch einmal in ein Klassenzimmer neben der Aula: Rader, Baier, Motzenbecher, Zeiser, Carla und Benjamin. Die wunderten sich und rätselten herum, was der Lehrer nun schon wieder wolle, ahnten aber erst einmal nichts Böses. Kaum hatte Rufus die Tür geschlossen, begann er ihnen einen Vortrag wegen ihres Verhaltens am Abiturabend zu halten. Eine Schande für die Schule seien sie gewesen, hätten sich sinnlos betrunken und sich damit ihrem Status als junge Abiturienten nicht würdig erwiesen. Unzüchtige Lieder hätten sie gegrölt, einen von ihnen hätte man gar sturzbetrunken Hause tragen müssen. Dies sei eine untragbare Situation, was habe man sich nur dabei gedacht?

Ein paar Augenblicke waren die jungen Leute sprachlos, dann fing Carla an und erklärte, da habe wohl jemand was missverstanden. Sie seien alle ein bisschen beschwipst gewesen, ja, doch das ist nach bestandenem Abitur wohl nachvollziehbar und zu entschuldigen. Betrunken sei jedoch niemand gewesen. Motzenbecher, den man tatsächlich tragen musste, habe einen kleinen Schwächeanfall gehabt, vielleicht weil es an dem Abend so schwül gewesen war. Die anderen bestätigten sofort Carlas Aussage. Rader fügte noch hinzu: „Wir wissen ja nicht, wer Ihnen diese Geschichten erzählt hat, doch das muss ein ziemliches Miststück sein, das solche Geschichten in die Welt setzt."

Man sah, wie an Rufus' Schläfen die Zornesadern schwollen. „Sie leugnen", sagte er schließlich, „Sie leugnen wie immer. All' die Jahre haben sie geleugnet, immer wieder. Ich hätte mir gewünscht, Sie wären einmal bei der Wahrheit geblieben!"

Sechs dumme Gesichter blickten ihm entgegen. Als Rufus in diese Gesichter guckte, resignierte er und verließ wortlos die Klasse. Die gute Laune der jungen Leute war verflogen, Motze sagte, er würde am liebsten die Abifeier schwänzen. Rader war unterdessen sicher, dass da nicht nur die Polizei gepetzt hatte. Ändern ließ sich jetzt jedoch nichts mehr. Etwas be-

treten setzten sich die sechs auf ihre für sie vorgesehenen Plätze. ‚Irgendwie kriegen wir das auch noch hinter uns', dachte Benjamin.
Die Veranstaltung begann feierlich mit Chor und Orchester. Es gab fortschrittliche Musik der neuen Zeit mit vielen falschen Tönen. Dies erleichterte Benjamin den Abschied. ‚Ein Glück, dass ich so was bald nicht mehr hören muss', dachte er. Dann kam die Zeugnisverteilung. Jeder Schüler wurde einzeln aufgerufen. Als Benjamin wieder auf seinem Stuhl saß, guckte er sich sein Zeugnis an, las es genauer durch und hätte das Blatt am liebsten zerrissen. Alles Drei, in Mathe und Physik Zwei, nur in Kunst und Musik Einsen. Die hatten ihn noch einmal so richtig nach unten gedrückt. Sogar Paulus in Chemie. Der Zyniker hatte wieder zugeschlagen. Und dann die Beurteilung:
„Benjamin fehlt leider noch etwas die persönliche Reife, um ein vollwertiges Mitglied unserer sozialistischen Gesellschaft zu sein. Durch seinen Sprachfehler ist er stark gehemmt. In seiner Berufswahl ist er entsprechend eingeschränkt."
Mit diesem Zeugnis bekäme er nie einen Studienplatz in der DDR. Nicht einmal eine Lehrstelle als Rinderzüchter. Dieses Zeugnis war nichts anderes als eine Umschreibung für: „Wir brauchen dich nicht."
Am Ende begann Frieda Loewenstein mit einer ihrer langweiligen, überflüssigen Reden von der Verantwortung für die sozialistische Heimat. Während sie ihr sozialistisches Gerede herunter leierte, waren plötzlich Töne zu hören, die nicht zur Feierlichkeit der Veranstaltung passten.
„Da gakelt ein Huhn", flüsterte Benni zu Carla, die neben ihm saß.
In den hinteren Reihen der Festversammlung entstand Unruhe, man hörte Kichern, lautes Sprechen, das Gakeln der Hühner war deutlich zu hören. Frieda Loewenstein musste ihre Stimme erheben. Plötzlich liefen zwei Hühner durch den

Mittelgang der Aula, sie guckten sich irritiert die Zuhörer an. Ella, Ruth und Frau Schmieder wunderten sich zuerst, dann verstanden sie und fingen an zu kichern, sie fanden den Schulspaß wunderbar. Muh erklärte laut, dass die Tiere jetzt wohl etwas zu fressen haben wollen. Das Gekicher wurde lauter und schwoll zum Gelächter an. Frieda kam gegen die Unruhe und das Stimmengewirr nicht mehr an, dann sah sie plötzlich eines der Hühner, kämpfte mit ihrer Haltung, verlor und kapitulierte. Sie hob hilflos die Arme, ließ nur noch einen leisen resignierenden Schrei von sich. Die Saaltür wurde aufgerissen, Tarzan, der Hausmeister, stürmte in den Raum und rief nach seinen Hühnern: „Welcher Saukopp hat meine Hiehner jestohlen?" Die Hühner waren so verschreckt, dass sie anfingen zu flattern, eins flog auf den Kronleuchter, der gefährlich anfing zu schwanken. Tarzan schrie: „Alles raus, weg vom Leuchter, wenn der runter fällt, erschlägt er noch jemanden." Ein Teil der Abiturienten schüttelte und bog sich vor Lachen, die Lehrer waren wütend über die lachenden Schüler. Sie erwarteten in dieser feierlichen Stunde den nötigen Ernst. Andere aus dem Publikum versuchten nach draußen zu rennen. An der Saaltür entstand Gedränge. Man schob und knuffte, es kam zu Handgreiflichkeiten. Ein Huhn saß plötzlich auf dem aufgeklappten Flügel mitten zwischen den Saiten. Die Musiklehrerin starrte fassungslos auf das Huhn, dann machte sie immer wieder mit lauter Stimme „Hu, Hu, Hu" zu dem Tier und versuchte es mit jedem „Hu" zu verscheuchen. Das Huhn schlug jedoch immer nur mit den Flügeln und machte schließlich einen Klacks auf die Saiten. Endlich kam Tarzan, der Hausmeister, nahm das Huhn bei den Flügeln und brüllte: „Meine Hiehner, die verdammte Bande, wenn ich die krieje, ich prügle sie windelweich..."
Die Feier wurde mit diesem wunderbaren Chaos abgebrochen, zur Nationalhymne kam man nicht mehr. Frieda Loewenstein war nervlich am Ende, um sie kümmerte sich ein Arzt aus der

Elternschar. Die meisten Lehrer waren bestürzt, manche grinsten aber ein wenig in sich hinein und fanden es wunderbar. Den Jux hatten sich ein paar Jungen aus der Elf ausgedacht, als Geschenk an die Zwölften Klassen. Natürlich hielten alle dicht, niemand petzte. Nur der große Kartoffelsack, mit dem die Hühner in die Schule gebracht worden waren, wurde gefunden. Die von der Loewenstein angeordnete sorgfältige Untersuchung konnte jedenfalls kein Licht in diesen Fall bringen.

Nach der Feier stand man noch ein wenig im Park vor der Schule, alles lachte noch immer über das gerade Erlebte. Dann verabredeten sich Ella, Frau Schmieder, Ruth, Carla, Max, Barbara und Benni am nächsten Abend für den Abiball, man wollte zusammen sitzen.

Ruth und Benjamin packten am folgenden Tag alle Koffer. Immer wieder überlegten sie: Was muss noch mit, was steckt man wohin, was verbrennt man lieber noch? Stundenlang brannte im Ofen ein Feuer. Zeugnis, Tagebuch und Ilkas Liebesbriefe kamen in die unterste Ecke des Koffers. Dann ein paar Bücher. Zum Beispiel das Schild des Glaubens und die Menge-Bibel von Alban Hess. Oben drauf Unterwäsche und Badezeug als würden sie in die Ferien an die Ostsee fahren.

Viele Bücher blieben zurück. Am Ende waren die Schränke fast leer. Im Kleiderschrank hing einsam Bennis Blauhemd. Am Abend schmissen sich beide in Schale und gingen zum Ball ins Schützenhaus. Den ganzen Abend hatten sie mächtig viel Spaß. Benni tanzte wie ein Wilder. Er musste noch einmal auf die Bühne und „Mac the knife" singen. Der Saal tobte. Die Direktorin Loewenstein war nicht erschienen, angeblich hatte sie Probleme mit dem Herzen. Die Hühner hatten ihr wohl gewaltig zugesetzt. Alles freute sich, denn jetzt gab es keine Kontrolle darüber, welche Schlager gespielt wurden.

Rufus sprach Benjamin an, was er denn nun nach der Schule mache.

Benjamin wurde ein bisschen verlegen. „Drei Bewerbungen bei Druckereien laufen noch", log er, „wenn das nichts wird, vielleicht doch Maurer oder Tischler."
Rufus zog ein dummes Gesicht. Benjamin fühlte, Rufus glaubte ihm nicht, aber das war ihm egal.
Rufus schien deprimiert. Er saß am Tisch mit den übrigen Lehrern. Alle unterhielten sich miteinander oder tanzten. Mitten in dieser fröhlichen Tanzerei saß er die meiste Zeit apathisch auf seinem Stuhl und guckte Löcher in die Luft. Es schien als ärgerte er sich immer noch über die Hühner. Aber es gab auch das Gerücht, seine jüngsten Arbeiten über Faust II waren anlässlich einer in Berlin geplanten Ausstellung über das künstlerische Schaffen unserer Werktätigen wegen dekadenter Formensprache abgelehnt worden. Wenn das stimmte, war das für den Genossen Rufus eine herbe Enttäuschung. Seine Frau dagegen, eine hübsche Brünette, vielleicht Ende zwanzig, schien auf dem Ball großen Spaß zu haben. Sie tanzte wild mit den Jungen aus Rufus' Klasse Boogie und Cha Cha Cha. Als sie mit Benjamin tanzte, sprachen sie über die Hühner bei der Abifeier. Frau Rufus gestand, dass sie die Sache sehr komisch fand, aber ihr Mann hätte sich über den Spaß schrecklich aufgeregt. Dann erzählte sie über die Arbeiten in Kunst. Rufus habe ihr immer wieder die Bilder aus der Klasse gezeigt. Er war sicher, alle Bilder waren von einer Hand. Dieser Benjamin, habe er immer wieder geschimpft, er leugnet und leugnet und schämt sich nicht. Benjamin grinste und erklärte, das sei ja nun zum Glück alles Geschichte.
Nachts um eins war alles vorbei. Sie standen alle noch draußen vor dem Eingang des Ballsaales. Was jetzt mit dem angebrochenen Abend anfangen? „Zu uns", schlug Frau Schmieder vor, „da gibt's noch Sekt." Herr Dr. Strauch, der Mathelehrer, der zufällig daneben stand wurde mit viel Charme gleich dazu verdonnert, ebenfalls mitzukommen. Der arme Kerl hatte keine andere Wahl.

Stundenlang wurde geredet und geredet. Die ganze Schulzeit wurde noch einmal durchgekaut. Benjamin beichtete Dr. Strauch, er habe in den vier Jahren Oberschule nur sechsmal die Matheaufgaben selbst gemacht. Filius lachte, so was Ähnliches habe er sich schon gedacht. Die Geschichte mit der Zahlentafel behielt Benni für sich. Zwei Flaschen Sekt gingen drauf, dann wurde es langsam hell. Dr. Strauch ging, die anderen liefen nach unten zu Schmieders in den Garten.

Ella und Frau Schmieder hatten plötzlich ein, zwei Tränen in den Augen. Leise sagten sie zu Ruth und Benjamin: „Klar, wir wissen alles. Jetzt kommt euer Abschied. Schreibt mal und vergesst uns nicht. Bitte, bitte, liebe Ruth, bitte, lieber Benjamin vergesst uns nicht."

„Nein", beruhigte Ruth, „den größten Teil meines Lebens habe ich hier verbracht. Das vergisst man nie."

Die jungen Leute brachten Benni und Ruth in ihre schreckliche Wohnung. Dort zogen sich die beiden kurz um, dann gingen alle zusammen mit Muh zum Bahnhof.

Carla, Reinhard, Max und Barbara kamen mit bis auf den Bahnsteig. Carla humpelte mit ihren Krücken ein bisschen hinterher, aber sie schaffte es. Punkt halb acht kam der Zug. Die jungen Leute warteten bis zur Abfahrt.

„Mach's gut und schreib uns." Carla und Benjamin küssten sich zum Abschied. „Wir sehen uns bald. Hoffentlich!"

Benjamin schaute lange aus dem Fenster und winkte bis von den vier jungen Leuten nur noch winzige Pünktchen zu sehen waren.

Es war der erste Ferientag. Der Zug voll wie eine Sardinenbüchse. ‚Nicht schlecht', dachte Ruth, ‚dann kontrollieren sie weniger.' Allerdings mussten sie die ganze Fahrt stehen, sie konnten nicht einmal auf den Koffern sitzen, so eng war es. Nur für Muh ergatterte Ruth ein Plätzchen auf einem Notsitz.

In Berlin gab es wegen der vielen Menschen kaum Kontrollen. Am Ostbahnhof mussten sie nur etwa eine Stunde war-

ten, dann ging der Zug nach Greifswald. Spät am Abend kamen sie schließlich müde und hungrig bei Familie Horn an. Marie und Karli holten die drei ab und brachten sie mit einer Taxe nach Hause. Richard war nicht da. „Es ist doch wunderbar", erklärte Marie, „er ist schon nach Grillenberg gefahren." Axel-Ulrich kam gleich mit seinem Boot, die Haare wild, er hatte sich einen Bart wachsen lassen und sah um den Kopf herum aus wir ein Seebär. Das Schiff stand immer noch im Garten zwischen den Beeten.
Als Benni im Bett lag, dachte er an Ilka. Langsam bekam er ein Gefühl dafür, was es heißt, sie jetzt für lange Zeit nicht mehr zu sehen. Zwei Jahre sicher. Ihm kamen leise Zweifel, ob sie beide das durchhalten würden. Aber es half nichts, es gab kein Zurück.
Karli, Ruth und Benjamin räumten am folgenden Tag Muh's Zimmer ein, stellten ihr ein Bett auf. Sie fragte immer mal, ob sie denn nun hier wohnen würde. So ganz konnte sie das wohl doch nicht glauben.
„Ja", sagte dann Ruth, „du bleibst jetzt hier wohnen."
„Und Ihr? Du und Benjamin?"
„Wir gehen nach dem Westen."
Muh war fast achtzig, das Gedächtnis ließ mächtig nach. Sie vergaß jetzt vieles und konnte sich nicht richtig vorstellen, dass Ihre Zeit in Rosenberg vorbei war.
„Was wird denn aus meinen Möbeln?", fragte sie.
„Die holen Marie und Karli", erklärte Ruth, „die beiden fahren nächste Woche nach Rosenberg und holen Möbel, deine Sachen und die Fahrräder."
Muh dachte eine Weile nach. „Und was ist mit dem Garten?", fragte sie schließlich. „Jetzt muss geerntet werden. Johannisbeeren und Stachelbeeren."
„Muh", sagte Ruth geduldig, „der Garten wird verpachtet."
„Verpachtet?", die alte Frau war entsetzt. „Der kann doch nicht verpachtet werden. Wir brauchen doch Obst und Gemüse.

Die nächsten Tage will ich backen. Johannisbeerkuchen mit Sulf. Wir müssen einmachen für den Winter und wir brauchen Most."
Plötzlich begriff sie, dass die Zeit im Garten tatsächlich vorbei war. Da setzte sie sich auf ihr Bett und weinte.
Nach dem Mittagsschlaf kam sie nach unten, kreidebleich und mit einem Blick als hätte sie gerade den Leibhaftigen gesehen.
„Ich hatte eben ein Gesicht", sagte sie leise zu Ruth, „wir werden uns ewig nicht mehr sehen. Vielleicht nie mehr."
Ruth wurde ärgerlich. „Du mit deiner Spökenkiekerei!", schimpfte sie. „Wenn wir eine kleine Wohnung haben, besuchst du uns. Entweder über Berlin oder mit einer Reiseerlaubnis."
Am nächsten Tag liefen alle morgens nach Wieck ans Meer. Muh lief mit, auf den Beinen war sie noch ganz gut. Als alle ins Wasser sprangen, blieb sie aber doch lieber sicher am Strand sitzen.
Später ging Karli mit Benni in die Milchbar am Markt. Karli, der Student der Medizin, traf ein paar Kommilitonen, man erzählte ein bisschen und verabredete sich für die kommende Woche am Meer.
Am Abend wurde wieder von früher erzählt. Die Stimmung war wehmütig. „Wer weiß, wann wir uns wieder sehen?", jammerte Marie. Sie klagte am meisten. Immer wieder kamen ihr die Tränen. „Mein liebes Schwesterchen was machen wir ohne dich. Du hast immer für alle gesorgt. Und mein Fiedelchen, eigentlich bist du mein Sohn. Ich habe dich mit auf die Welt gebracht. Und jetzt gehst du einfach, du alter Schlingel."
Karli erzählte von seinen neuen medizinischen Weisheiten, er erläuterte während des Abendessens die Funktion des gesamten Verdauungsapparates einschließlich aller Ausscheidungsorgane.

Sigrid holte eines ihrer Meerschweinchen und wollte Karlis theoretische Darlegungen am lebenden Objekt erläutert haben.
„Jetzt reicht's aber", rief Ruth und warf Sigrids Meerschwein aus dem Zimmer.
Später setzte sich Marie noch ans Klavier und sie sangen wie sie es so oft getan hatten. Alle sangen „Wie schön blüht uns der Maien" und „Innsbruck ich muss dich lassen" – sogar vierstimmig. Marie und Muh hatten Tränen in den Augen. Wer weiß, vielleicht war es das letzte Mal.
Schließlich folgte am Morgen darauf der Abschied auf dem Bahnhof. Alle Horns – bis auf Richard – waren dabei, sie winkten bis sie sich aus den Augen verloren.
Der Zug nach Berlin war brechend voll. Wieder gab es nur wenige Kontrollen. Aber bei der S-Bahn, auf den Bahnhöfen und in den Zügen, standen überall die bekannten Männer in grauen Jacken. Doch die beobachteten nur.
„Immer so tun als führen wir jeden Tag hier lang", raunte Ruth, „und gelangweilt gucken."
Damit hatte Benjamin kein Problem. Er war müde genug.
Sie kamen ohne Schwierigkeiten am Nachmittag nach Westberlin und fuhren gleich zu Taubers. Die erwarteten die beiden schon, Ruth hatte den Besuch in der Woche zuvor schon angekündigt.
Am Abend wurde wieder über die letzten Tage und Wochen geredet, besonders über Muh, den Garten und das Haus. Auch Hans war als Kind oft bei seiner Großmutter Hanne-Fieke gewesen, manchmal die ganzen Ferien mit seinem Bruder Willy. Die Zeiten mit Haus und Garten in Rosenberg waren vorbei – unwiderruflich.
Hans war inzwischen Jurist in einer Berliner Firma, es ging ihnen gut, nur Bruder Willy machte Sorgen. Fünf Kinder und immer noch kein ordentliches Einkommen. Zurzeit verkaufte er an der Haustür Staubsauger und Bügelbretter. Hans schämte sich ein bisschen für seinen Bruder. Gut, dass die Eltern das nicht mehr erleben mussten.

Ruth und Benjamin packten noch am Abend ihre Koffer um. Sie wollten nicht ihr ganzes Gepäck mit ins Lager nehmen. Angeblich wurde dort viel gestohlen.
In der Nacht schliefen beide wenig, Benjamin war in Gedanken immer wieder bei Ilka. Er bekam plötzlich Schuldgefühle, weil er das Gefühl nicht los wurde, dass er Ilka verlassen hatte. Wie konnte er seine geliebte kleine Freundin von sechzehn Jahren einfach sitzen lassen? Er kam sich schlecht vor.
Benjamin holte sein Tagebuch und schrieb noch ein paar Zeilen. Er griff nach der Schachtel mit den Liebesbriefen, las und hoffte, es würde erleichtern. Tagebuch und Liebesbriefe steckte er später in den kleinen Koffer, den er mitnehmen wollte.
Am nächsten Morgen brachte Hans die beiden mit dem Auto zum Lager. Es war neun Uhr und es gab bereits eine Schlange bis auf die Straße. In Viererreihen vielleicht hundert Meter lang. Ruth und Benjamin stellten sich an. Neben dem Eingang stand ein Kerl mit einem Stoß Bildzeitungen.
„Gestern tausendzweihundertzwanzig Flüchtlinge aus der Zone", brüllte er. Das war seine wichtigste Nachricht.
Nach einer halben Stunde sahen Ruth und Benjamin, wie hinter ihnen der große Hrabal auftauchte. Kurz danach die Familie Witzel. Die Mutter mit beiden Söhnen.
Hrabal und Witzels bemerkten Ruth und Benjamin und kamen kurz vorbei. Man sprach wenig und nur sehr leise. Sicher gab es jede Menge Spitzel. Hrabal war aufgeregt, ihm ging es nicht gut. Zwei seiner Freunde, die auch noch weg wollten, waren in Greifswald verhaftet worden. Als er das gehört hatte, war er sofort per Anhalter gefahren.
Ruth und Benjamin waren ein wenig erschüttert. Der halbe Posaunenchor weg. Wer ist am Ende noch da?
Mittags kamen Frauen vom Roten Kreuz und verteilten Stullenpakete und Kamillentee. Erst am Nachmittag wurden sie durch die Anmeldung geschleust. Jeder bekam einen Lauf-

zettel mit vierundzwanzig Positionen, von denen jede einzelne in den kommenden Tagen abgearbeitet werden musste. Zunächst wurden sie durch die Checkpoints der Geheimdienste geschleust. Die Dienste der Alliierten drückten einfach nur ihre Stempel auf den Laufzettel, damit war die Angelegenheit für sie erledigt. Bei den Deutschen ging das nicht so einfach. Vor deren Büro stand eine Schlange von vielleicht fünfzig Personen. Ruth und Benjamin mussten über eine Stunde warten bis sie dran waren. Im Büro saß ein griesgrämiger Dicker mit Glatze. Er sagte weder guten Tag oder sonst etwas, fragte nur nach den Namen und nach der Registriernummer des Laufzettels. Dann wollte er von Ruth wissen, in welchen kommunistischen Organisationen sie Mitglied war.

„Was meinen Sie", fragte Ruth, „mit kommunistischen Organisationen?"

„SED, Nationale Einheitsfront, Gewerkschaftsbund, Frauenbund, Sportbund, sonstige Vereine?"

„Im FDGB bin ich gewesen", sagte Ruth ein bisschen kleinlaut, „in der Partei natürlich nicht. Die Antwort reichte dem Dicken. Er drückte seinen Stempel auf Ruths Zettel."

„Und Sie?", fragte er Benjamin

„In der FDJ und früher mal bei den Pionieren."

„Das war doch nicht alles", sagte der Dicke, „Sie waren doch sicher noch im kommunistischen Sportbund."

„Natürlich, im Deutschen Turn- und Sportbund. Das waren alle."

„Ganz schön viele kommunistische Organisationen", sagte er abfällig, „und jetzt wollen Sie uns weismachen, dass Sie gegen die Kommunisten Widerstand geleistet haben."

Benjamin war platt. Er sagte nur zögerlich und leise: „Ich hatte Schwierigkeiten, weil wir zu oft sonntags in die Kirche gegangen sind." Er war durcheinander und stotterte so, dass er kaum ein Wort heraus brachte.

Der Dicke drückte seinen Stempel unter den Laufzettel und brummte so für sich: „Auf solche warten wir gerade, nicht ganz richtig im Kopp, aber in den Westen."
Als sie wieder draußen waren, sagte Ruth: „Das kann ja heiter werden, wenn es so weiter geht."
Es war Abend geworden. Gegen sieben standen sie im Lager mitten auf der Straße, sie mussten warten, bis ihnen ein Quartier zugewiesen wurde. Familie Witzel kam vorbei, man redete ein bisschen miteinander. Frau Witzel offenbarte, dass sie ein Mietshaus in Wilmersdorf besitzt. Das hatte in der Stadt niemand gewusst.
„Warum gehen Sie denn erst jetzt?", fragte Ruth
„Wir konnten uns von den Freunden und der Kirche nicht trennen", erklärte Frau Witzel, „und auch nicht von der Stadt, das war doch unsere Heimat."
Witzels bekamen ihr Quartier zugewiesen, Ruth und Benjamin mussten noch warten. Sie setzten sich auf ihre kleinen Koffer, weil sie nicht mehr auf den Beinen stehen konnten. Eine Weile saßen sie da, reglos und stumm, dann kam es über sie und beide heulten Rotz und Wasser.

Vier Wochen später wurde die Mauer gebaut.
Jahre später erhängte sich Rufus an einem Baum. Er hatte das falsche Leben nicht mehr ertragen können.
Ilka und Benjamin haben sich nie wieder gesehen.

F.H. Beens

**Bitti und Fritze
und ihre wetterwendische
Geschichte**

„Bitti und Fritze" ist keine Autobiografie, obwohl sie die Grundlage des Romans ist.
Aus kleinbürgerlicher Sicht, naiv, auch mit einem Schuss eulenspiegelschen Schalk läuft die Geschichte des 20. Jahrhunderts ab.
Die teils komödienhaften Anekdoten beruhen auf Tatsachen. Hervorzuheben ist, dass das Verhalten der Erwachsenen in jener Zeit *heute* nicht mit Häme zerrissen wird, sondern der kritischen Ironie des Autors unterliegt.

ISBN 978-3-938227-98-5
Preis: 29,50 Euro

Hardcover
524 Seiten

Ernst Ludwig Bock

Krieg und andere Grenzgänge
Zeitzeugenbericht

Ernst Ludwig Bock, Jahrgang 1933, Schriftsteller und Journalist, erzählt über die Jahre seiner Kindheit von 1938 bis 1945 in Halle und über seine Jugend bis zum Abitur 1951 in Zeitz.
Es ist ein sehr persönliches Buch. Bock, ein genauer Rechercheur und Autor von Büchern historischen Charakters versteht es, die eigene Geschichte vor dem Hintergrund des Weltgeschehens zu erzählen. Privates wird so zur Illustration einer Epoche, gezeichnet vom Krieg und von „Grenzgängen".
Bock, der später als Journalist und Redakteur arbeitete und als Buchautor bekannt wurde, erweist sich als disziplinierter Erzähler. Seine Erinnerungen sind für den Leser spannend, da er sie unaufdringlich in den größeren Kontext einer ganzen Generation stellt.

ISBN 978-3-86634-164-7 **Paperback**
Preis 9,80 Euro   168 Seiten